mujer verdadera 201
diseño interior

mujer verdadera 201
diseño interior

diez elementos de
la feminidad bíblica

mary a. kassian
nancy demoss wolgemuth

EDITORIAL
PORTAVOZ

La misión de *Editorial Portavoz* consiste en proporcionar productos de calidad —con integridad y excelencia—, desde una perspectiva bíblica y confiable, que animen a las personas a conocer y servir a Jesucristo.

Si alguna vez te has preguntado cómo es la feminidad bíblica, aquí está la respuesta. Mary Kassian y Nancy DeMoss Wolgemuth han escrito y diseñado un estudio convincente. Fundamentado en Tito 2, *Mujer Verdadera 201: Diseño Interior* es sumamente claro y comprensible. Las aplicaciones prácticas harán que estas verdades envuelvan el corazón y traigan esperanza y transformación. Gracias, Mary y Nancy. ¡Un gran tesoro!

Dr. Crawford W. Loritts Jr.
Pastor principal, *Fellowship Bible Church* (Roswell, Georgia)

Nancy DeMoss Wolgemuth y Mary Kassian son especialistas contemporáneas en el tema de la feminidad bíblica. Este nuevo estudio bíblico incluye enseñanzas profundas, enriquecedoras experiencias personales y aplicaciones prácticas y útiles para la vida. Las mujeres que aprovechen esta oportunidad de estudio, personal o grupal, encontrarán instrucciones beneficiosas y convincentes, palabras de aliento que las instará a abandonar su lugar a los pies del Salvador para realizar y ser todo aquello a lo que Él las ha llamado.

Dorothy Kelley Patterson
Profesora de Teología en estudios femeninos, *Southwestern Baptist Theological Seminary*

Jamás ha sido tan necesaria una presentación práctica, bíblica y fiel de la verdadera feminidad bíblica. Mary Kassian y Nancy DeMoss Wolgemuth se unieron para escribir una obra de ayuda inmediata para los grupos de estudio bíblico y especialmente para la iglesia local. Con una sociedad cada vez más confundida, la necesidad de una explicación clara y fiel entre las mujeres cristianas es cada vez mayor. Esta obra pasará la prueba del tiempo y será el recurso más apropiado para el estudio bíblico femenino.

Al y Mary Mohler
The Southern Baptist Theological Seminary

Estoy agradecido con Mary y Nancy por su carácter, valor y compromiso con Cristo. Sabiendo quiénes son, no me sorprende que este libro esté lleno de discernimiento, de aplicaciones personales y de la Biblia. Las mujeres no solo escucharán en estas páginas un llamado fiel y claro a la feminidad bíblica, sino que también entenderán por qué es buena y conocerán a Aquel que las está llamando.

Kevin DeYoung
Pastor principal, *University Reformed Church* (East Lansing, Michigan)

Mujer Verdadera 201 celebra a las mujeres y los bellos elementos del diseño que nos hacen femeninas. A menudo se alude a Tito 2 como guía para el ministerio de mujer a mujer, pero pocas mujeres han ahondado en las profundas riquezas de este pasaje frecuentemente citado. Mary Kassian y Nancy DeMoss Wolgemuth ofrecen un estudio bíblico profundo y sólido, con un diseño moderno que atraerá a toda mujer a su mensaje. *Mujer Verdadera 201* llena un importante vacío en el discipulado de las mujeres y será un valioso recurso para la iglesia, los grupos pequeños y el estudio individual.

Terri Stovall
Decana de los programas femeninos, *Southwestern Baptist Theological Seminary*

Pocos libros han formado mi vida y mi liderazgo como *Mujer Verdadera 101* y, ahora, esta segunda parte edificará sin duda mucho más mi vida espiritual. Como directora de un ministerio para la mujer durante más de veinte años, coincido en que es *necesario* incluir este material en todo programa de estudio bíblico. Estos libros enseñan la verdad. No solo enfatizan el diseño práctico y útil, sino también el bíblico y la instrucción de Dios para las mujeres. Son recursos poderosos que transformarán la manera de pensar y de vivir de la mujer en una cultura que contradice su verdadero significado.

Debbie Stuart
Directora de iniciativas ministeriales, *Hope for the Heart*

Mi primera reacción a *Mujer Verdadera 201* fue simplemente contemplar la belleza de las ilustraciones y el diseño gráfico del estudio. Su sola apariencia me atrajo literalmente al estudio; pronto descubrí que era mucho más que un bonito diseño. Es la belleza de la Palabra de Dios implantada en la fibra de cada lección. Este estudio no son meras palabras bonitas o las historias de Kassian y Wolgemuth, sino la revelación de Dios para que las mujeres vivan su llamado a través del evangelio.

Kelly King
Especialista en mujeres de la Convención Bautista General de Oklahoma

Mujer Verdadera 201: Diseño Interior es un emocionante estudio de diez semanas lleno de verdades bíblicas bien fundadas, un contenido revelador y oportunidades para la reflexión personal; todo presentado en un bello formato. Mary Kassian y Nancy DeMoss Wolgemuth han ofrecido un excelente recurso a quienes buscan entender cómo glorificar a Dios a través de su feminidad. ¡Las mujeres de mi iglesia están ansiosas por empezar este estudio!

Kimberly Wagner
Autora de *Fierce Women*

Vivimos en tiempos de confusión en los que el propio concepto del género es un tema de repentino debate. Sin embargo, en medio de la confusión, la Biblia determina y define con firmeza la masculinidad y la feminidad bíblicas. El movimiento y los libros de la Mujer Verdadera son un precioso aliento de aire fresco, centrado simplemente en la Palabra de Dios para obtener la perspectiva divina. Al mostrar a las mujeres lo que dice la Biblia sobre la feminidad, Nancy DeMoss Wolgemuth y Mary Kassian las liberan para que puedan ser las verdaderas mujeres que Dios ha diseñado y llamado conforme a su designio.

Tim y Aileen Challies

Los programas de cambio de imagen total son tan populares en la TV, porque a todos les gusta ver cambios drásticos, ya sea en la pérdida de peso, la ropa que usan o un hogar totalmente renovado. Pero el cambio más poderoso es el corazón transformado de la mujer que se ha sometido al "cambio de imagen total" del Gran Diseñador. Si quieres ser tú, abre las páginas de este libro y permite que Dios cubra de pintura fresca las paredes de tu corazón.

Janet Parshall
Presentadora de programas de entrevista de difusión nacional

contenido

Pero tú habla lo que está de acuerdo con la sana doctrina…

Las ancianas asimismo sean reverentes en su porte;

no calumniadoras, no esclavas del vino, maestras del bien;

que enseñen a las mujeres jóvenes a amar a sus maridos y a sus hijos,

a ser prudentes, castas, cuidadosas de su casa,

buenas, sujetas a sus maridos,

para que la palabra de Dios no sea blasfemada.

Tito 2:1, 3-5

sinopsis de las lecciones

elementos de diseño

*I*nvitar a un diseñador talentoso para que renueve un hogar o un restaurante es un tema popular hoy día en los programas de televisión.

Estos programas siguen un formato similar. Primero, el diseñador y la dueña echan un vistazo al espacio y hablan de lo desagradable y poco funcional que es. Después, el diseñador le pide a la dueña que le entregue las llaves y le confíe la renovación de ese espacio. Aunque puede estar un poco insegura y nerviosa, acepta que el diseñador se encargue de la transformación del lugar.

> "Es hora de que las mujeres de fe bíblica reclamemos nuestro territorio. Conocemos al Diseñador. Tenemos Su manual de instrucciones. Si no manifestamos Su diseño divino en la creación de la mujer, nadie lo hará. Pero si lo hacemos, será un gran testimonio para un mundo necesitado que nos observa".[1]
>
> **Susan Hunt**

El diseñador presenta un plan y pone a su equipo a trabajar de inmediato. Demuelen y quitan todo lo viejo. Arreglan lo que está roto, pintan y empapelan las paredes, colocan nuevos suelos, cambian los elementos de iluminación, traen muebles nuevos y escogen los accesorios más adecuados para la nueva decoración.

El momento culminante del programa es el regreso de la dueña para la gran revelación. La cámara se acerca para captar su cara de sorpresa, felicidad y asombro al ver el cambio. A continuación le muestran a la audiencia el "antes y después" para que se pueda comprobar la drástica transformación realizada. El programa termina con las palabras de la feliz propietaria que da testimonio de la importancia que tiene para ella la metamorfosis producida y el efecto que esta tendrá en su vida.

Estos programas de renovaciones son una gran ilustración para el objetivo de este estudio. El Señor es el Diseñador por excelencia y tiene un diseño divino para la feminidad. Él quiere entrar y hacer una renovación radical en tu corazón y cambiarte desde tu interior. Si se lo permites, la transformación en ti será extrema… un flamante *diseño interior*.

El cambio no será de la noche a la mañana, pero el resultado —un corazón y un carácter como los Suyos— será mucho más impresionante de lo que jamás hayas imaginado, mucho mejor de lo que podrías haber logrado por ti misma. Y todo comienza teniendo la suficiente confianza en Él para entregarle la llave de tu corazón y pedirle que haga una bella obra de arte en tu vida.

Y eso no es todo. ¡Dios quiere que formes parte de su equipo de renovación para ayudar a que *otras mujeres* experimenten Su gran diseño interior en sus propias vidas!

el diseño de Dios para la mujer

Mujer *Verdadera 201: Diseño Interior* es la segunda parte de *Mujer Verdadera 101: Diseño Divino*. En este último estudiamos principios bíblicos y enseñanzas fundamentales sobre la feminidad. Descubrimos que parte de la grandeza de haber sido creados a imagen de Dios es que Él nos creó varón o mujer.

> *Y creó Dios al hombre a su imagen, a imagen de Dios lo creó; varón y hembra los creó (Gn. 1:27).*

A diferencia de lo que muchos proclaman hoy, Dios no creó seres humanos sin género ni este es intercambiable. Creó seres humanos, varones y hembras. ¡Y esto es algo maravilloso!

Tu feminidad no es un accidente biológico. Quién eres o cómo vives no son hechos casuales. Nuestra cultura trata de minimizar y neutralizar las diferencias entre hombres y mujeres. Rechaza el diseño que Dios creó para el florecimiento de nuestras vidas en conjunto. Trata de convencernos de que las diferencias entre el hombre y la mujer no son importantes, y que cada individuo tiene el derecho de determinar lo que significa el género. Pero según la Biblia, que hayas nacido mujer es sumamente significativo. No es un detalle menor o irrelevante. Eres mujer hasta lo más profundo de tu humanidad.

Cuando aceptas el diseño de Dios para la feminidad, comienzas la gran aventura de descubrir para qué fuiste creada. El Dr. John Piper nos recuerda que "en cuanto a la sexualidad humana, la mayor manifestación de la gloria de Dios, el mayor gozo en las relaciones humanas y el mayor fruto en el ministerio suceden cuando se aceptan y se proclaman las profundas diferencias entre hombres y mujeres".[2]

Aceptar y proclamar el diseño de Dios te ayudará a florecer. Todas las cosas que te hacen ser "tú" —tu personalidad, tus talentos, tus dones, tus intereses, tu intelecto, tus emociones e incluso tu apariencia— se entrelazan con la mujer que Dios creó en ti. El resultado no será exactamente igual en tus amigas. Tu feminidad te sentará como un traje a medida.

Como dijimos en *Mujer Verdadera 101*, tu feminidad no tiene que ver con un estereotipo. No se trata de seguir una lista de comportamientos prescritos o una rigurosa división de trabajos. La Biblia presenta un diseño para la verdadera feminidad aplicable a todas las mujeres: mayores, jóvenes; solteras, casadas, divorciadas, viudas; con hijos o sin ellos; sociables, introvertidas, aventureras, reservadas o como sean. No hay ningún estereotipo. ¡El diseño de Dios para la feminidad es mucho más amplio y maravilloso!

el currículum de la feminidad

En *Mujer Verdadera 101* estudiamos la historia de la creación y la caída en el Antiguo Testamento, vimos el hermoso diseño de Dios para la feminidad y descubrimos los estragos que le causó el pecado.

En *Mujer Verdadera 201* iremos al Nuevo Testamento, al libro de Tito, para enfocarnos en algunos elementos importantes de la feminidad redimida.

Tito era un joven pastor gentil (no judío) de la isla de Creta. Los creyentes de Creta, en su mayoría, no habían crecido en la fe judía, de modo que no estaban familiarizados con los caminos de Dios. Pablo le dio a Tito algunas instrucciones generales, cosas que todo creyente necesitaba aprender sobre la vida cristiana, así como directrices específicas según el sexo, para que supieran cómo debía influir el cristianismo en sus vidas como hombres y mujeres.

El pastor Tito debía enseñar estas verdades a las mujeres mayores de la iglesia y estas, a su vez, eran responsables de instruir a las mujeres más jóvenes. El apóstol destacó que la respuesta de las mujeres a esta enseñanza podía proporcionarle mayor credibilidad al evangelio de Cristo en medio de la cultura pagana o provocar el rechazo de los incrédulos hacia la Palabra de Dios.

En Tito 2 vemos un retrato de la mujer cristiana contracultural, una mujer que honra a Dios y refleja el corazón de Cristo. En el primer párrafo (vv. 1, 3-5), Pablo señala diez elementos esenciales de la feminidad: discernimiento, honor, afecto, disciplina, virtud, responsabilidad, benevolencia, disposición, legado y belleza.

Estos componentes constituían el currículum "básico de la feminidad cristiana" para las mujeres de Creta. Pero no solo iban destinados a esas creyentes mediterráneas. Las instrucciones de Pablo son para mujeres de todas las naciones y generaciones. Son tan relevantes hoy como lo fueron entonces.

Cada semana de este estudio de *Mujer Verdadera 201* examina uno de los diez "elementos de diseño" de la feminidad extraídos de Tito 2, y se divide en cinco lecciones. Completarás cada lección en unos quince minutos.

Para un aprovechamiento máximo, te sugerimos que lo hagas con un grupo de amigas. Al final de cada semana hemos provisto una serie de preguntas que les ayudarán a debatir sobre lo leído, a profundizar un poco más y aplicar las enseñanzas bíblicas a su vida. Cuando terminen, anima a tus amigas a comenzar sus propios grupos. Encontrarás recursos adicionales, incluso videos complementarios y ayudas para líderes de grupo en www.avivanuestroscorazones.com.

En conjunto, *Mujer Verdadera 101* y *201* contienen la enseñanza fundamental del movimiento Mujer Verdadera. Puedes estudiar *Mujer Verdadera 201* sin haber acabado *Mujer Verdadera 101*. Pero sugerimos el estudio de ambos recursos para una mejor comprensión de la idea general sobre la feminidad.

En estos estudios hemos tratado de enfocarnos en los principios bíblicos atemporales y no en la aplicación específica de estos. La aplicación práctica es vital, y el Espíritu Santo te ayudará a aplicar estas verdades fundamentales a la situación específica de tu vida. No obstante, nuestro objetivo es dar una enseñanza aplicable a toda mujer en cada etapa y circunstancia de la vida, y tan relevante para las bisnietas de nuestra generación como para nosotras.

Hace unas décadas, el movimiento feminista secular intentó expandir su mensaje y su visión radical a través de grupos pequeños que se reunieron, multiplicaron y finalmente provocaron una revolución. Nuestro deseo es encender una nueva revolución que se propague en nuestros días entre mujeres cristianas que se unan y pregunten: "¿Cómo podemos reflejar por completo la belleza y el evangelio de Cristo, expresando nuestro diseño bíblico verdadero?".

"Creo que ha llegado el momento de un movimiento nuevo: un santo temblor sísmico de hombres y mujeres contraculturales, que tomen en serio lo que Dios dice en Su Palabra; hombres y mujeres con el corazón quebrantado por la confusión de géneros y la masacre relacional, espiritual y emocional de nuestros días y que tengan el valor de creer y deleitarse en el plan de Dios para el varón y la mujer".[3]

Mary

Mujer Verdadera *101* y *201* responden a muchas de las peticiones que hemos recibido para estudios bíblicos más profundos y recursos prácticos desde nuestra primera conferencia en Chicago en 2008.

Es un gran gozo ver el mensaje de la verdadera feminidad multiplicado y a Cristo reflejado de manera grandiosa en la vida de muchas mujeres, no solo en los Estados Unidos, sino en otros países del mundo.

Miles de mujeres han asistido a las conferencias de Mujer Verdadera, han firmado el Manifiesto de la Mujer Verdadera, están siguiendo el blog y hablando del significado de la feminidad bíblica con otras, a través de diversas comunidades en las redes sociales, grupos pequeños y de estudio.

El objetivo del movimiento Mujer Verdadera es ayudar a las mujeres a…

- *descubrir y aceptar* el diseño y la misión de Dios para sus vidas;
- *reflejar* la belleza y el corazón de Jesucristo al mundo;
- *pasar expresamente* el testigo de la Verdad a la siguiente generación;
- *orar fervientemente* por un derramamiento del Espíritu de Dios en sus familias, sus iglesias, su nación y el mundo.

En lo que respecta a la feminidad, muchas de nosotras estamos cansadas de consejos trillados, caricaturas superficiales y soluciones estereotipadas. Nuestro deseo es que este recurso pueda dirigir el debate hacia un mejor punto de vista. Oramos para que:

- puedas explorar el diseño atemporal de Dios para la feminidad, directamente de Su Palabra;
- te ayude en tu lucha por poder aplicar el diseño de Dios a cada etapa de tu vida;
- te aliente a tener gracia con las mujeres que difieren en las circunstancias y la aplicación para su vida;
- te capacite para transmitir el mensaje de la verdadera feminidad a la siguiente generación.

Descubrir y vivir el significado de la verdadera feminidad será una experiencia para ti, como lo ha sido (y sigue siendo) para nosotras. En algunos puntos quizás no estés de acuerdo con lo que estás leyendo o batalles con algunas de las implicaciones de esta enseñanza. ¡Nosotras también hemos tenido las mismas reacciones! Simplemente te animamos a leer la Palabra de Dios con un corazón abierto y dispuesto. Pídele al Espíritu Santo que te enseñe, te dé entendimiento y predisponga tu corazón a decir: "¡Sí, Señor!" a Su Palabra y a Sus caminos.

todo diseño tiene un propósito

Charles Eames, famoso diseñador estadounidense, hizo grandes contribuciones a la arquitectura y al diseño de muebles modernos. Definió el *diseño* como "un plan que dispone elementos de la mejor manera posible para alcanzar un fin específico".[4] Creemos que su definición es apropiada para este estudio. Dios tiene un plan divino para la feminidad y nos ha dado los elementos necesarios para cumplir ese propósito. ¿Cuál es ese propósito? El objetivo no solo consiste en facilitar o mejorar nuestra vida. Según Isaías 43:6-7, Dios creó a Sus hijos e hijas con el propósito de reflejar Su gloria. Su diseño divino refleja verdades profundas sobre Su carácter y el evangelio de Cristo.

Tú tienes un propósito. Tu feminidad tiene un propósito. El Señor quiere que descubras la belleza de Su plan para la masculinidad y la feminidad, y que experimentes el gozo y la plenitud de ser exactamente quien Él creó; que el diseño interior de tu corazón sea el adecuado y puedas cumplir el propósito para el que fuiste creada. Y te invita a participar con Él en este gran proyecto.

¿Estás lista para comenzar? Vamos a pedirle al gran Diseñador que empiece con la renovación, y comprobaremos la asombrosa transformación cuando Él efectúe en nosotras un hermoso y nuevo *Diseño Interior*.

Mary — Nancy

discernimiento

Quienes nos (Nancy y Mary) conocen saben que somos las amigas más distintas posibles. Nuestras diferencias van mucho más allá que la personalidad y la apariencia; también se ven en nuestro estilo de diseño interior.

Si camináramos por una tienda de decoración, Nancy se inclinaría por los colores primarios de invierno: rojos, azules y verdes vivos. Mary, por los cálidos e intensos colores de otoño: canela, caramelo, terracota, chocolate y ciertos tonos de verde. A Nancy le gustarían los estampados de flores. A Mary, cualquier cosa menos esos. A Nancy le atraerían los muebles de línea delicada, sencilla y clásica. A Mary, los más recargados y antiguos, con un toque de originalidad moderna. A Nancy le llamarían la atención los accesorios elegantes y sofisticados. A Mary, los extravagantes y artísticos. Una de las hermosas verdades sobre las mujeres es que Dios nos creó diferentes.

Ambas tenemos estilos distintos, Y es probable que el tuyo no coincida con el nuestro. Hay donde escoger: contemporáneo, *country*, victoriano, federal, nórdico, moderno, francés, provenzal, retro, ecléctico. Y, lo que es más, estos estilos pueden combinarse con una infinidad de estampados, colores, texturas y accesorios. Por consiguiente, nuestros hogares no son exactamente iguales. Todos son diferentes.

*Una mujer verdadera se caracteriza por su buen juicio… Sabe **"lo que está de acuerdo con la sana doctrina".***

Si bien los estilos discrepen, existen ciertos elementos que todos los buenos diseños tienen en común. Los diseñadores escogen y combinan suelos, paredes, iluminación, tipos de ventanas, mobiliarios y accesorios según su color, textura, línea, forma y espacio. Son los elementos esenciales de todo diseño.[1]

Este estudio bíblico trata los elementos esenciales de la feminidad. Como explicamos en la introducción, se basa en Tito 2, donde Pablo describe lo que las mujeres de la congregación de Tito necesitaban aprender.

El primer elemento esencial de la feminidad, evidente en este pasaje, es el discernimiento. Una mujer verdadera se caracteriza por su buen juicio... Sabe "lo que está de acuerdo con la sana doctrina" (Tit. 2:1).

"¡Espera un momento!" —podrías objetar—; "¿discernimiento no es algo que también necesitan los varones?". ¡Por supuesto! En este capítulo, Pablo da instrucciones exclusivas para los diversos grupos de personas dentro de la iglesia. En el versículo 2 enumera algunas cosas que los ancianos necesitan aprender. En los versículos 3 al 5 presenta el currículum para las ancianas y las mujeres jóvenes. En el versículo 6 habla sobre los jóvenes. Todos estos grupos necesitan ilustrarse en "lo que está de acuerdo con la sana doctrina". ¡Claro que ambos sexos necesitan discernimiento! Hombres y mujeres, jóvenes y ancianos, todos tienen que conocer la sana doctrina.

Sin embargo, esta es la cuestión: aunque hay cosas en común, la lista de Pablo en Tito 2 sugiere la necesidad de un énfasis diferente para cada género en el modo de aplicar y vivir la sana doctrina. Algunas características son de suma importancia para lo que significa ser un hombre y otras lo son para lo que significa ser mujer.

Pablo enfatiza ciertas características de manera específica para cada género. Pero esto no implica que sean exclusivas de cada uno de ellos. Por ejemplo, Pablo insta a las *mujeres* a no ser calumniadoras y exhorta a los *hombres* a ser sanos en la fe. Obviamente no significa que los hombres no necesiten controlar su lengua ni que las mujeres no caigan nunca en dudas o errores doctrinales.

Pablo instruye a las mujeres a ser reverentes en su porte, a amar a sus maridos y a sus hijos, a ser prudentes, castas, cuidadosas de su casa, buenas y a sujetarse a la autoridad ordenada por Dios. Sin embargo, ¡es indiscutible que ellos también necesitan aprender estas cosas! Pablo exhorta a los hombres a ser sobrios, serios, prudentes, sanos en la fe, en el amor y en la paciencia. ¡Pero las mujeres también tienen que aprender a serlo!

Entonces, ¿por qué hay listas específicas para cada sexo? ¿Por qué no resumirlo todo bajo una gran categoría de "cosas importantes que los cristianos deben aprender"?

El motivo de las diferentes listas es que los hombres y las mujeres son diferentes. Como aprendimos en *Mujer Verdadera 101*, las enumeraciones de Pablo contrarrestan los pecados específicos a los que cada sexo es proclive y nos hacen volver a nuestro diseño divino. Por tanto, aunque el "discernimiento" es importante para ambos sexos, las aplicaciones específicas de la "sana doctrina" están dirigidas a cada género en particular y es importante comprenderlas.

Según Pablo, el buen juicio nos conduce a una vida recta. Si lo que piensas sobre la feminidad no se ajusta a la sana doctrina, probablemente tu vida no está agradándole al Señor. El discernimiento fundamentado en un claro entendimiento de la Palabra de Dios es el primer elemento esencial de la verdadera feminidad.

*H*ace poco, una enfermera sufrió una serie de ataques de asma que se exacerbó mientras trabajaba en la unidad de trasplantes de médula de un hospital. Otra compañera y su asistente también comenzaron a sentir opresión en el pecho, dificultades para respirar, picazón en los ojos y secreción nasal constante. Las tres se quejaron al supervisor del olor a moho y humedad que salía de una sala del hospital, pero sus quejas cayeron en oídos sordos.

La administración no tomó en serio a los empleados hasta que una paciente de seis años, internada en la unidad, contrajo fiebre, neumonía y falleció inesperadamente. Además, la autopsia reveló que sus pulmones estaban llenos de un hongo que suele encontrarse en la materia orgánica en descomposición. Ya no parecía tan inverosímil que el edificio causara la enfermedad.

En efecto, una investigación ambiental reveló que los filtros de aire de la unidad de trasplante de médula estaban tapados con una gruesa capa de moho de un verde negruzco. Los contaminantes del aire provocaron la enfermedad de los empleados y la muerte de la pequeña. Para resolver el problema, el hospital tuvo que desmantelar su sistema de calefacción y aire acondicionado, y renovar toda la unidad de trasplante de médula.[2]

Algunos expertos sugieren que la falta de ventilación de los edificios más nuevos, junto con el uso creciente de materiales de construcción que favorecen la formación de moho, provocan graves contaminaciones. El aire corrompido genera "edificios enfermos", donde una gran cantidad de empleados comienza a experimentar síntomas similares de salud.

El apóstol Pablo quería asegurarse de que las iglesias de Creta generaran un ambiente espiritualmente saludable que los nuevos creyentes respiraran y en el que crecieran.

> *"… retenedor de la palabra fiel tal como ha sido enseñada, para que también pueda exhortar con sana enseñanza y convencer a los que contradicen".*

Tito 1:9

> *"Pero tú habla lo que está de acuerdo con la sana doctrina".*

Tito 2:1

> *"… en doctrina haciendo ver integridad, gravedad, palabra sana, e irreprensible".*

Tito 2:7-8 (RVA)

> *"… para que en todo adornen la doctrina de Dios nuestro Salvador".*

Tito 2:10

Lee Tito 2:1. ¿Qué quería Pablo que Tito enseñara?

_____

_____

La sana enseñanza o doctrina es un tema importante en la carta a Tito. Rodea con un círculo las palabras *enseñanza* o *doctrina* en cada versículo al margen de la página 21 (Tit. 1:9; 2:1; 2:7-8 y 2:10).

¿Qué acude a tu mente al escuchar la palabra *doctrina*? ¿Cómo la definirías?

_____

_____

Para algunos, la palabra *doctrina* evoca imágenes de viejos profesores con lentes de gruesos cristales, que usaban largas y desconocidas palabras y disertaban en idiomas ininteligibles. Tal vez la simple mención del término te hace reprimir un bostezo o correr hacia la puerta más cercana.

Es importante entender que la doctrina no es algo reservado únicamente para la elite teológica. La palabra *doctrina* significa "enseñanza". Es un conjunto de creencias. Y todo el mundo tiene una.

Los ateos tienen una doctrina. Por ejemplo, el famoso biólogo evolucionista Richard Dawkins cree que la Biblia no debería enseñarse como realidad. "Es ficción, mito, poesía, cualquier cosa menos realidad".[3] Esta es su doctrina.

Oprah Winfrey utilizó su programa televisivo, ganador de varios premios, para enseñar su doctrina de superación personal, espiritualidad sin iglesia y sexualidad sin culpa, a millones de mujeres cada día.

En el espacio siguiente enumera algunas doctrinas (enseñanzas) sobre la feminidad expresadas en general en los medios de comunicación populares y en la cultura contemporánea:

_____

_____

_____

La enseñanza que tú creas determinará tu manera de vivir. Pablo sabía que los creyentes de Creta tenían y seguían, sin duda, una doctrina, pero le preocupaba qué *clase* de doctrina enseñaban, creían y practicaban. No servía cualquiera. Para Pablo, tenía que ser una doctrina "sana".

la sana doctrina

Como la palabra *doctrina*, el adjetivo *sana* también se repite en la carta a Tito. Quiere decir, básicamente, "saludable". El término griego para *sana* —*jugiaíno*— está estrechamente relacionado con nuestra palabra *higiene*. La sana doctrina es doctrina libre de contaminación, pura y saludable, la que trae mejoría a las personas enfermas.

Nuestra cultura está obsesionada con la salud y el buen estado físico. Nos advierte de la necesidad de evitar la comida basura, leer las etiquetas, comprar en tiendas naturistas y pagar más por alimentos orgánicos. Por tanto, muchas personas cuidan lo que comen. Lamentablemente, muchos viven con total despreocupación por su consumo espiritual. No son conscientes de estar ingiriendo muchas ideas contaminadas e insalubres.

La sana doctrina es saludable, pura y libre de contaminación y error. Es como respirar aire puro y fresco. La doctrina malsana es una mezcla de verdad y error, Y es como respirar aire contaminado con un tóxico peligroso. Tal vez no huelas ni notes la toxina, pero afectará inevitable y negativamente tu salud. La doctrina malsana provoca una espiritualidad enfermiza y creyentes débiles, y esto resulta en iglesias malsanas.

En los versículos al margen (Tit. 1:9; 2:1; 2:7-8) rodea la palabra *sana*.

Tacha las tres palabras antónimas (de significado opuesto) de la palabra *sana*:

"… retenedor de la palabra fiel tal como ha sido enseñada, para que también pueda exhortar con sana enseñanza y convencer a los que contradicen".

Tito 1:9

"Pero tú habla lo que está de acuerdo con la sana doctrina".

Tito 2:1

"… en doctrina haciendo ver integridad, gravedad, palabra sana, e irreprensible".

Tito 2:7-8 (RVA)

"… para que en todo adornen la doctrina de Dios nuestro Salvador".

Tito 2:10

comprobada   saludable   sólida

íntegra   contaminada   enferma

verdadera   perfecta   segura

correcta   debilitante   fidedigna

¿Por qué crees que a Pablo le preocupaba que las mujeres de Creta conocieran y creyeran la sana doctrina?

_____

_____

_____

_____

_____

_____

_____

> "Y ahora, Israel, ¿qué te pide el Señor tu Dios? Simplemente que le temas y andes en todos sus caminos, que lo ames y le sirvas con todo tu corazón y con toda tu alma, y que cumplas los mandamientos y los preceptos que hoy te manda cumplir, para que te vaya bien".
>
> **Deuteronomio 10:12-13 (NVI)**

¿Conoces tu doctrina? ¿Te importa? ¿Has evaluado la doctrina de tus programas favoritos de TV, de los libros y revistas que lees? ¿Has evaluado lo que te han estado enseñando sobre la feminidad? La razón de estas preguntas es porque cada vez que ves o escuchas una publicidad o ves la televisión, usas la computadora, vas al cine, escuchas la letra de una canción, lees un artículo o un libro, escuchas a tus amigas hablar de sus hazañas, o te pones al día sobre las últimas novedades en Facebook o en cualquier otra red social, estás respirando doctrina. Y es importante considerar si es sana.

Marca con una "X" cualquiera de las siguientes declaraciones que sean verdaderas en tu vida:

- ☐ La enseñanza sobre la feminidad que respiro es, por lo general, sana.
- ☐ La enseñanza sobre la feminidad que respiro es, por lo general, malsana.
- ☐ No estoy segura de que la enseñanza sobre la feminidad que respiro sea sana.
- ☐ No creo que me afecte la enseñanza malsana del ambiente que me rodea.
- ☐ Suelo filtrar bien las doctrinas para minimizar los efectos de la doctrina malsana.
- ☐ No estoy convencida de la importancia de mi doctrina sobre la feminidad.

Explica por qué escogiste esas declaraciones en particular.

_____

_____

_____

_____

En Tito, Pablo describe el experto diseño del Señor para la feminidad. Su base es la sana doctrina, saludable, íntegra y beneficiosa. ¿Crees esto? ¿Consideras que el diseño del Señor para la feminidad no solo es correcto, sino hermoso y deseable? ¿Crees que las instrucciones que Él te da son realmente "para que te vaya bien" (ver Dt. 10:12-13, NVI)?

→ **Termina la lección de hoy en oración, y pídele al Señor** que te ayude a conocer Su experto diseño y a aceptarlo.

"Asegúrate de que tu trabajo quede derecho" me recordaba siempre mi (Mary) padre, un hombre hábil para los trabajos manuales, cuando me embarcaba en algún proyecto de decoración. Se necesita una línea precisa para colocar las piezas correctamente. Sin ella, el empapelado, los azulejos, las baldosas, los cuadros o los módulos podrían no quedar bien alineados, y el proyecto de decoración se convertiría en un desastre.

Dos herramientas son esenciales para cualquier aficionado a la decoración: la plomada y el nivel. Permiten saber si la posición del objeto que se quiere instalar está perfectamente horizontal o vertical con respecto a la superficie verdadera de la tierra.

"Pablo, siervo de Dios y apóstol de Jesucristo, conforme a la fe de los escogidos de Dios y el conocimiento de la verdad que es según la piedad…".

Tito 1:1

"… retenedor de la palabra fiel tal como ha sido enseñada, para que también pueda exhortar con sana enseñanza y convencer a los que contradicen".

Tito 1:9

Sin duda habrás visto un nivel (a veces llamado "nivel de burbuja"). Es como una gruesa regla metálica con tubo transparente incrustado, lleno de un alcohol coloreado. Al no llegar hasta el tope, en su interior queda una burbuja visible que se mueve según el ángulo de la regla e indica cuándo está el objeto a "nivel"; es decir, si su posición *horizontal es* exacta o verdadera. Para obtener una línea horizontal perfecta, el decorador tiene que inclinar la herramienta hasta que la burbuja quede exactamente en la mitad del tubo.

La plomada es una pesa de plomo u otro metal cilíndrico que termina en punta. La pesa pende de una cuerda que suele recubrirse con algún polvo de color. Esta herramienta usa la ley de la gravedad para indicar que está a "plomo"; es decir, si su posición *vertical es* exacta o verdadera.

Puedes usar una plomada para alinear un empapelado, un cuadro o una decoración en la pared, o para colocar un artefacto o accesorio respecto a un objeto o superficie superior o inferior. Se sostiene el extremo de la cuerda cerca del techo y se deja colgar libremente la plomada. Cuando cesa el balanceo, la cuerda está perfectamente vertical. Dependiendo del proyecto, puedes marcar el punto superior y el inferior, o sacudir suavemente la plomada, para que el polvo de color marque una línea en la pared.

En una ocasión traté de empapelar la pared sin seguir el consejo de mi padre. A simple vista, las paredes parecían rectas, así que comencé a colocar el papel desde el rincón. No me preocupé en examinar si la pared adyacente estaba a plomo ni me tomé el tiempo de marcar la línea en la pared.

La primera lámina de papel se veía bastante bien, pero tuve que subir e inclinar un poco la segunda lámina para que combinaran los bordes y el estampado. Después de eso, cada lámina se veía más torcida que la anterior. Para cuando llegué a la mitad de la pared, era penosamente obvio que mi pared de referencia estaba inclinada y que las cosas estaban quedando muy mal. El estampado del papel subía cada vez más, y la parte inferior del papel se alejaba más y más del piso. ¡Era un desastre! Tuve que arrancarlo todo y comenzar de nuevo… ¡Sobra decir que me cuidé bien de marcar la línea cuando lo volví a intentar!

Pablo sabía que las ideas fomentadas por algunos creyentes de Creta estaban algo desviadas. Él quería que Tito "marcara una línea" y pusiera las cosas en orden, y asegurarse así de que la vida y la doctrina de los creyentes estuvieran a plomo, a nivel y correctamente alineadas con la norma de Dios.

Lee Tito 1:1-9; ¿qué señalan los versículos del 1 al 4 como norma de la verdad?

_____

_____

_____

¿Qué pasaría si las mujeres de Creta crecieran en su conocimiento de la verdad (ver el versículo 1)? Marca con una "X" todas las respuestas que correspondan:

- ☐ Todas se convertirían en títeres sin discernimiento.
- ☐ Demostrarían que las mujeres cristianas son inteligentes.
- ☐ Su mayor conocimiento las conduciría a una vida más piadosa.
- ☐ Su buen juicio las conduciría a un buen comportamiento.

¿Qué crees que significa "retenedor de la palabra fiel" (v. 9)?

_____

_____

_____

Los estudiosos de la Palabra piensan que Pablo escribió sus cartas pastorales de Tito y 1 Timoteo poco tiempo después de ser liberado de la cárcel romana. Nerón era el emperador (54–68 d.C.). Su rencor contra los cristianos iba en aumento, y las cosas se agravarían mucho más. El gobierno romano pronto tomaría una postura oficial contra los cristianos. Pablo sería encarcelado otra vez y finalmente decapitado.

"Santifícalos en tu verdad; tu palabra es verdad".

Juan 17:17

Desconocemos si Pablo presentía que su vida y ministerio estaban por terminar, pero estas cartas parecen translucir urgencia por las iglesias. Dada la inminente persecución, era crucial que las iglesias estuvieran fuertes y saludables, con líderes sólidamente establecidos y maduros. En su carta a Tito, como en su primera epístola a Timoteo, Pablo les advierte sobre los falsos maestros y da instrucciones a varios grupos en relación al comportamiento cristiano adecuado. Pablo quería que los cristianos fueran "sanos en la fe" (Tit. 1:13) y que usaran la plomada adecuada para determinar qué ideas no estaban en línea con la sana doctrina.

En Tito 1:1-9 aprendemos que los creyentes maduros:

- Tienen fe en el evangelio de Cristo Jesús para salvación.
- Ratifican la Biblia como la norma para la verdad.
- Consideran que la Palabra de Dios es fidedigna.
- Honran las enseñanzas de Cristo y de los apóstoles.
- Saben qué está de acuerdo con la sana doctrina.
- Son capaces de discernir la verdad del error.
- Manifiestan un carácter santo y relaciones piadosas.

Pablo esperaba que los hombres y las mujeres de Creta retuvieran las enseñanzas irrefutables de la fe. Confiaba en que los que aceptaran la sana doctrina también fueran sanos en la fe, el amor, la paciencia, la palabra y también en toda clase de cosas (1:13; 2:1, 2, 8).

Un conocimiento más profundo de la verdad conduce a una piedad más profunda. Unas creencias sanas conducen a un comportamiento sano. El buen juicio, que nos da el Espíritu Santo, nos conduce a una vida recta.

Lee Juan 17:17 al margen. ¿Cómo es fundamental la verdad para santificarnos (hacernos más santas)?

_____

_____

¿Recuerdas una ocasión en tu vida en que el mal juicio te condujo a un comportamiento malo y equivocado?

_____

_____

¿Recuerdas una ocasión en tu vida en que la Palabra de Dios transformó tus pensamientos y eso te condujo a un comportamiento bueno y sano?

_____

_____

→ **Termina la lección de hoy en oración.** Pídele al Señor que te muestre los ámbitos de tus pensamientos o estilo de vida que no estén "a plomo" con su Palabra.

En la lección de ayer vimos que nuestra creencia del evangelio y la Biblia es de fundamental importancia. Según Pablo, la Palabra de Dios actúa como una plomada y establece para los cristianos una manera correcta e incorrecta de pensar y comportarse. Algunas de sus instrucciones son específicas para cada género, de modo que también nos ofrece una plomada para la feminidad que establece para las *mujeres* una manera correcta e incorrecta de pensar y comportarse… y la Palabra de Dios nos ayuda a discernir la diferencia.

Lee Efesios 5:8-10 al margen. ¿Por qué necesitamos *discernimiento* para saber qué es agradable al Señor?

_____

_____

_____

_____

_____

> "… andad como hijos de luz (porque el fruto del Espíritu es en toda bondad, justicia y verdad), comprobando lo que es agradable al Señor".
>
> **Efesios 5:8-10**

> "La sabiduría del prudente es discernir sus caminos".
>
> **Proverbios 14:8 (NVI)**

> "El deber de todo cristiano es pensar bíblicamente en todos los ámbitos de la vida, para que en todos ellos pueda actuar según las Escrituras".[4]
>
> **Tim Challies**

El discernimiento es el elemento de diseño de la feminidad que estamos estudiando esta semana: la mujer verdadera se caracteriza por tener buen juicio… y no dejarse llevar "por doquiera de todo viento de doctrina" (Ef. 4:14). Desea recibir una enseñanza bíblica sólida y crecer en el conocimiento de la Palabra de Dios. Sabe evaluar lo que escucha y ver si concuerda con la Escritura. Y sabe cómo vivir "de acuerdo con la sana doctrina" (Tit. 2:1).

La expresión "de acuerdo" (del griego: *prépo*) tiene un significado importante: "congruente, apropiado, correcto". Una mujer piadosa puede distinguir entre una multitud de opciones y saber cuáles son correctas o "congruentes" con la sana doctrina. Puede determinar cuáles honran de forma apropiada al Señor y reconocer cuál es la mejor en cada situación de su vida en particular.

¿Deberías seguir estudios superiores? ¿Deberías iniciar una carrera? ¿Deberías casarte con Jorge o Francisco? ¿O deberías renunciar por completo al matrimonio? ¿Cuántas horas deberías trabajar fuera de casa? ¿Deberías usar métodos anticonceptivos o de planificación familiar? ¿Deberías tener dos hijos o más? ¿Deberías enviar a tus hijos a una escuela pública o privada? ¿O deberías escolarizarlos en casa? ¿Deberías liderar un grupo de estudio bíblico o cantar en el grupo de alabanza? ¿Deberías invertir tu dinero en un viaje a *Disney World* o hacer una donación para rescatar niñas del tráfico sexual? ¿Deberías ocuparte tú de cocinar y él de cortar el césped? ¿Deberías cambiar todas tus faldas cortas por otras hasta el tobillo? ¿Deberías ir a ver a ese grupo musical o al cine? La Biblia no tiene respuesta para estas ni para otros millones de preguntas simples y más complicadas.

Identifica una situación presente o pasada donde tuviste que evaluar varias opciones y discernir cuál era "agradable al Señor".

_____

_____

_____

Durante el transcurso de tu vida te enfrentarás a muchísimas decisiones: irrelevantes, buenas, malas, algunas correctas y otras incorrectas, unas mejores y otras excelentes. Por eso necesitas discernimiento y la ayuda constante del Espíritu Santo. Tienes que saber cómo aplicar los preceptos de la Biblia en la práctica.

No puedes depender de una fórmula prescrita ni basar tus decisiones en lo que hacen tus amigas o en las normas de nuestra cultura. Tienes la responsabilidad personal de saber distinguir. La Biblia nos provee principios rectores, pero no especifica cómo aplicar esos principios. Por eso, cada una de nosotras debe *tratar de discernir* cómo agradar más al Señor.

En el espacio siguiente, escribe una definición de la palabra *discernir*.

_____

_____

Si buscaste la ayuda de un diccionario, tal vez descubriste que la palabra *discernir* proviene del latín *discernĕre* ("separar, distinguir, reconocer"), compuesto de *dis-* ("en dos") y *cernĕre* ("distinguir").

Los conceptos de *distinguir* y *separar* son inherentes a la Palabra. El discernimiento es el acto de distinguir la diferencia entre dos cosas y separar la una de la otra.

El discernimiento espiritual implica usar la Palabra de Dios como norma para distinguir y diferenciar ideas y comportamientos. Distingue y separa la verdad de la mentira, las tinieblas de la luz, lo sano de lo malsano, lo racional de lo irracional, lo bueno de lo malo, según la plomada de la Biblia.

El autor Tim Challies define de forma excelente el discernimiento espiritual:

> *El discernimiento es la capacidad de entender y aplicar la Palabra de Dios, con el propósito de separar la verdad del error y lo correcto de lo incorrecto.* [5]

Lee 1 Corintios 2:14 al margen. Después, marca cada enunciado siguiente como verdadero (V) o falso (F).

_____ Las mujeres llenas del Espíritu disciernen las cosas de manera diferente a las que andan conforme a la carne.

_____ Cualquier mujer que lee la Biblia —sea una creyente verdadera o no—, tiene la capacidad de discernir lo que es agradable al Señor.

_____ Muchas mujeres no entienden los preceptos bíblicos sobre la feminidad y los consideran ridículos.

_____ Las mujeres con discernimiento espiritual tienen una capacidad superior de ver y entender cualquier asunto desde la perspectiva de Dios.

ese tono "no queda bien"

Una experta decoradora sabe discernir. Tiene buen ojo para lo que combina con la decoración de una habitación. Presta atención a las sutilezas entre la variedad de tonos y matices. Sabe cuándo un color en particular "no queda bien" y no combina con el diseño. Discierne diferencias que tal vez otros no noten o consideren insignificantes. El discernimiento espiritual es muy parecido.

Entre los miembros de la congregación de Creta había maestros que fomentaban doctrinas políticamente correctas, pero de teología incorrecta (Tit. 1:10). Algunas personas fueron engañadas por no poder discernir las sutilezas entre los conceptos veraces y los que eran una verdad a medias. Por lo general, el concepto falso contiene suficiente verdad para engañar a quienes carecen de discernimiento. El concepto es "un poco raro". Si fuera tan claro y manifiestamente falso, nadie caería en el engaño.

Yo (Mary) estaba en la escuela secundaria a finales de la década de 1970, durante el apogeo del movimiento feminista. Recuerdo haberle preguntado a mi mentora espiritual, Diane, qué pensaba sobre la liberación femenina. Ella contaba poco más de veinte años y era la adulta responsable del club cristiano que yo ayudaba a dirigir. Diane era una persona emprendedora, sumamente talentosa, muy capaz e inteligente. Yo creía que ella apoyaría con entusiasmo el movimiento que defendía la igualdad de las mujeres.

Cuando le pedí su opinión, ella hizo una pausa para pensar y después dijo algo así: "Bueno… reconozco que sé poco al respecto, pero por lo que he oído, algo 'no parece estar del todo bien'. Por un lado estoy de acuerdo con muchas de sus inquietudes, pero reclamar los derechos personales e incitar a la ira no va conmigo ni es acorde al carácter de Jesús".

Las palabras de discernimiento de Diane fueron de mucha ayuda para mí en los años siguientes, mientras terminaba mis estudios universitarios y comenzaba una carrera en una cultura de educación y trabajo a favor de las ideologías feministas. La bandera roja que Diane levantó me hizo tener cautela y orar pidiendo discernimiento sobre todas las ideas nuevas y, al parecer, prometedoras que muchas mujeres aceptaron con prontitud.

> *"…para que disciernan lo que es mejor, y sean puros e irreprochables para el día de Cristo".*
>
> **Filipenses 1:10 (NVI)**
>
> *"Da, pues, a tu siervo corazón entendido… para discernir entre lo bueno y lo malo".*
>
> **1 Reyes 3:9**
>
> *"Pero el hombre natural no percibe las cosas que son del Espíritu de Dios, porque para él son locura, y no las puede entender, porque se han de discernir espiritualmente".*
>
> **1 Corintios 2:14**

Escribe con tus propias palabras la definición de discernimiento espiritual de Challies:

_____

_____

_____

_____

_____

Lee los versículos al margen de la página 33 (Fil. 1:10; 1 R. 3:9; 1 Co. 2:14). Resume por qué es importante para ti saber discernir las opiniones e ideas que se proclaman:

_____

_____

_____

➡ **Termina la lección de hoy** con una oración personal como la de Salomón en 1 Reyes 3:9. Pídele al Señor que te ayude a ser una mujer con mayor discernimiento espiritual.

siempre dispuesta a aprender

*L*a neblina era particularmente densa una mañana mientras conducía (Nancy) hacia el estudio de **Revive Our Hearts**. Casi no se podía ver. Los conductores llevaban los faros encendidos y todos conducían con lentitud y sumo cuidado. El tráfico avanzaba a paso de tortuga. En medio de toda esa neblina, tenía que prestar mucha atención de no saltarme el desvío correcto. Me requirió mucho más esfuerzo de lo normal discernir entre el desvío correcto y el incorrecto, evitar chocar contra un automóvil o un peatón, y mantenerme en el carril y no caer en una zanja.

> *"Porque hay aún muchos contumaces, habladores de vanidades y engañadores… Profesan conocer a Dios, pero con los hechos lo niegan".*
>
> **Tito 1:10, 16**

Hay mucha "neblina" espiritual en estos días… y no solo en el mundo, sino también en la iglesia. Existen toda clase de opiniones persuasivas que promueven ideas sobre lo que deberíamos creer y cómo debemos vivir. Es lo que sucede particularmente con el tema de la "feminidad bíblica". Puede llegar a ser una cuestión bastante confusa y hasta desconcertante.

La situación no difiere de la que afrontaban los creyentes en Creta. Ellos también tenían voces contrarias que exponían lo que se debía creer en la iglesia.

Lee Tito 1:10-16 en tu Biblia. Enumera los rasgos y las características de las personas que promovían ideas falsas en las iglesias de Creta:

_____

_____

_____

_____

Creta es la mayor de las islas griegas y la quinta más grande del Mar Mediterráneo. Situada en la intersección de cuatro mares —Jónico, Egeo, Mediterráneo y de Libia—, su ubicación la sitúa en el centro del desarrollo de la cultura y la civilización mundial. Creta era famosa en la mitología griega por ser el lugar de nacimiento de Zeus y por las leyendas del rey Minos, Teseo y el Minotauro. Era el núcleo comercial de los minoicos, la primera civilización europea desarrollada.

> "La mayoría de las personas, incluso cristianas, se exponen a tantos engaños de forma desprevenida y ni siquiera son conscientes del engaño".[6]
>
> *Nancy*

En el 67 a.C. aproximadamente, Creta fue conquistada por los romanos, quienes se encargaron de construir lujosos edificios, templos, estadios y baños públicos en la isla. En ese tiempo, Creta contaba con cerca de 300.000 habitantes, griegos en su mayoría, también cohabitaban grandes comunidades judías. El día de Pentecostés, en Jerusalén había judíos de Creta (Hch. 2:11).

Los cretenses tenían fama de intrépidos marineros, prósperos comerciantes y valientes guerreros, pero también eran conocidos por sus defectos de carácter. Tito Livio, historiador romano, aludió a la "avaricia" (glotonería) cretense. Polibio, historiador griego, escribió sobre su "bravura y sus engaños" y su "mendacidad", es decir, la propensión a inventar o tergiversar la verdad.

Otro historiador griego, Diodoro de Sicilia, destacó la obcecación e insubordinación cretense, siempre decididos a hacerlo todo a su manera. Pablo citó a Epiménides, un poeta/profeta cretense, cuando escribió: "Los cretenses, siempre mentirosos, malas bestias, glotones ociosos" (Tit. 1:12). Las cosas estaban tan mal que, en el mundo antiguo, "cretense" era sinónimo de mentiroso.

Pablo estaba preocupado, porque la *mendacidad* de los cretenses se había propagado por la comunidad cristiana. Para acomodar la cultura mitológica griega de Creta, algunos maestros estaban fomentando rebuscados mitos para que las Escrituras hebreas tuvieran mayor aceptación y mejor acogida. Adoptaron nuevas interpretaciones bíblicas, especulativas y fantasiosas,

posiblemente basadas en las genealogías del Antiguo Testamento. En vez de aferrarse a las enseñanzas y tradiciones transmitidas por los apóstoles, estos teólogos presuntuosos promovían "fábulas artificiosas" (2 P. 1:16) que, sin duda, se conformaban al sentido de rectitud política de los oyentes del siglo primero.

Este problema no se limitaba a la iglesia

de Creta. Pablo señala asuntos similares en sus cartas a Timoteo, pastor de Éfeso.

Lee los versículos al margen (1 Ti. 1:4-7; 4:7; 6:20). En tu opinión, ¿qué quería decir Pablo con que las ideas de esos maestros "solo conducen a especulaciones sin sentido alguno, que no ayudan a que las personas lleven una vida de fe en Dios"?

_____

_____

_____

_____

_____

_____

"No dejes que pierdan el tiempo en debates interminables sobre mitos y linajes espirituales. Esto solo conduce a especulaciones sin sentido alguno, que no ayudan a que la gente lleve una vida de fe en Dios... pero algunos no lo entendieron. Se desviaron de estas cosas y pasan el tiempo en debates sin sentido. Quieren ser reconocidos como maestros... pero no tienen ni idea de lo que están diciendo a pesar de que hablan con mucha seguridad".

I Timoteo I:4-7 (NTV)

"Desecha las fábulas profanas y de viejas. Ejercítate para la piedad".

I Timoteo 4:7

"... guarda lo que se te ha encomendado, evitando las profanas pláticas sobre cosas vanas, y los argumentos de la falsamente llamada ciencia".

I Timoteo 6:20

Los falsos maestros de la iglesia primitiva fomentaban ideas nuevas que distraían a los cristianos en la búsqueda de la piedad y los enredaba en especulaciones polémicas y sin sentido (1 Ti. 1:4, 6; 4:7; 6:4, 20: Tit 1:10; 3:9; 2 Ti. 2:14, 16, 23).

En vez de animar a los creyentes a guardar y valorar el depósito de la verdad recibida y a esforzarse en poner en práctica la Palabra, fomentaban una actitud de irreverencia hacia las Escrituras y las enseñanzas de los apóstoles (1 Ti. 4:7).

Los maestros seducían a los creyentes con interpretaciones novedosas y progresistas, que vendían con seguridad como "conocimiento" (1 Ti. 6:20). Sus ideas eran convincentes, aunque sutilmente engañosas. Estos maestros confundían en vez de aclarar las cuestiones (1 Ti. 4:1-3; Tit. 1:10-13; 2 Ti. 3). Y lo que es más, defendían las normas morales libertinas (1 Ti. 1:19-20; Tit. 1:15, 16; 2 Ti. 2:16, 19; 3:1-5). En esencia, animaban a los creyentes a valorar y confiar en la propia opinión más que en la de Dios (2 Ti. 3:4).

Utiliza el párrafo anterior para enumerar las "banderas rojas" (señales de alarma) que deberían haber alertado a los cretenses de la posible falsedad doctrinal:

_____

_____

_____

_____

mujeres débiles

Desconocemos con exactitud el contenido de la falsa enseñanza, pero es evidente que carecía de toda verdad espiritual y que solo conducía a más especulaciones, preguntas, controversia y discusiones. También deducimos que algunas mujeres de la época eran particularmente susceptibles de caer en el engaño.

> "Porque entre ellos están los que se meten en las casas y llevan cautivas a mujercillas cargadas de pecados, llevadas por diversas pasiones, siempre aprendiendo, pero que nunca pueden llegar al pleno conocimiento de la verdad".
>
> **2 Timoteo 3:6-7** (LBLA)

> "Porque vendrá tiempo cuando no soportarán la sana doctrina, sino que teniendo comezón de oídos, acumularán para sí maestros conforme a sus propios deseos".
>
> **2 Timoteo 4:3** (LBLA)

Según 2 Timoteo 3:7, ¿por qué crees que las mujeres se dejaban seducir por la falsa enseñanza? Marca con una "X" el enunciado que corresponda:

_____ Eran demasiado débiles para enfrentarse a la opinión popular.

_____ No eran cultas ni habían estudiado bastante estas cuestiones.

_____ La falsa enseñanza las seducía, porque aprobaba sus tendencias y deseos pecaminosos.

_____ En realidad no querían cambiar de comportamiento y apartarse del pecado.

Lee 2 Timoteo 4:3. Explica por qué y cómo las mujeres cristianas de nuestros días podrían rechazar la sana enseñanza sobre la feminidad:

_____

_____

_____

Las mujeres mencionadas en 2 Timoteo 3 siempre estaban aprendiendo. La razón por la que se rendían a la falsa enseñanza —y eran incapaces de "llegar al pleno conocimiento de la verdad" no era la falta de información, sino la falta de deseos puros. El buen juicio y la vida piadosa van de la mano. Si no estás preparada para vivir como Dios quiere, es muy probable que rechaces la sana enseñanza y te limites a dirigirte a maestros que te digan lo que quieres escuchar.

→ **Termina la lección de hoy en oración**. Pídele al Señor que te dé entendimiento para discernir la sana doctrina y el deseo de obedecerla.

En el año 2005, agentes del Servicio Secreto de los Estados Unidos detectaron una circulación de billetes falsos como nunca antes. Salvo por los números de serie idénticos e insignificantes imperfecciones, invisibles para el simple observador, el aspecto y el tacto parecían genuinos. Los billetes falsos aparecieron por todas partes, desde las tiendas de lujo hasta los negocios de comida rápida de todos los estados de la nación y en nueve países extranjeros.

A pesar de los esfuerzos del Servicio Secreto, el falsificador evitó ser capturado durante más de tres años. Para entonces, Albert Edward Talton, de Lawndale, California, había puesto en circulación más de $7 millones de dólares en billetes falsos. Y lo había hecho con la ayuda de una computadora, una impresora de tinta básica y suministros comprados en la papelería de su localidad.

"Enséñame, oh Jehová, el camino de tus estatutos, y lo guardaré hasta el fin. Dame entendimiento [discernimiento], y guardaré tu ley, y la cumpliré de todo corazón".

Salmos 119:33-34

La falsificación se considera tan amenazante para la estructura del país que —junto con la traición— es uno de los dos únicos delitos penales mencionados en la constitución estadounidense. Según el Servicio Secreto, la mejor defensa contra esta amenaza es educar y enseñar al público a discernir la diferencia entre la divisa falsa y la verdadera, y se recomienda que todos conozcan bien el dinero.[7]

"Conoce tu dinero" es el programa con el que el FBI entrena a sus agentes en la detección de billetes falsos. Estos invierten una infinidad de horas en la manipulación, la exanimación y el estudio intensivo de la divisa auténtica. Están tan familiarizados con los billetes auténticos que, al presentarles billetes falsos, las imperfecciones son obvias para ellos. Pueden reconocer inmediatamente si su textura, tacto y aspecto no son los correctos.

La falsa doctrina representa tan grave amenaza para la Iglesia, como la divisa falsa para la economía. Pablo quería que los creyentes de Creta estuvieran tan familiarizados con la sana doctrina que pudieran discernir de inmediato si algo fallaba. Quería que sus pensamientos y su estilo de vida manifestaran la verdad del evangelio sin mancha ni contaminación.

Lee en tu Biblia Salmos 119:9-16. Según el salmista, ¿cómo podemos mantener limpios nuestros pensamientos y nuestras acciones (saludables/sanos)?

_____

_____

El discernimiento es la capacidad de entender y poner en práctica la Palabra de Dios, con el propósito de distinguir la verdad del error y lo correcto de lo incorrecto. La familiaridad con la sana doctrina ayudó a Diane (la mentora de Mary en la escuela secundaria) a discernir que ciertos elementos de la doctrina del feminismo eran erróneos. Diane pudo detectar la mentira, porque había invertido tiempo en el conocimiento de la verdad. ¡Conocía la Biblia!

> *"El alimento sólido es para los que son maduros, los que a fuerza de práctica están capacitados para distinguir entre lo bueno y lo malo".*
>
> **Hebreos 5:14 (NTV)**

Según Hebreos 5:14 al margen, ¿cómo perfecciona el creyente su capacidad de discernimiento espiritual?

> "El engaño fue y es todavía la estrategia principal de Satanás".[8]

_____

_____

_____

_____

¿Qué crees que implica este "a fuerza de práctica"?

_____

_____

_____

Yo (Nancy) estudié piano durante varios años. Las lecciones semanales y la práctica diaria formaban parte regular de mi ritmo de vida. Mientras muchas de mis compañeras salían y socializaban o se "divertían" después de clase y los fines de semana, yo pasaba incontables horas secuestrada en una sala de ensayo, practicando escalas, arpegios y otros ejercicios técnicos, y repitiendo una y otra vez las mismas piezas clásicas hasta dominarlas. No había atajos ni sustitutos para la constante "práctica" si quería convertirme en una consumada pianista.

Y no hay atajos ni sustitutos de la "práctica" constante respecto al desarrollo del discernimiento espiritual. Mientras otras pasan el tiempo en búsquedas triviales, la mujer que quiere ser espiritualmente madura se dedicará a leer y meditar en la Palabra de Dios y a ponerla en práctica en su vida. Cuando pasamos tiempo en Su presencia, nuestra mente se renueva y desarrollamos mayor capacidad de discernir la verdad del error, lo correcto de lo incorrecto.

¿Por qué es importante que crezcas en discernimiento? Conecta cada razón con el versículo que corresponda. Escribe una [H] en la línea para Hebreos 5:14 (de la página anterior), una [E] para Efesios 4:14 y una [F] para Filipenses 1:10.

_____ Para no ser llevada por doquiera de todo viento de doctrina.

_____ Para poder distinguir qué es lo mejor.

_____ Para no ser engañada por hombres que emplean con astucia las artimañas del error

_____ Para poder distinguir mejor entre el bien y el mal

_____ Para ser sincera e irreprensible.

_____ Para alcanzar la madurez espiritual.

> *"… para que ya no seamos niños fluctuantes, llevados por doquiera de todo viento de doctrina, por estratagema de hombres que para engañar emplean con astucia las artimañas del error".*
>
> **Efesios 4:14**

> *"… para que aprobéis [disciernan] lo mejor, a fin de que seáis sinceros e irreprensibles para el día de Cristo".*
>
> **Filipenses 1:10**

Es importante que luches por crecer en discernimiento. Las mujeres que disciernen tienen la capacidad de ver y entender los asuntos desde la perspectiva de Dios. Empoderadas por el Espíritu Santo, procuran y reciben el entendimiento de lo que le agrada o no a Dios. Lo consiguen comprendiendo a Dios a través de Su Palabra y poniendo en práctica la sabiduría de la sana doctrina en sus vidas.

llévalo a la práctica

En su libro *Discernimiento: Una disciplina práctica y espiritual*, Tim Challies resalta que "el discernimiento es una aptitud. No es una capacidad inherente como respirar o masticar, sino una aptitud —como tocar un instrumento— que se debe practicar y perfeccionar. Ningún ser humano ha nacido con plenitud de discernimiento ni posee todo el que necesitará en su vida. Nadie ha conseguido tal nivel de experiencia que le permita seguir adelante dejando atrás el discernimiento. Como el maestro de la música que, cuanto más aclamado es más práctica su destreza musical, la persona que discierne verá con mayor claridad su necesidad de crecer en discernimiento. Querrá pulir y perfeccionar su don a lo largo de su vida".[9]

En los versículos al margen (1 Ts. 5:21-22; Ro. 12:2) rodea con un círculo los verbos *examinar* y *comprobar*.

El diccionario define el verbo examinar como la acción de "reconocer la calidad de algo, viendo si contiene algún defecto o error". El Señor quiere que examinemos las cosas que vemos y oímos, que no las aceptemos sin pensar; quiere que las comparemos con las normas de las Escrituras para discernir si se alinean con la plomada de Dios.

Cada día recibes mensajes sobre cómo debes vivir y opiniones sobre género, relaciones, amor, matrimonio, moral, niños, trabajo, finanzas, posesiones, tiempo libre, actitudes, emociones, hábitos y una serie de cosas más que influyen en ti como mujer. Las opiniones proceden de medios de comunicación populares, libros, redes sociales, familiares, amigos y compañeros de trabajo… y también de maestros y líderes de la iglesia.

¿Estás examinando esas opiniones? ¿Estás bastante familiarizada con las Escrituras para saber lo que es según la sana doctrina y para percibir lo que no es correcto? Una mujer verdadera se caracteriza por su buen juicio. Se esmera en ser una mujer de discernimiento.

> *"Examinadlo todo; retened lo bueno. Absteneos de toda especie de mal".*
>
> **I Tesalonicenses 5:21-22**
>
> *"No os conforméis a este siglo, sino transformaos por medio de la renovación de vuestro entendimiento, para que comprobéis [disciernan] cuál sea la buena voluntad de Dios, agradable y perfecta".*
>
> **Romanos 12:2**

→ **En el espacio siguiente** escribe Romanos 12:2 como oración y personalízala. Pídele al Señor que te ayude a convertirte en una mujer fundada en la Palabra de Dios, capaz de discernir Su voluntad.

_____

_____

_____

_____

_____

de la teoría a la práctica...

renovación interior

para asimilar:

El video de la semana uno te ayudará a asimilar las lecciones de esta semana. Encontrarás este video, la guía del líder y otros recursos más en el sitio web TrueWoman201.com (disponible solo en inglés). También hay otros recursos disponibles en www.avivanuestroscorazones.com.

para reflexionar:

Piensa en las siguientes preguntas, debátelas con tus amigas, tu familia o en un grupo pequeño:

1. ¿Por qué es importante tener una sana doctrina?
2. Describe algunas características de los falsos maestros. ¿Cómo podemos distinguir entre la verdadera y la falsa enseñanza?
3. Identifica algunas creencias o patrones de pensamientos de nuestra cultura que generan contaminación espiritual. ¿Cómo podemos protegernos para no respirar estas toxinas espirituales?
4. En los días de Pablo, los falsos maestros alentaban a los creyentes a valorar y confiar en sus propias opiniones más que en las de Dios. ¿Cómo sucede esto actualmente con respecto a la feminidad?
5. ¿Cuál es tu "plomada" para tomar decisiones en los ámbitos grises de tu vida, esas situaciones para las que la Biblia no da respuestas precisas?
6. ¿Qué implica practicar el discernimiento espiritual? ¿Por qué es vital el discernimiento espiritual para glorificar a Dios con nuestra vida?
7. ¿Qué características ves en las mujeres descritas en 2 Timoteo 3:6-7? ¿Qué las hizo débiles y cómo podemos protegernos para no vivir como ellas?
8. ¿Cómo puedes desarrollar mayor discernimiento en tu hogar, tus relaciones y otros ámbitos de tu vida?

Utiliza esta hoja en blanco para escribir tus notas. Escribe lo que aprendiste esta semana. Anota tus comentarios, tu versículo favorito, un concepto o una cita particularmente útil o importante para ti. Redacta una oración, una carta o un poema. Toma apuntes sobre el video o la sesión de tu grupo pequeño. Expresa la respuesta de tu corazón a lo que aprendiste. Personaliza las lecciones de esta semana como más te ayude a poner en práctica lo que aprendiste.

de la teoría
a la práctica…

honor

E l USS Arizona es un barco de guerra hundido en la Segunda Guerra Mundial y el lugar de descanso final de 1177 tripulantes y soldados de marina muertos en el ataque de Pearl Harbor, el 7 de diciembre de 1941. En 1961 se erigió un austero monumento blanco sobre la sección central del barco. La cubierta del Arizona se encuentra a tan solo 1.80 m bajo la superficie del agua y se puede ver claramente desde el monumento conmemorativo. La visita es una experiencia solemne y aleccionadora.

> *Una mujer verdadera honra a Cristo… Es **"reverente en su conducta".***

Antes de abordar una embarcación de la Armada que los lleva al monumento, los visitantes reciben una breve introducción y ven un documental de 20 minutos que incluye imágenes reales del ataque. Se les recuerda que el lugar es un tributo y una tumba y que, como tal, merece el mayor respeto y reverencia. Los hombres deben quitarse la gorra. Los teléfonos celulares han de estar apagados. Está prohibido comer y beber. Las conversaciones deben ser mínimas y en un tono bajo. Los niños han de estar controlados y no deben correr ni jugar. El monumento ha de honrarse como lugar de aprendizaje, reflexión y silenciosa contemplación. A los ruidosos, frívolos o irrespetuosos se les invita a marcharse.

Un silencio sombrío cae sobre cada grupo que aborda la nave. Las conversaciones y las risas características de la mayoría de las atracciones turísticas están ausentes al acercarse los visitantes al monumento. Se puede oír el sonido del motor y del agua al pasar, pero las voces humanas enmudecen a medida que la nave se aproxima a la estructura arqueada, blanca y brillante. Hasta los niños guardan silencio.

Cuando la nave llega a la plataforma del monumento, los visitantes desembarcan solemnemente. La estructura de hormigón parece flotar sobre el buque de guerra hundido.[1] En realidad está montada sobre una plataforma y no toca el barco. Es un edificio al aire libre, con grandes aperturas en cada una de las paredes y en el techo. Por una gran abertura en el suelo, en uno de los extremos, y apoyándose en la barandilla, se pueden contemplar los restos del barco hundido que yacen en el mar.

En el extremo más alejado del monumento hay una habitación con una enorme pared de mármol blanco resplandeciente. Allí se encuentran graba- dos en orden alfabético los nombres de los tripulantes y soldados de marina que murieron a bordo del barco aquella fatídica mañana. En mi visita (Mary), vi que una familia leía en silencio la larga lista de nombres. De repente, el niño —de entre nueve y diez años— adoptó espontáneamente la posición de firme y, llevándose la mano a su sien, hizo el saludo militar. Se quedó en esa posición, sin moverse, frente a la pared de mármol conmemorativa durante largo tiempo, y una lágrima rodó por su mejilla. Yo estaba fascinada por el gesto y la expresión venerable y firme de su rostro. Al salir, pude oír que le decía a su padre: "Papá, cuando sea mayor, seré soldado. Quiero ser un hombre de honor como esos hombres".

> Algunos piensan que este tipo de mujer es triste o taciturna, siempre sombría. Por el contrario, las mujeres reverentes deberían ser encanta- doras. ¡En Su presen- cia hay plenitud de gozo!".
>
> *Nancy*

Visitar el monumento conmemorativo del USS Arizona fue una experiencia conmovedora, pero presenciar el efecto que tuvo en aquel niño lo hizo aún más memorable. Su respeto por los hombres que dieron la vida por su libertad parecía mucho más que una emoción transitoria. Se plasmó en la voluntad de convertirse en esa misma clase de hombre. Su profunda reverencia suscitó una respuesta y un compromiso personal. No me sorprendería que un día ese chico citara su visita al USS Arizona como la razón de haberse alistado en el servicio militar.

El segundo elemento de diseño de la feminidad bíblica es el honor. Una mujer verdadera honra a Cristo… Es "reverente en su conducta", respeta el sacrificio que Jesús hizo por ella y su profunda reverencia suscita una res- puesta y un compromiso personal.

Así como la reverencia de aquel niño en el monumento conmemorativo del USS Arizona lo llevó a comprometerse a servir a su país, la reverencia por el Señor impulsa a la mujer a consagrarse al servicio de Cristo. Una mujer reverente vive centrada en Dios. Se dedica al Señor de todo corazón. Busca honrarlo en todas sus actitudes, pensamientos y acciones.

*L*os turistas que visitan París rara vez dejan pasar la oportunidad de conocer la catedral de **Nôtre Dame**. Indiscutiblemente, es la obra maestra más impresionante y bella de la arquitectura gótica en el mundo y una de las iglesias más grandes y famosas jamás construidas.

Una de las características fundamentales de la arquitectura gótica era su cúspide. Nuevos elementos como los arbotantes, los arcos y los techos abovedados permitían a los arquitectos construir estructuras de imponencia y elevación sin precedentes. El luminoso, amplio y decorativo interior contrastaba marcadamente con la edificación oscura y recargada de los castillos de estilo románico. Para la persona promedio de esa época, entrar a una catedral gótica debió de haber sido una experiencia profundamente intensa.

Los elaborados portales de *Nôtre Dame*, las impresionantes torres, los espléndidos capiteles, el gigantesco órgano tubular y las esplendorosas estatuas se construyeron para impresionar. La arquitectura estaba destinada a contar una historia. Fue diseñada de manera que *hablara* al espectador. Esos arquitectos medievales trataron de presentar la idea de la pequeñez e insignificancia de la humanidad en relación con el esplendor y la majestad de Dios. Querían que el énfasis vertical del edificio suscitara sentimientos de admiración y reverencia.

El interior de *Nôtre Dame* provoca exactamente eso. Los largos pasillos de la catedral, los enormes techos arqueados y la luz tenue que se filtra a través de los intrincados vitrales producen una atmósfera etérea. No hay acceso a los niveles superiores de la catedral, y esto obliga a los visitantes a permanecer allí y mirar hacia arriba. La experiencia es emocionante, sobre todo en la primera visita.

La reverencia era una virtud importante en la época gótica. Pero Pablo la identificó como elemento fundamental para las mujeres de todas las

> *"¡Alaben al Señor, todos los que le temen! ¡Hónrenlo, descendientes de Jacob! ¡Muéstrenle reverencia, descendientes de Israel!".*
>
> **Salmos 22:23 (NTV)**

> *"Sólo al Señor Todopoderoso tendrán ustedes por santo, sólo a él deben honrarlo, sólo a él han de temerlo".*
>
> **Isaías 8:13 (NVI)**

> *"¿Quién no te temerá, oh Señor, y glorificará tu nombre? pues sólo tú eres santo".*
>
> **Apocalipsis 15:4**

> *"… pero sé también que le irá mejor a quien teme a Dios y le guarda reverencia".*
>
> **Eclesiastés 8:12 (NVI)**

épocas. Pablo le dice a Tito que las mujeres mayores "deben ser reverentes en su conducta" (Tit. 2:3, NVI).

Busca la palabra *reverencia* en un diccionario de sinónimos (Si no tienes uno, puedes encontrar uno en línea en http://www.wordreference.com/sinonimos/). Anota algunos sinónimos de reverencia en el espacio siguiente:

_____

_____

_____

Lee los versículos al margen (Sal. 22:23; Is. 8:13; Ap. 15:4; Ec. 8:12). ¿Cuáles de las siguientes palabras usa la Biblia en conjunto con la palabra *reverencia*?

☐ Respeto　　☐ Honor　　☐ Temor　　☐ Estima

Hechos 10:2 dice que Cornelio y su familia eran "temeroso[s] de Dios"; es decir, que sus vidas se caracterizaban por sentir reverencia hacia el Dios de Israel. Reverencia, honor y temor son conceptos relativamente cercanos. La definición bíblica del *temor* abarca una dimensión mucho más amplia que la palabra castellana común, que tan solo denota algún tipo de intimidación o pánico. El significado básico de "temor de Dios" es "temor reverencial". Es una consciencia personal de la majestuosa grandeza y santidad de Dios, que deja boquiabierto a cualquiera y se refleja en el compromiso de honrarlo, apartarse del pecado y obedecer fielmente Su Palabra.

¿Te suelen identificar las personas que te conocen como una mujer "temerosa de Dios"? ¿Por qué sí o por qué no?

_____

_____

_____

apropiado para el templo

En Tito 2, la reverencia ocupa el primer puesto en la lista de virtudes derivadas de la sana doctrina. La palabra traducida "reverente" (griego: *jieroprepés)* es una palabra compuesta que solo se usa en este pasaje del Nuevo Testamento. La primera parte, *jierós*, significa "lo que es santo o sagrado" (de *jierón*, templo), y la segunda parte, *prépo*, significa "lo que es apropiado o adecuado". La idea básica es "conducta apropiada para un templo". *Jiero-prépo* se refiere al tipo de actitud y conducta digna de un pueblo santo, de los sacerdotes y otras personas que se han consagrado al servicio del templo.

Era necesario que los sacerdotes que servían en el templo recordaran que realizaban tareas sagradas en presencia de un Dios santo. Debían seguir cuidadosamente las reglas y ejercer el debido respeto por el Lugar Santo y el Lugar Santísimo, el arca del pacto, el propiciatorio, los panes de la proposición, los sacrificios, las ofrendas y las grandiosas y eternas realidades invisibles representadas por estos símbolos visibles.

Los sacerdotes negligentes o profanos se arriesgaban al juicio e incluso a la muerte (Lv. 22:9). Como servidores del templo tenían que conducirse con temor reverente, tomar a Dios en serio y tenerlo siempre presente, mientras se ocupaban de sus tareas diarias.

Dada la definición de *jieroprepo*, ¿a qué crees que se refería el apóstol cuando instó a las mujeres a ser "reverente[s] en su conducta"?

El sistema de sacrificios del templo dejó de ser necesario cuando Jesús ofreció su vida como sacrificio único por los pecados, de una vez y para siempre (He. 10:12). Cristo instituyó un nuevo pacto por el cual somos salvas por gracia, mediante la fe (Ef. 2: 8). Ya no necesitamos ir al templo para estar con Dios; nosotras SOMOS el templo de Dios (2 Co. 6:16).

Lee 1 Corintios 3:16-17 y 2 Corintios 6:16-17. ¿Qué clase de conducta se espera del templo de Dios?

Piensa: **¡TÚ eres el templo de Dios!** Por eso el Señor quiere que tu comportamiento sea santo y reverente.

Ser reverente implica ser profundamente consciente y respetuosa de la presencia de Dios que habita en ti. Una mujer reverente sabe que el Espíritu de Dios habita en ella, de modo que manifiesta un comportamiento "apropiado para el templo" en todo momento, no solo cuando está en la iglesia o con amigos cristianos.

Debemos vivir como si estuviéramos en el templo, porque no hay división entre lo sagrado y lo secular. El "cristianismo" no es una categoría de la vida, sino que lo es todo. Estemos de compras con amigas, elaborando un balance de contabilidad o cambiando un pañal, siempre debemos recordar nuestro compromiso de vivir en santidad.

Marca con una "√" las actitudes y acciones "apropiadas para el templo" y con una "X" las que no lo son:

☐ Gritar   ☐ Bendecir

☐ Malicia   ☐ Alentar

☐ Envidiar   ☐ Maldecir

☐ Chismorrear   ☐ Generosidad

¿Se te ocurre un ejemplo reciente de no haberte comportado de forma "apropiada para el templo"? ¿Cómo crees que una mayor reverencia hacia Dios te habría ayudado a comportarte de otra manera?

_____

_____

_____

La belleza y la majestuosidad de la catedral de _Nôtre Dame_ suscitan unos sentimientos de admiración y reverencia en los visitantes, pero esos sentimientos suelen desvanecer al salir del edificio. La verdadera reverencia es más que un sentimiento pasajero. Se trata de ser siempre consciente de la presencia de Dios y de honrar a Cristo con una conducta "apropiada para el templo" en todo lo que hacemos.

→ **Termina con una oración**. Pídele al Señor que te ayude a ser más consciente de Su presencia que habita en ti y a manifestar una conducta más "apropiada para el templo" en todo lo que hagas hoy.

Una de mis tradiciones (Mary) navideñas favoritas es ir al teatro local para disfrutar de una función de "El Mesías" de Händel. El año pasado llevamos a dos amigas que nunca habían ido. Justo antes de que comenzaran a cantar el famoso coro del "Aleluya", me incliné a decirle a mi amiga que se preparara para ponerse de pie. Recuerdo lo perpleja que quedé la primera vez que asistí al oratorio, cuando toda la concurrencia espontáneamente se puso de pie en esta canción.

La tradición de ponerse de pie durante el coro del "Aleluya" viene desde tiempos del rey Jorge II (contemporáneo de Händel). Los plebeyos estaban obligados a ponerse de pie, por respeto, cuando el rey entraba a una habitación o cada vez que él se ponía de pie. Al parecer, cuando la orquesta y los cantantes irrumpieron en el coro del "Aleluya": Y reinará por siempre y siempre. Al rey de reyes, por siempre y siempre. Al Señor de señores, ¡Aleluya, Aleluya!, Jorge II se puso de pie y así permaneció el resto de la canción. Y lo mismo hizo la audiencia.

Aunque no lo sabemos a ciencia cierta, es probable que el rey de Inglaterra se pusiera de pie por respeto al Rey de reyes. Tal vez sintió que era apropiado que un rey mortal mostrara respeto y honor en presencia del Monarca supremo.

Lee los versículos al margen (1 Ti. 1:17; Sal. 89:6-7; Jer. 10:7). Explica en el espacio siguiente por qué las Escrituras nos alientan a reverenciar al Señor.

___

___

___

___

"Por tanto, al Rey de los siglos, inmortal, invisible, al único y sabio Dios, sea honor y gloria por los siglos de los siglos. Amén".

I Timoteo 1:17

"Porque ¿quién en los cielos se igualará a Jehová? ¿Quién será semejante a Jehová entre los hijos de los potentados? Dios temible en la gran congregación de los santos, y formidable sobre todos cuantos están alrededor de él".

Salmos 89:6-7

"¿Quién no te temerá, oh Rey de las naciones? Porque a ti es debido el temor; porque entre todos los sabios de las naciones y en todos sus reinos, no hay semejante a ti".

Jeremías 10:7

El comportamiento de la monarquía británica se rige por un documento denominado "orden de precedencia", un complejo conjunto de reglas que establece el rango de los miembros de la familia real. El documento establece el orden jerárquico de la realeza —quién tiene preeminencia y mayor estatus—, quién debe conferir primacía a quién.

Este documento establece el protocolo de entrada y salida de los miembros de la realeza en una ceremonia oficial, y el orden y la posición en que deben sentarse. Los miembros de la realeza de menor rango deben mostrar deferencia a los que tienen un mayor rango de nobleza.

El "orden de precedencia" dicta, por ejemplo, que aunque será la futura reina, Kate, la duquesa de Cambridge debe mostrar reverencia a las "princesas de sangre", por su anterior condición de plebeya. Esto significa que, cuando su esposo no está presente, ella debe rendir pleitesía a quienes nacieron en la realeza, como la princesa Beatriz o la princesa Eugenia, en público y en privado. Pero cuando Kate y Guillermo están juntos, las princesas deben rendir pleitesía a ambos, para reconocer el estatus superior de Guillermo. Toda la familia real debe inclinarse ante la presencia del monarca reinante.[3]

Cuando alguien de la familia real rinde pleitesía a otro miembro de la realeza, reconoce que entiende cuál es su posición en el "orden de precedencia". Su comportamiento respetuoso demuestra: *Aquí hay alguien mayor que yo.* La cortesía estipula que la persona de menor rango debe mostrar el respeto apropiado a la de mayor rango.

Según Deuteronomio 13:4 (NTV), ¿cómo manifestamos una reverencia apropiada hacia el Señor?

_____

_____

La Biblia declara que el Señor es "excelso sobre todos": el de más alto rango en todo el universo (Sal. 97:9; 1 Cr. 29:11). Es Dios grande y Rey grande sobre todos los dioses (Sal. 95:3). Es exaltado sobre todos los pueblos (99:2) y todas las naciones (113:4); "Dios temible en la gran congregación de los santos, y formidable sobre todos cuantos están alrededor de él" (89:7). Como tal, le debemos toda nuestra reverencia y honor. Esto es lo que le corresponde legítimamente.

> *"Sirve únicamente al SEÑOR tu Dios y teme solamente a él. Obedece sus mandatos, escucha su voz y aférrate a él".*
>
> **Deuteronomio 13:4 (NTV)**

Dios es Dios, nosotras no. Somos seres inferiores, de modo que lo apropiado es que le mostremos respeto y reverencia. El "orden de precedencia" descrito en Deuteronomio 13:4 (NTV) indica que debemos obedecer sus mandatos, escuchar su voz y aferrarnos a Él. Nuestra obediencia es como una reverencia espiritual.

Subraya la última oración. Explica por qué la obediencia es como una reverencia espiritual.

_____

_____

estilo reverente

Tito 2:3 (NVI) instruye a las mujeres a ser "reverentes en su *conducta*". La palabra griega para conducta (*katástema*) es mucho más amplia que nuestra palabra castellana. *Katástema* no solo son tus acciones; se refiere a toda tu actitud y conducta en todos los aspectos y en todas las ocasiones.[4] *Katástema* es tu "estado" o "condición". Es tu apariencia o estilo. Incluye lo que haces y lo que no haces, lo que dices y lo que no dices, tu aspecto, tu postura, tus modales y todo tu comportamiento. Incluye tus pensamientos y tus emociones. Es cómo reaccionas con tu esposo e hijos, con tu jefe o con ese pariente entrometido. Es la expresión externa de tu carácter interno. ¡*Katástema* es el paquete completo!

> "Este pueblo de labios me honra; mas su corazón está lejos de mí".
>
> **Mateo 15:8**

La reverencia es una actitud del corazón. Debería impregnar todos los aspectos de la vida de una mujer. Debería cambiar su forma de vivir, de caminar, de hablar, de vestir, de conducirse, de ataviarse, de pensar, de sentir y de actuar.

La vida de una mujer reverente es totalmente distinta a la de aquella que no honra al Señor. Una mujer que se conduce de una manera reverente:

- Lee y obedece la Biblia (Dt. 28:58).
- Procura que nada en su vida sea más importante que el Señor (Jos. 24:14).
- Sirve al Señor con sinceridad y fidelidad (Jos. 24:14).
- Es cuidadosa al tomar decisiones (2 Cr. 19:7).
- Acepta la corrección (Sof. 3:7).
- No es sabia en su propia opinión (Pr. 3:7).
- Se aparta del mal (Pr. 3:7).
- Trata a los otros con gentileza y amabilidad (Lv. 19:14).

- _____ (Sal. 71:8).
- _____ (Pr. 3:9).
- _____ (Pr. 19.11).
- _____ (Ro. 1:21).
- _____ (Ro. 15:7).
- _____ (1 Co. 6:20).

Completa la lista de arriba con las características de una hija reverente a Dios que se indica en cada versículo.

¿Cuánto se refleja en tu vida la reverencia? Marca con un círculo dos o tres puntos de esta lista donde reconoces que debes ser más reverente.

→ **Termina con una oración.** Pídele al Señor que te ayude a desarrollar una verdadera reverencia por Él, que se refleje en cada ámbito de tu vida.

*E*n 2014, Canadá aprobó una legislación muy estricta para proteger los monumentos nacionales y conmemorativos de guerra.[5] El proyecto de ley fue propuesto por un legislador que se enfureció cuando cubrieron de huevos un monumento de su ciudad natal, justo antes del Día de los Veteranos de Guerra.

Numerosos han sido los casos vandálicos como este, que han cubierto importantes monumentos de constantes grafitis. Un monumento quedó deteriorado con la pintada negra permanente: "Canadá arderá en fuego. ¡Alabado sea Alá!". En otra ocasión, tres jóvenes fueron fotografiados orinando infamemente sobre el Monumento Nacional de los Caídos en Guerra, un sitio venerado que incluye la Tumba del Soldado Desconocido. Casi todas las semanas, los monumentos son víctima de la profanación de vándalos que escupen, orinan o defecan sobre ellos, pintan grafitis, roban sus placas o derriban sus estatuas.

> "A las ancianas, enséñales que sean reverentes en su conducta, y no calumniadoras ni adictas al mucho vino".
>
> **Tito 2:3 (NVI)**

Antes, este tipo de vandalismo se consideraba una travesura común y corriente. En la mayoría de los casos se sentenciaba al culpable a cumplir un servicio comunitario, pero el legislador argumentó que se trataba de un castigo insuficiente para semejantes actos de irreverencia. Un memorial de guerra es terreno "sagrado". Como tal, se debe respetar, honrar y proteger.

Bajo la nueva ley, esta clase de gamberrismo se considera más grave que otras trastadas públicas. El delito queda amparado ahora bajo el código penal, y se castiga con fuertes multas y hasta con la cárcel. El gobierno canadiense quiere enviar el mensaje de que no tolerará más semejante sacrilegio.

Los monumentos conmemorativos honran a quienes dieron su vida para garantizar nuestra libertad. Profanar un monumento es una falta de respeto al sacrificio. Es un comportamiento irreverente. El mismo tipo de concepto está presente en Tito 2:3 (NVI). Después de instruir a las mujeres a ser reverentes en su conducta, Pablo da un par de ejemplos de conducta irreverente: dos cosas que deshonran a Aquel que dio su vida por nuestra libertad.

¿Cuáles son los dos ejemplos de conducta irreverente que Pablo menciona en Tito 2:3 (NVI)?

_____

_____

_____

Explica por qué ser calumniadoras o adictas al mucho vino son actos de irreverencia:

_____

_____

_____

una deshonra al sacrificio

¿Qué es la calumnia? Es un informe destinado a perjudicar el buen nombre y la reputación de otra persona. Cuando calumniamos a alguien, queremos que quede mal y nosotras bien. Por lo tanto, la calumnia es una forma de autopromoción.

¿Y qué es ser "adictas al mucho vino"? ¿Por qué Pablo habló de beber? ¿Acaso las mujeres mayores llegaban un poco "bebidas" a la iglesia? Los comentaristas coinciden en que la adicción al alcohol pudo haber sido realmente un problema en Creta. No obstante, es posible que a Pablo no le preocupara tan solo el uso inmoderado del vino, sino los problemas más profundos del corazón que implicaba.

> *"Mas evita profanas y vanas palabrerías, porque conducirán más y más a la impiedad".*
>
> **2 Timoteo 2:16**

Beber alcohol en exceso señalaba una actitud egocéntrica. La raíz del problema es la autogratificación y la autocomplacencia. Si Pablo escribiera hoy, también amonestaría a las mujeres por ser "adictas a muchas compras", "adictas a mucha televisión" o "adictas a mucho Facebook". Más adelante, en su carta, señala que quienes no caminan bajo el control del Espíritu Santo son "esclavos de *todo género* de pasiones y placeres" (Tit. 3:3, NVI).

Lee 2 Timoteo 2:16 al margen. ¿Cómo crees que la falta de reverencia nos puede conducir "más y más a la impiedad"?

_____

_____

_____

La autopromoción, la autogratificación y la autocomplacencia, evidentes en comportamientos como la calumnia y la borrachera, son lo opuesto a una actitud reverente. Una actitud irreverente dice: "¡Yo soy la única que importa! Todo gira alrededor de mí". Una actitud reverente dice: "¡Cristo es lo único que importa! Todo tiene que ver con Él".

> Ser irreverente es no apreciar algo de gran valor. Es restarle importancia a algo a lo que deberíamos atribuir relevancia.

Ser irreverente es no apreciar algo de valor, restarle importancia a algo que deberíamos valorar. Cada vez que tomamos en cuenta nuestras opiniones y deseos por encima de los de Cristo, somos culpables de irreverencia. Es como si cometiéramos un acto de vandalismo y profanación a la memoria de Su sacrificio.

> "… no sea que haya algún fornicario, o profano, como Esaú, que por una sola comida vendió su primogenitura".
>
> **Hebreos 12:16**

Lee Hebreos 12:16 al margen. Rodea con un círculo la palabra "profano"(*irreverente*).

El hermano gemelo de Jacob, Esaú, es un ejemplo de irreverencia. Era el mayor de los hijos gemelos de Isaac y, como tal, tenía derecho a la "primogenitura": la mayor parte de la herencia paterna. Pero Esaú perdió su primogenitura cuando se la cedió a Jacob por un plato de lentejas. Así "menospreció" su derecho (Gn. 25:29-34).

¿Por qué fue irreverente al cambiar su primogenitura por un plato de comida? Marca con una "X" todas las opciones que correspondan:

☐ El potaje no era tan bueno.
☐ Priorizó una gratificación momentánea sobre la bendición perpetua.
☐ Basó su elección en sus sentimientos en lugar de hacer lo correcto.
☐ No apreció el valor de su herencia.
☐ Menospreció las consecuencias de sus actos.

El incidente de la primogenitura no fue el único indicio de la irreverencia de Esaú. También se casó con dos cananeas, mujeres impías que amargaron la vida de sus padres (Gn. 26:34-35). Buscar una mujer piadosa no era una prioridad suprema para él. Esaú tuvo la misma actitud displicente respecto a salir con paganas que hacia su primogenitura y, en última instancia, hacia su relación con el Señor. Era inmoral y profano. Dios no era la máxima prioridad en su vida.

Esaú simboliza a quienes, irreverentemente, desprecian cosas de gran valor y aceptan otras inferiores. En la lección de hoy, hemos aprendido que dos de las maneras en que las mujeres —y en especial las más mayores— tienden a ser irreverentes son su forma de hablar (calumnia) y su autocomplacencia (adicción a todo). Son irreverentes al adoptar la actitud de "primero yo" y no "primero Cristo".

¿Manifiestas alguna irreverencia en tu manera de hablar de otros o en tus hábitos demasiado permisivos?

_____

_____

_____

_____

¿Qué necesitarías para cambiar esa actitud de "primero yo" por la de "primero Cristo"?

_____

_____

_____

_____

> *"El hijo honra al padre, y el siervo a su señor. Si, pues, soy yo padre, ¿dónde está mi honra? y si soy señor, ¿dónde está mi temor? dice Jehová de los ejércitos".*
>
> **Malaquías 1:6**

> *"El que camina en su rectitud teme a Jehová; mas el de caminos pervertidos lo menosprecia".*
>
> **Proverbios 14:2**

→ **Toma un momento** para confesar cualquier manera de hablar o conducta que no honre el sacrificio de Cristo. Pídele al Señor que te ayude a apreciar y honrar las cosas que son de gran valor para Él.

Toda esta semana hemos estado hablando sobre el elemento de diseño del honor. Una mujer verdadera es reverente, honra a Cristo.

En la primera lección aprendimos que el honor es una virtud fundamental que implica un profundo temor reverencial hacia el Señor y el reconocimiento constante de Su presencia. Redunda en un comportamiento "apropiado para el templo", no solo los domingos, sino cada instante de cada día.

En la segunda lección vimos que la reverencia reconoce y respeta la autoridad del Señor sobre nosotras. Nuestra obediencia es como una reverencia espiritual. Es mucho más que un comportamiento externo. Involucra nuestro corazón, nuestros pensamientos, nuestro comportamiento, nuestra actitud y nuestras acciones: ¡el paquete completo!

> "La mujer piadosa y sabia honra su compromiso todos los días de su vida y no cede al temor".[6]
>
> *Mary*

Ayer vimos que la irreverencia es no honrar algo de gran valor. Es restarle importancia a algo que deberíamos valorar mucho. Cada vez que les damos más importancia a nuestras opiniones y deseos, y menos a los de Cristo, pecamos de irreverencia. Es como si vandalizáramos y profanáramos la memoria de Su sacrificio.

Hasta ahora hemos venido hablando de honor y reverencia de forma general, tratando de entender lo que significa el *honor* y lo que implica. Ahora analizaremos por qué la enumeración paulina de las características importantes para las mujeres mayores empieza por la reverencia. Hoy y mañana trataremos de responder dos preguntas:

1. ¿Por qué es la reverencia una característica importante, sobre todo para el sexo femenino?
2. ¿Por qué es importante la reverencia para las mujeres "mayores" en particular?

reverencia y feminidad

Todo creyente debería honrar al Señor y ser respetuoso con los demás. En 1 Pedro 2:17 leemos: "Honrad a todos. Amad a los hermanos. Temed a Dios. Honrad al rey". La Epístola a los Romanos ordena: "Amaos los unos a los otros con amor fraternal; en cuanto a honra…" y "Pagad a todos lo que debéis: al que tributo, tributo; al que impuesto, impuesto; al que respeto, respeto; al que honra, honra" (Ro. 12:10; 13:7).

La instrucción de honrar al Señor y ser respetuosas con los demás no se restringe solo a las mujeres. Obviamente, ambos sexos deberían ser reverentes. Pero en el "currículum" específico para cada género que Pablo presenta a la iglesia de Creta, identifica la reverencia como característica de particular importancia para las mujeres. Y no es la primera ni la única vez que la Escritura lo sugiere.

Busca las siguientes citas bíblicas y traza líneas para unir cada referencia bíblica con su correspondiente concepto:

Proverbios 31:25 Las ancianas deben ser reverentes en su conducta, sin caer en la autopromoción ni la autocomplacencia.

1 Pedro 3:1-2 La mujer que teme al Señor será admirada.

Proverbios 31:30 Fuerza y honor son virtudes que visten a la mujer.

Tito 2:3 Los maridos incrédulos pueden ser ganados sin palabras por la conducta de su esposa, al ver su manera de ser casta y respetuosa.

Salmos 45:11 El rey está cautivado por la belleza de su novia; ella debe honrarlo, porque Él es su Señor.

Dios creó al hombre y a la mujer e instituyó el matrimonio por una razón específica. El género y el matrimonio existen para relatar la increíble historia de Jesús. La Biblia indica un patrón claro y paralelo en tres relaciones: esposo/esposa, Cristo/Iglesia y Dios/Cristo.

Tal vez recuerdes el siguiente cuadro de *"Mujer Verdadera 101"*, que ilustra este modelo. Dios es la cabeza de Cristo, Cristo es la cabeza de la Iglesia y el esposo es la cabeza de su esposa (1 Co. 11:3). La relación esposo/esposa es un símbolo físico, terrenal, que nos ayuda a comprender la naturaleza de las relaciones espirituales y eternas de Jesús.

Dios creó dos sexos para que pudiéramos hacer brillar la luz del evangelio desde diferentes ángulos. Aunque una mujer no se case, sigue estando excepcionalmente cualificada para ser una "novia". El hombre no puede serlo; solo la mujer. Por tanto, ella tiene la capacidad de representar a la "novia" en la historia de la redención de una manera que el hombre no puede. Además, ella puede reflejar las verdades de la relación de Cristo con Dios de un modo que es imposible para el hombre.

¿Qué tiene, pues, esto que ver con la amonestación de Pablo a las mujeres de ser reverentes? Mucho. La disposición de Cristo hacia su Padre se caracteriza por la reverencia, y es también la actitud de la Iglesia hacia Cristo. Las mujeres tienen una responsabilidad única de relatar la historia de Jesús desde la perspectiva de la Iglesia → Cristo y de Cristo → Dios. Por ello, la reverencia es un rasgo de particular importancia que las mujeres deben manifestar.

En los versículos al margen (Jn. 8:49-50; He. 5:7; Jn. 5:23; 1 P. 3:15; Mal. 2:5), subraya las frases que indiquen que la reverencia/el honor caracterizan la disposición de Cristo hacia Dios y la de la Iglesia hacia Cristo.

Explica con tus propias palabras por qué es particularmente importante para ti, como mujer, cultivar un espíritu reverente.

_____

_____

_____

_____

_____

"Respondió Jesús: Yo... honro a mi Padre; y vosotros me deshonráis. Pero yo no busco mi gloria; hay quien la busca, y juzga".

Juan 8:49-50

"Y Cristo, en los días de su carne, ofreciendo ruegos y súplicas con gran clamor y lágrimas al que le podía librar de la muerte, fue oído a causa de su temor reverente".

Hebreos 5:7

¿Defiende nuestra cultura la reverencia como característica deseable en la mujer? ¿Cómo difiere esta perspectiva de la reverencia que promueve la Escritura?

_____

_____

_____

_____

Mientras escribimos este capítulo es primavera y el inicio de la "temporada de bodas". He (Nancy) estado ayudando a una dulce joven, que conozco de toda la vida, con los planes para su boda, que será en unos meses.

Como la mayoría de las mujeres en estos casos, Jessica está poniendo especial atención en el vestido, las joyas, los accesorios, el maquillaje y el peinado adecuados para el gran día. Cuando la música comience a sonar e indique que llegó el momento de caminar hacia el altar, quiere estar más bella que nunca. Es natural que una novia quiera honrar a su novio de esta manera.

A fin de cuentas, la historia de la novia y el novio simboliza la del Novio y la Novia: Cristo y Su Iglesia. ¿Estás representando bien el papel de la novia en la historia? ¿Luchas con una actitud irreverente, descortés ỹ rebelde, u honras a Jesús reflejando un espíritu humilde, respetuoso y reverente?

→ **Termina con una oración**. Pídele al Padre que te ayude a valorar y cultivar un espíritu humilde, respetuoso y reverente, que corresponde a una feminidad piadosa.

"… para que todos honren al Hijo como honran al Padre. El que no honra al Hijo, no honra al Padre que le envió".

Juan 5:23

"Más bien, honren en su corazón a Cristo como Señor".

1 Pedro 3:15 (NVI)

"El propósito de mi pacto con los levitas era darles vida y paz… De ellos se requería que me reverenciaran, y lo hicieron en gran manera y temieron mi nombre".

Malaquías 2:5 (NTV)

*L*a reverencia es el saludo tradicional de Asia oriental. Es un gesto de respeto que expresa cortesía, sinceridad, arrepentimiento o gratitud. Tradicionalmente, el grado de inclinación de la reverencia indica el grado de respeto o gratitud. Pueden realizarse por igual entre dos o más personas o de manera desigual: la persona de mayor estatus no se inclina o lo hace levemente en respuesta.

Cuando mi (Mary) hijo Matt tenía 18 años, vio a un joven asiático, casi de su edad, saludar a sus padres en el aeropuerto. El joven se arrodilló y se inclinó ante su padre hasta tocar el suelo con su frente, y después se levantó y le dio un abrazo.

Le pregunté a Matt qué opinaba de esa costumbre y me dijo: "Por una parte, resultó extraño ver ese gesto de reverencia, porque nosotros no estamos acostumbrados, pero me impresionó el profundo respeto que él manifestó hacia su padre. ¡Los jóvenes son tan irrespetuosos! Resulta reconfortante contemplar el respeto. Sentí admiración por él".

¿Por qué fue tan admirable que ese hijo le demostrara respeto a su padre?

_____

_____

_____

_____

_____

"… yo honraré a los que me honran, y los que me desprecian serán tenidos en poco".

I Samuel 2:30

"Riquezas, honra y vida son la remuneración de la humildad y del temor de Jehová".

Proverbios 22:4

"La soberbia del hombre le abate; pero al humilde de espíritu sustenta la honra".

Proverbios 29:23

El sabio heredará honra, pero los necios hacen resaltar su deshonra.

Proverbios 3:35

"Cuando viene el impío, viene también el menosprecio, y con el deshonrador la afrenta".

Proverbios 18:3

Es interesante notar que quien se ganó el respeto de Matt fue justamente el que demostró respeto. Respetar a los padres es lo correcto y lo que todo hijo o hija deberían hacer. Es honorable. Con esa humilde demostración de honra, el joven recibió honra.

Lee los versículos al margen (1 S. 2:30; Pr. 22:4; 29:23; 3:35; 18:3; Jn. 12:26; Sal. 84:11; Pr. 21:21). ¿Qué obtiene una mujer reverente y respetuosa?

_____

_____

_____

¿Qué sucede con la mujer despectiva, descortés, irreverente e irrespetuosa? ¿Qué obtendrá?

_____

_____

_____

¿Qué significa para ti recibir honra de Dios?

_____

_____

_____

_____

_____

"Si alguno me sirviere, mi Padre le honrará".

Juan 12:26

"El Señor es sol y escudo; Dios nos concede honor y gloria. El Señor brinda generosamente su bondad a los que se conducen sin tacha".

Salmos 84:11 (nvi)

La reverencia a Dios incide en nuestra manera de relacionarnos con las personas. Nuestro respeto por Él se plasma en actitudes respetuosas hacia los demás. Nos lleva a demostrar un comportamiento "apropiado para el templo", honorable en todos los aspectos de nuestra vida.

"El que sigue la justicia y la misericordia hallará la vida, la justicia y la honra".

Proverbios 21:21

crece en edad y reverencia

Según Tito 2:3 (ntv), es importante que las mujeres demuestren reverencia, particularmente las mujeres "mayores". ¿Qué edad sugiere "mayores"? ¡Tal vez hayas oído decir que mayor es quince años más de los que tú tengas!

Según 1 Timoteo 5:9, las viudas deben ser mayores de sesenta años para figurar en la lista de quienes reciben apoyo financiero de la iglesia. Pero Pablo no especifica qué edad debes tener para ser catalogada de mujer "mayor". Es la única vez que aparece en la Biblia el término griego para mujeres "mayores". Aunque no podemos especificar una edad exacta pensamos que, por lo general, "mayor" es una mujer que ha pasado sus años fértiles y de crianza de los hijos. La esperanza de vida en aquella época era más corta. Por tanto, la edad que Pablo consideraba para referirse a una mujer "mayor" sería hoy día una mujer de "mediana edad" o más.

Las mujeres mayores deben ser reverentes. También es la finalidad de las mujeres más jóvenes; sin embargo, a veces les toma un tiempo llegar a serlo. La mujer de más edad ha pasado por pruebas, y se espera que su conducta reverente se haya pulido. La adversidad la ha enseñado a tener siempre consciencia de Dios. Sabe que el propósito de su vida es honrar a Cristo. Ha aprendido a ser humilde y abnegada, a controlar la lengua, a ser amable y a respetar a los demás.

Pablo esperaba que la madurez cronológica fuera acompañada de crecimiento y madurez espiritual. Por ello asocia la reverencia con las mujeres mayores. Pero creemos que también pudo hacerlo, porque una mujer mayor insolente, despectiva, arrogante e irreverente es especialmente ofensiva e irritante. La irreverencia es una mancha evidente en la feminidad y se vuelve más indecorosa a medida que se envejece.

Cuando se es joven, el defecto de la irreverencia se puede cubrir con energía juvenil, buena apariencia, habilidades naturales y personalidad. Pero conforme se envejece, esas cosas se desvanecen y el defecto es más marcado y visible. Las mujeres que han cultivado la belleza interior del espíritu reverente se vuelven más hermosas con la edad, pero las irreverentes son cada vez más feas al desvanecerse su belleza física.

Lee el pasaje de Salmos 92.12-14 al margen. Usando la analogía del autor sobre las plantas, dibuja cómo se vería una mujer reverente en comparación con una irreverente:

> "El justo florecerá como la palmera; crecerá como cedro en el Líbano. Plantados en la casa de Jehová, en los atrios de nuestro Dios florecerán. Aun en la vejez fructificarán; estarán vigorosos y verdes".
>
> **Salmos 92:12-14**

> "Mantener el corazón libre de arrugas, ser optimista, amable, entusiasta y reverente… eso es triunfar sobre la vejez".[7]
>
> **Amos Bronson Alcott**

**Planta de una mujer
mayor reverente**

**Planta de una mujer
mayor irreverente**

Cuando era niña (Nancy), conocí a dos hermanas ancianas. Una tenía un espíritu amoroso y reverente, y era una delicia estar con ella. La otra era una mujer gruñona y amargada; tenía una vida miserable y contagiaba a quien estuviera con ella. El marcado contraste dejó grabada en mi joven mente una impresión perdurable.

En parte, gracias a la influencia de estas dos hermanas, desde pequeña aspiré llegar a ser un día una "mujer mayor piadosa". Pero al crecer, me he dado cuenta de que eso no sucede de forma automática. (¡Bueno, la parte del "envejecimiento" sí, pero no la de la "piedad"!). No es que llegues a la menopausia y de pronto te conviertas en una mujer reverente. Cultivar un verdadero espíritu piadoso y reverente requiere tiempo y atención.

Tristemente, la mayoría de las mujeres no tiene rumbo en la vida. Los días se vuelven semanas, meses, años, décadas y toda una vida. Si no te esfuerzas deliberadamente en ser más piadosa, amable, reverente y madura en tu vida espiritual, probablemente te volverás más inflexible, amargada, quejumbrosa, malhumorada y mezquina con la edad. Este es el momento indicado para preguntarte a ti misma: "¿Qué clase de mujer mayor quiero ser?".

→ **Observa las dos plantas que dibujaste en la página anterior**. Rodea con un círculo el dibujo de la mujer a la que quieres llegar a parecerte en tu vejez. Termina con una oración. Pídele al Señor que con Su gracia te ayude a convertirte en una mujer reverente que sea de honra para Él.

de la teoría
a la práctica...

renovación interior

para asimilar:

El video de la semana dos te ayudará a asimilar las lecciones de esta semana. Encontrarás este video, la guía del líder y otros recursos más en el sitio web TrueWoman201.com (disponible solo en inglés). También hay otros recursos disponibles en www.avivanuestroscorazones.com.

para reflexionar:

Piensa en las siguientes preguntas, debátelas con tus amigas, con tu familia o en un grupo pequeño:

1. ¿Qué características identifican, por lo general, a una mujer reverente? ¿Cómo se refleja la reverencia de su corazón en su vida y en sus relaciones?

2. ¿De qué maneras prácticas podemos honrar a Dios por encima de todas las personas y prioridades de nuestra vida?

3. Al considerar tu papel en la historia redentora de Dios, específicamente como mujer, ¿por qué es la reverencia una disposición tan importante? ¿Qué comunica a otros sobre el mérito y el valor de Cristo?

4. Pablo da dos ejemplos de conducta irreverente en Tito 2:3, uno de ellos la calumnia. ¿Cuál es su raíz?

5. ¿Cuál es la relación entre la autogratificación y la irreverencia? Si evalúas tus hábitos diarios, ¿dónde percibes una tendencia al exceso? ¿Puedes identificar la actitud de tu corazón que te tienta a caer en ello?

6. En el Día 4 leímos: "Dios creó dos sexos para que pudiéramos hacer brillar la luz del evangelio desde diferentes ángulos" (p. 62) ¿Qué oportunidad particular tenemos como mujeres de hacer brillar la luz del evangelio? ¿Qué papel juega la reverencia en nuestra manera de hacer brillar nuestra luz?

7. ¿Por qué es de especial importancia la reverencia en las mujeres mayores?

8. Independientemente de tu edad, estás en el proceso de convertirte en una "mujer mayor". ¿Cómo describirían otros tu carácter? ¿Qué esfuerzo deliberado puedes hacer para cultivar un espíritu piadoso y reverente, que inspire a otros a honrar a Dios?

Utiliza esta hoja en blanco para escribir tus notas. Escribe lo que aprendiste esta semana. Anota tus comentarios, tu versículo favorito, un concepto o una cita particularmente útil o importante para ti. Redacta una oración, una carta o un poema. Toma apuntes sobre el video o la sesión de tu grupo pequeño. Expresa la respuesta de tu corazón a lo que aprendiste. Personaliza las lecciones de esta semana como más te ayude a poner en práctica lo que aprendiste.

de la teoría
a la práctica…

afecto

¿Qué elementos consideras esenciales en el currículum de la feminidad? En los dos primeros elementos de diseño estudiados—discernimiento y honor—, Pablo nos alienta a tener un buen juicio (sana doctrina) y una correcta actitud de corazón hacia el Señor (reverencia).

Después enumera otras cosas vitales para toda mujer de Dios: amar a su marido y a sus hijos, tener dominio propio y decencia, trabajar en el hogar, ser amable y sujetarse a su esposo. Son cosas que las mujeres mayores deberían ser capaces de enseñar y que las más jóvenes deberían estar ansiosas por aprender.

> *Una mujer verdadera valora a la familia…* **"[ama a su marido] y a sus hijos".**

Antes de profundizar en estas cualidades individuales, nos gustaría hacer varias observaciones generales sobre la lista en su conjunto. Primero, **¡este es un currículum contracultural!** Probablemente no encontrarás estos elementos dentro del programa de estudios para universitarias. Este pasaje establece las cualidades del Reino de Dios, que son totalmente distintas a las del mundo.

Lo segundo que nos llama la atención es **lo que *no* aparece en esta lista.** Si quisieras discipular a una mujer más joven, una nueva creyente quizás, una soltera universitaria o una recién casada, y ayudarla a madurar espiritualmente, a dar fruto y vivir una vida que agrade a Dios, ¿en qué temas principales te enfocarías?

Podrías enseñarla a orar, a estudiar la Palabra de Dios y a testificar. Son temas fundamentales y, sin duda, forman parte del currículum de educación general para todos los creyentes. Pero es interesante notar que nada de esto aparece en la lista de temas indispensables para doctorarse en feminidad bíblica.

Otra posible observación es que las **cualidades mencionadas** deben aprenderse: "… *enseñen* a las mujeres jóvenes…" (Tit. 2:4). Las mujeres no aprenden estas cosas por ósmosis ni por el simple hecho de ir a la iglesia y escuchar una sólida predicación bíblica, por importante que sea. Dios afirma que se necesita algo más en el proceso de discipular a las mujeres: otra mujer madura que camine a su lado y se comprometa a instruirla en la feminidad en el contexto de la comunidad de fe.

Una cuarta observación sobre esta lista es **la prioridad que Dios atribuye a la familia y el hogar.** La mayoría de los elementos se relaciona específicamente con el matrimonio, la maternidad y el hogar. Este pasaje da a entender que las mujeres jóvenes necesitan aprender a ser esposas y madres, que el matrimonio y la maternidad son la norma y, por tanto, el contexto en el que casi todas las mujeres cristianas practican la fe.

Al mismo tiempo, este pasaje *no* es exclusivo para esposas y madres. La instrucción de Pablo está destinada a *todas* las mujeres, independientemente de su estado familiar.

Es evidente que Dios ha dotado a algunas mujeres para seguir solteras, con el propósito de servirle con mayor dedicación. Puedes leer sobre ello en 1 Corintios 7. Además, dadas las circunstancias de nuestra cultura, puede ser que muchas mujeres que desean casarse nunca vean ese deseo cumplido. Seguir solteras es una realidad que muchas mujeres cristianas afrontan.

Más aún, algunas mujeres que se casan no pueden tener hijos. Por tanto, es posible que nunca tengas un esposo o hijos. No obstante, el currículum de Pablo también está destinado para ti. ¿Por qué? ¡Porque el matrimonio y la familia son imprescindibles para el plan redentor de Dios! Como aprendimos en *Mujer Verdadera 101*, la relación entre el esposo y la esposa está poderosamente ligada a la historia de Cristo y Su Iglesia-novia. Dios creó al hombre y a la mujer, el matrimonio, el sexo y la procreación para anunciar y dar testimonio de tan maravillosa historia.

La historia bíblica del hombre y la mujer (del matrimonio y la familia) no tiene nada que ver con nosotras, sino con Dios. En última instancia, la feminidad no trata de ti; sino más bien de mostrar la gloria de Dios y Su poderoso plan de redención. Aunque nunca tengas un esposo o hijos, es crucial que entiendas la realidad eterna y asombrosa que representa tu feminidad.

La observación final que debemos resaltar sobre este pasaje es **la prioridad del amor.** ¿Cómo empieza Pablo? "Enseñen a las mujeres jóvenes *a amar*" (v. 4) a sus maridos, a sus hijos, a su familia… ¡*a amar lo que Dios ama!* Una mujer verdadera valora y ama el plan de Dios para la familia. Casada o no, tiene un profundo afecto por la familia y hace todo lo posible para ayudar a las familias a reflejar la historia del evangelio.

*E*s práctica común que un invento lleve el nombre de quien lo ideó. El braille es un sistema de lectura y escritura táctil para personas ciegas, inventado por el francés Louis Braille a mediados del siglo XIX, tras haber quedado ciego por un accidente durante su niñez. Las hojas de afeitar fueron idea de King Gillette. La máquina de coser Singer fue inventada por Isaac Singer. La marca Tupperware fue creada por Earl Tupper. El motor diesel fue inventado por Rudolf Diesel.

Los hermanos Jacuzzi tuvieron la idea de conectar una bomba de agua a la bañera y así nació el jacuzzi. El saxofón es un instrumento musical de viento, ideado por Adolphe Sax a principios de la década de 1840.

Una notable figura política y militar inventó un alimento práctico que pudiera comerse con la mano durante las largas partidas en la mesa de juegos. Así nació el "sándwich", que lleva el nombre de su inventor, el conde de *Sandwich*.

Quizás no te hayas percatado de que el decibelio, el boicot, el chovinismo e incluso la nicotina recibieron su nombre de quien los inventó o popularizó su uso.

En Efesios 3:14-15 (NVI), un juego de palabras del original griego indica que Dios Padre inventó algo común a los seres humanos y le puso nombre. Es un "invento" increíblemente importante creado y definido por Él:

> *"Por esta causa doblo mis rodillas ante el Padre [Patér]... de quien toma nombre toda familia [patriá] en los cielos y en la tierra".*
>
> **Efesios 3:14-15**

> *"... para nosotros, sin embargo, sólo hay un Dios, el Padre, del cual proceden todas las cosas, y nosotros somos para él; y un Señor, Jesucristo, por medio del cual son todas las cosas, y nosotros por medio de él. Pero no en todos hay este conocimiento".*
>
> **I Corintios 8:6-7**

> *"Por lo tanto, Jesús y los que él hace santos tienen el mismo Padre. Por esa razón, Jesús no se avergüenza de llamarlos sus hermanos".*
>
> **Hebreos 2:11 (NTV)**

Por esta razón me arrodillo delante del Padre [Patér],
de quien recibe nombre toda familia [patriá] en el cielo y en la tierra.

Según este pasaje, ¿quién es el "inventor" y cuál es el "invento"?

El inventor es _____

El invento es _____

¿Lo descubriste? La palabra "padre" deriva del término griego *patér*, y "familia" de patriá. (*pater*, es la raíz de la que deriva *paternidad*). Dios, el Patér (Padre) inventó la *patriá*, la familia.

En la sociedad israelita se aludía a la unidad básica familiar como "la casa del padre" (en hebreo: *bet-ab* [*bet* = casa, *ab* = padre]). Habitualmente, consistía en varios núcleos familiares que afirmaban descender de un mismo ancestro masculino. El hombre de mayor edad, sobreviviente de un linaje, y todos sus hijos y nietos, sus esposas e hijos se consideraban parte de la misma familia. Aunque era común que cada núcleo familiar tuviera su propia vivienda, seguía considerándose parte de la casa paterna.

Para nosotros, las palabras *padre* y *familia* están relacionadas, aunque separadas; mientras que en griego o en hebreo son conceptos inseparables. En la Escritura, una familia es un grupo de personas asociadas con un padre en común. La paternidad y la familia están tan estrechamente relacionadas, que algunos traductores han sugerido que la asociación de estas palabras debería reflejarse como lo expresa Efesios 3:14-15 (BLP): "Por todo lo cual me pongo de rodillas ante el *Padre*, origen de toda *paternidad* tanto en el cielo como en la tierra".[1]

Actualmente podría considerarse un poco sexista sugerir que cada familia es parte de una "paternidad" específica. Sin embargo, el lenguaje de la Biblia demuestra que, desde la perspectiva de Dios, la familia es exactamente eso.

Sabemos que los padres y las familias humanas están a menudo des-truidas o son disfuncionales. El divorcio, las segundas nupcias y los hijos extramatrimoniales han dado origen a diversas configuraciones de la familia contemporánea. Pero esto no cambia que la paternidad y la familia extraigan, en última instancia, su existencia, esencia y carácter de la paternidad y de la familia de Dios.

Lee los versículos al margen (Ef. 3:14-15; 1 Co. 8:6-7; He. 2:11). Basándote en ellos, indica cuáles de los siguientes enunciados son verdaderos (V) o falsos (F).

_____ La familia es creación de Dios Padre.

_____ La familia recibe su nombre de Dios Padre.

_____ La familia existe para dar testimonio de Dios Padre.

_____ La familia es lo que el gobierno define.

_____ La familia es lo que la cultura define.

¿Qué crees que significa para Dios que la familia "tome nombre" de Él?

_____

_____

_____

el nombre

Según el pensamiento antiguo, el nombre es más que una identificación o un simple recurso para distinguir a una persona o cosa de otra. Poner nombre indica que quien realiza dicha acción tiene autoridad sobre la que recibe el nombre (Sal. 147:4, Is. 40:26). Además, el nombre asignado revela el ser interior de la persona o cosa, o su verdadera naturaleza (Gn. 25:26; 1 S. 25:25).

> "Bendito sea el Dios y Padre de nuestro Señor Jesucristo... según nos escogió en él antes de la fundación del mundo... en amor habiéndonos predestinado para ser adoptados hijos suyos por medio de Jesucristo".
>
> **Efesios 1:2-5**

Dios Padre creó la familia y al ponerle nombre reforzó su autoridad sobre ella. Él decide su estructura, su propósito, su papel.

Pero hay algo más. La familia está formada por individuos creados *a la imagen y semejanza de Dios* (Gn. 1:26). Por tanto, cuando Dios le pone nombre a la familia, no es como cuando llama por su nombre a las estrellas (Sal. 147:4). Él no solo le da nombre a la familia; le da *Su* nombre. El nombre familia (*patriá*) deriva del nombre de Dios (*Patér*). Esto le otorga a la familia un significado único y profundo.

El significado de "familia" está fundado en Dios. Él es el gran original. Las familias y la paternidad terrenal no son más que copias de la celestial. Hay señales que apuntan a una realidad infinitamente más sorprendente, maravillosa y eterna. Dios tiene que ver con la familia y, al fin y al cabo, la "familia" tiene que ver más con Él que con nosotros.

Lee los versículos al margen (Ef. 1:2-5; Jn. 1:12-13; He. 3:6) y llena los espacios en blanco de las siguientes oraciones.

Dios el Padre decidió tener una familia espiritual mucho antes de crear la familia humana. Él nos escogió en Cristo _____ de la fundación del mundo. Cuando creemos, recibimos el derecho de ser _____ de Dios y miembros de Su _____, que dirige su Hijo fiel.

Explica por qué la familia es importante para Dios.

_____

_____

_____

_____

_____

_____

¿Crees que amas y estimas la familia tanto como Dios
quiere que lo hagas? Explica tu respuesta.

_____

_____

_____

_____

_____

_____

→ **Termina con una oración**. Agradécele al Señor
que haya diseñado el concepto de la familia terrenal
para ayudarnos a entender lo que significa ser parte de
Su familia celestial.

*"Mas a todos los que
le recibieron, a los que
creen en su nombre,
les dio potestad de
ser hechos hijos de
Dios; los cuales no son
engendrados de san-
gre, ni de voluntad de
carne, ni de voluntad
de varón, sino de Dios".*

Juan 1:12-13

*"Pero Cristo dirige la
casa de Dios como
un hijo fiel. Somos
la familia de Dios
siempre y cuando nos
mantengamos seguros
y confiados de hablar
abiertamente de la
esperanza que tene-
mos".*

Hebreos 3:6 (PDT)

*E*n la lección de ayer aprendimos que Dios Padre inventó la familia. Estableció su significado, su propósito y su papel. Instituyó el matrimonio como un pacto para toda la vida entre el esposo y la esposa. Hace posible que las parejas sean fecundas y se multipliquen. Es el **Patér** (Padre) de quien toda **patriá** (familia) recibe su nombre en el cielo y en la tierra. El matrimonio y la familia son creación Suya y existen **para** Él.

> *"… enseñen a las mujeres jóvenes a amar a sus maridos y a sus hijos".*
>
> **Tito 2:4**

Dios creó el matrimonio y la familia para darnos símbolos, imágenes y un lenguaje que pudiera transmitir convincentemente la idea de quién Él es y de lo que significa la relación con Él. Aun las familias destruidas y disfuncionales entienden que el ideal es una familia intacta y sana.

Conforme al diseño de Dios, el funcionamiento de la familia nos ayuda a entender qué significa tener un Padre celestial y ser parte de la familia de la fe. Esto nos presenta el significado del parecido familiar, los descendientes, el linaje, la adopción, los hermanos, el parentesco, los herederos y el legado. Según el diseño divino, el matrimonio nos ayuda a entender conceptos como el deseo, el amor, el compromiso, la fidelidad, la infidelidad, la lealtad, los celos, la autoridad, la unidad, la intimidad y el pacto. En otras palabras, la familia fue diseñada para reflejar a Dios y el evangelio.

Dios nos dio estos símbolos para que tuviéramos pensamientos, sentimientos, experiencias y lenguajes humanos más adecuados y eficaces para entender y expresar Sus profundas verdades espirituales. Los símbolos visibles muestran y dan testimonio de lo invisible. Por eso los símbolos son tan importantes.[2] Y por eso el afecto familiar encabeza la lista de Tito con respecto a las cosas que "deben aprender" las mujeres jóvenes.

Lee Tito 2:4 en la Biblia. ¿Qué dice Pablo que "deben aprender" las mujeres para manifestar una feminidad piadosa?

_____

_____

_____

Cuatro palabras griegas se traducen "amor" en español. Aunque la diferencia entre ellas no siempre es tan clara o precisa[3] y a veces se usen de manera intercambiable, en general, pueden explicarse de la siguiente manera:

> **Storgé**: *Parentesco y lealtad entre miembros de una familia: amor de familia*

> **Filéo**: *Cariño, ternura, afinidad o afecto: amor de amistad*

> **Agápe**: *Amor sacrificial, incondicional, basado en principios: amor con compromiso*

> **Eros**: *Sentimiento erótico, íntimo, romántico: amor sexual (esta palabra griega no aparece en la Biblia)*

Trata de clasificar estos cuatro tipos de amor según el grado de importancia que crees que tienen en un buen matrimonio, en una escala donde 1 es el más importante y 4 el menos importante:

Explica por qué los clasificaste de esa manera:

_____ **Storgé**

_____ **Filéo**

_____ **Agápe**

_____ **Eros**

¿Te resultó difícil clasificarlos? ¡Los cuatro tipos de amor tienen lugar en el matrimonio! Por el momento, nos centraremos solo en dos de estas palabras. *Agápe* se usa a menudo para describir el amor volitivo o el que, deliberada y desinteresadamente decide hacer lo correcto y escoge actuar de buena fe y con buen corazón. Está basado en la convicción, el propósito, el deber y el compromiso. *Filéo*, por otra parte, suele emplearse para describir una respuesta más emocional. Amor *filéo* implica interesarse más por alguien, aceptarlo, apreciarlo, tratarlo bien y con afecto.[4]

Por lo general, *agápe* dice "escojo amarte", mientras que *filéo* declara "te tengo mucho afecto y disfruto de ti". En Tito 2:4 se utiliza *filéo* —amor de amistad— para describir el tipo de amor que las mujeres deben aprender a cultivar hacia el esposo y los hijos. Es interesante notar las palabras que usa Pablo. Además, exhorta a las mujeres mayores a:

sofronízo . . . . *instruir, disciplinar, enseñar, aleccionar*

néos . . . . *nueva, tierna, joven, principiante, novicia (mujeres jóvenes)*

eimí . . . . *ser, estar*

fílandros . . . . *adjetivo que combina el verbo filéo, "tener aprecio" con "hombre" o "esposo": literalmente, "tener aprecio por el esposo"*

filóteknos . . . . *adjetivo que combina el verbo filéo, "tener afecto" con "hijo": literalmente, "tener afecto por los hijos"*

¿Todavía confusa? En otras palabras, Tito 2:4 dice:

"Enseña a las principiantes a tener aprecio por sus maridos y afecto por sus hijos". O…

"Enseña a las novatas a tener aprecio y afecto por, disfrutar, tratar bien a su esposo y a sus hijos".

¿Cómo podría ser más satisfactorio un matrimonio con este tipo de amor que uno que no lo tiene?

_____

_____

_____

aprecia a tu esposo

Hace muchos años (Mary) organicé una reunión de mujeres en mi casa. Había mujeres de todas las edades. Mientras saboreábamos cosas ricas, algunas de mis amigas recién casadas empezaron a quejarse de los ronquidos de sus esposos. Nos desternillábamos de risa y gemíamos compasivas ante la sonora y bulliciosa imitación que cada una hacía de los ronquidos. Era todo en broma, pero tenía un sutil trasfondo de superioridad femenina y crítica hacia los hombres por ser tan irremediablemente… masculinos.

Después de agotar el tema y cuando las risas menguaron, Judit, una dulce viuda de mediana edad sentada en un rincón, habló. Conteniendo las lágrimas, dijo suavemente: "Daría lo que fuera por volver a escuchar a Miguel roncando junto a mí. Realmente desearía haberle apreciado más". Lo dijo con genuino arrepentimiento y sin asomo de condenación. ¡Ay! Cada mujer joven allí presente supo que había recibido una lección.

Aquella noche, aún despierta y oyendo los suaves ronquidos de Brent, dormido a mi lado, pensé en las palabras de Judit. Aunque hace mucho, sigo recordándolas. ¿Por qué me es tan fácil centrarme en lo que me desagrada de mi esposo, en lugar de enfocarme en lo que me gusta? ¿Por qué dejo que el 10% de las cosas que me molestan de él opaque el 90% que me agrada? ¿Cómo puedo seguir profundamente enamorada de él? No solo permanecer comprometida con él, sino quererle de verdad, disfrutar de él, afianzar nuestra relación, aceptarlo y apreciarlo? ¿Qué puedo hacer para ser la mejor amiga de mi esposo? ¿Qué puedo hacer para que me *guste más mi esposo*?

¿Notaste la pequeña palabra *"eimí"* (ser o estar) en la lista de palabras griegas? Que te guste tu esposo es un estado del ser. Es una mentalidad que valora y aprecia a los hombres y el matrimonio. Es más una actitud, que una acción. Ciertamente se manifiesta en las acciones, pero todo comienza con tu actitud hacia los hombres y el matrimonio. Y es algo que puedes desarrollar estés casada o no.

¿Te describirías como alguien a quien le gusta su esposo? ¿Por qué sí o por qué no?

_____

_____

_____

¿Cómo puedes cultivar una mentalidad que valore el matrimonio como lo hace Dios?

_____

_____

_____

➡ **Toma un momento para reflexionar en tu actitud hacia los hombres y el matrimonio** (y, si estás casada, hacia tu propio esposo). Pídele al Señor que te ayude a valorar el matrimonio y la familia como Él lo hace.

*E*s oficial. En 2013, uno de los diccionarios líderes de la lengua inglesa, el Macmillan, revisó la definición de matrimonio para incluir el presunto matrimonio de parejas del mismo sexo. La definición de **matrimonio** de Macmillan dice ahora así: "La relación entre dos personas que son esposo y esposa o una relación similar entre personas del mismo sexo".[5]

> *"Honroso sea en todos el matrimonio, y el lecho sin mancilla…".*
>
> **Hebreos 13:4**

El jefe de redacción de Macmillan, Michael Rundell, explicó que el cambio sugiere una futura redefinición de los términos *esposo* y *esposa* para reflejar que una esposa no es necesariamente una mujer y un esposo no tiene por qué ser un hombre.[6]

Esto no es del todo sorprendente, ya que vivimos en una era en la que cada uno escoge la sexualidad que más le agrada y en la que hasta la definición de *hombre* y *mujer* y el género de la persona son de libre interpretación.

La Biblia no avala tales conceptos modernos políticamente correctos. Enseña que Dios es el creador del hombre y de la mujer, de la sexualidad, del matrimonio, del esposo, de la esposa y de la familia. Todas estas cosas reciben su existencia, esencia, carácter y significado de Él. Aunque Macmillan y otros diccionarios puedan plantear definiciones nuevas y diferentes, no compete a los diccionarios ni a nosotras definir qué significa *hombre, mujer, esposo, esposa* y *matrimonio*. Dios creó estas cosas y Él determina su significado.

El doctor John Piper explica que "Dios creó el matrimonio y lo define en las Escrituras como la unión sexual de un hombre y una mujer en un pacto de fidelidad para toda la vida, como esposo y esposa, con el propósito de reflejar la relación de pacto de Cristo con la Iglesia, comprada con Su sangre".[7]

El matrimonio es una institución temporal, terrenal, ordenada por Dios y que refleja la unión eterna y gloriosa entre Cristo y Su novia. El matrimonio es importante, es bueno. Y cualquiera que piense o afirme lo contrario no está en armonía con la perspectiva de Dios sobre el matrimonio.

Lee Hebreos 13:4 al margen. ¿Quiénes deben honrar el matrimonio?

☐ Las mujeres casadas   ☐ Las mujeres divorciadas
☐ Las mujeres solteras   ☐ Todas… incluso yo

¿Qué crees que significa honrar el matrimonio?

_____

_____

_____

Los falsos maestros de Éfeso estaban promoviendo un punto de vista gnóstico y distorsionado de la sexualidad y el matrimonio. Como vimos en las lecciones de la primera semana, sus enseñanzas apelaban particularmente a las mujeres (2 Ti. 3:6-7; ver páginas 38 y 39).

Los gnósticos consideraban que el mundo físico y material era malo, y fomentaban "el maltrato de la carne". Esto podía hacerse de dos maneras opuestas: (1) evitándola (abstinencia) o (2) siendo permisivo con ella (licencia sexual).[8]

Los herejes gnósticos de la iglesia de Éfeso sostenían que la vida en celibato o soltería era un estado más espiritual que el matrimonio. Este tipo de enseñanza incitaba, sin duda, a las mujeres de esa congregación a tener actitudes negativas e impropias hacia sus esposos, el matrimonio, el sexo y la maternidad.

> "Pero el Espíritu dice claramente que en los postreros tiempos algunos apostatarán de la fe, escuchando a espíritus engañadores y a doctrinas de demonios; por la hipocresía de mentirosos que, teniendo cauterizada la conciencia, prohibirán casarse… Porque todo lo que Dios creó es bueno, y nada es de desecharse, si se toma con acción de gracias".
>
> **I Timoteo 4:1-4**

Lee 1 Timoteo 4:1-4 al margen de la página anterior. Rodea con un círculo la frase que indica la fuente principal de la falsa doctrina sobre el matrimonio.

¿Por qué crees que los espíritus engañadores y los demonios fomentan ideas falsas y seductoras sobre el matrimonio?

_____

_____

_____

Pablo valoraba la vida de soltería (1 Co. 7), porque pensaba que permitía tener más tiempo para servir a Dios. Pero nunca consideró que esto fuera una norma. Sabía que Dios les daría a algunos creyentes el don de la soltería, pero a muchos más el del matrimonio. Pablo recriminó a los falsos maestros por despreciar lo que Dios había creado y considerado bueno. Defendió la relación esposo-esposa como símbolo fundamental de la relación entre Cristo y Su iglesia (Ef. 5). El matrimonio es una institución santa, ordenada por Dios y que todos deberían honrar profundamente.

> "... a los cuales es preciso tapar la boca; que trastornan casas enteras, enseñando por ganancia deshonesta lo que no conviene".
>
> **Tito 1:11**

La carta de Pablo a Tito se escribió casi en la misma época que su epístola a Timoteo. Ambas aluden al problema de los falsos maestros. La carta de Tito no especifica el contenido de la falsa doctrina que había en Creta, pero es muy probable que fuera similar a la de Éfeso.

Lee Tito 1:11 al margen. ¿Cuál fue el resultado de la falsa doctrina en Creta?

_____

_____

_____

Trastornar significa "perturbar", "destruir" o "estropear".[9] El objetivo de Satanás es dañar y destruir familias enteras. Las odia. Aborrece la definición de Dios sobre el matrimonio, la idea de esposos y esposas que dan fiel testimonio del evangelio, el sexo santo dentro del pacto matrimonial, y a los niños. Satanás solo quiere robar, matar y destruir estas cosas (Jn. 10:10).

Como sucedió en Éfeso y en Creta, hoy también pueden infiltrarse en la iglesia supuestos cristianos que promueven malas actitudes e ideas equivocadas sobre el género, la sexualidad y el matrimonio. La Escritura nos advierte que seamos precavidos y tengamos cuidado con lo que creemos, pensamos, y con nuestra forma de actuar, porque el diablo anda merodeando (1 P. 5:8) y difundiendo engaños, para destruir, devaluar y devorar la verdadera feminidad, la masculinidad, el matrimonio y la familia.

el aprecio por la figura del esposo

Esperamos que estés comenzando a entender por qué el aprecio por la figura del esposo es una de las principales actitudes que las mujeres jóvenes deben aprender. Apreciar la masculinidad y la feminidad, honrar y defender el matrimonio es importante para toda mujer sin importar su edad y circunstancia de vida.

Anota en la siguiente tabla algunas ideas prácticas de cómo cada tipo de mujer puede valorar correctamente la figura del esposo.

Perfil	¿Cómo puede esta mujer valorar la figura del esposo?
Joven adolescente	
Mujer soltera mayor de 30 años	
Mujer divorciada	
Mujer casada	
Mujer mayor viuda o soltera	
Tú	

PIENSA EN ESTO:

¿Valoran las mujeres siguientes la figura del esposo? ¿Por qué sí o por qué no?

Una estudiante universitaria que se acuesta con su novio.

Una "dama de honor" envidiosa y resentida por no ser ella quien se está casando.

Una mujer divorciada que habla negativamente de su exmarido.

Una mujer casada que se burla de los defectos de su esposo.

Una mujer viuda que se niega a participar en un estudio bíblico con parejas casadas.

Una chica de la escuela secundaria que objeta cuando sus amigas empiezan a contar chistes sarcásticos sobre chicos tontos.

Una mujer que lee un libro que realza la aventura amorosa.

Una chica que guarda en sus archivos una canción sobre personas del mismo sexo que se besan.

Una esposa que prefiere no ir a almorzar sola con un compañero de trabajo.

→ **Realiza el ejercicio que figura al margen**. ¿Hay algo en tu actitud hacia los hombres y el matrimonio que el Señor quiere que corrijas? Termina con una oración y pídele que te ayude a hacerlo.

*L*a portada de la revista **TIME** del 12 de agosto del 2013 publicó la foto de una esbelta pareja de unos treinta y cinco años, ambos en traje de baño de color verde, tomados de la mano y relajados en una playa de arena blanca. Su serenidad obedecía a su elección de una "vida sin hijos". El encabezado explicaba que, para muchos, "tenerlo todo significa no tener hijos".

En el interior de la revista aparece la misma pareja "chic" sentada tranquila y cómodamente en la playa bajo una sombrilla, brindando con sus copas de vino, mientras una pareja decididamente nada chic e infeliz camina con dificultad, cargando una montaña de juguetes de playa y los niños a cuestas. El mensaje no podría ser más claro: la vida *sin* hijos es idílica y plena. La vida *con* hijos es caótica y agotadora. El artículo afirmaba explícitamente que "las mujeres están inventando un nuevo prototipo femenino para quien tenerlo todo no significa ser madre".[10]

Vivimos en una cultura en la que se combate cada vez más la idea de tener hijos. En 2007, el provocativo libro de Corinne Maier, *No Kid: 40 buenas razones para no tener hijos*, causó furor en Europa. Se tradujo dos años después para las audiencias estadounidenses. Las ocurrencias de Maier como, por ejemplo, "amamantar es esclavitud", "la vida con hijos es una vida trivial", "la familia es una prisión interior", "maternidad o éxito: elige una", fueron muy bien acogidas en Estados Unidos.

Según Maier, las ideas tradicionales sobre la feminidad y la maternidad estropean la vida de las mujeres, les impiden ser creativas e inteligentes y progresar en sus carreras. Por tanto, las alienta a tener el valor de decir "primero yo".[11] "No quiero hijos, gracias. Es mejor así".[12]

> *"A las ancianas, enséñales que sean reverentes en su conducta, y no calumniadoras ni adictas al mucho vino. Deben enseñar lo bueno y aconsejar a las jóvenes a amar a sus esposos y a sus hijos".*
>
> **Tito 2:3-4 (NVI)**

Usa las claves y toma de referencia las páginas 76-79 para ayudarte a completar el crucigrama y ver qué enseña Tito 2 respecto a la correcta actitud hacia los hijos.

HORIZONTAL

1. Mostrar aprecio por tu esposo es más una _____ que una acción.
4. La mujer necesita aprender a tener aprecio por el esposo y tener _____ por los hijos.
5. Entrenar a una principiante a tener afecto por los hijos es enseñarle lo _____ (ver Tito 2:3-4 NVI).
7. Un tipo de amor que las mujeres necesitan aprender a cultivar hacia los hijos.

VERTICAL

2. Tener afecto por los hijos es una forma de ser. Es una _____ que valora y aprecia a los hijos.
3. *Filéo* dice: "Te tengo mucho aprecio y _____ de ti".
6. La palabra griega para "cariño, ternura, afinidad o afecto: amor de amistad".

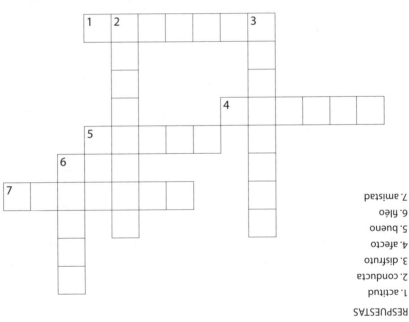

RESPUESTAS
1. actitud
2. conducta
3. disfruto
4. afecto
5. bueno
6. filéo
7. amistad

¿Te caracterizas por ser una mujer que siente afecto por los niños? ¿Por qué sí o por qué no?

_____

_____

_____

_____

Lee en tu Biblia Marcos 9:36-37 y 10:13-16. Compara la actitud de los discípulos y la de Jesús hacia los niños:

La actitud de los discípulos: _____

_____

La actitud de Jesús: _____

_____

¿Tu actitud hacia los niños es más parecida a la de los discípulos o a la de Jesús? Explica por qué:

_____

_____

_____

_____

el afecto por los niños

El matrimonio y los hijos solían ir juntos, como el trueno y el relámpago. Si una mujer se casaba, solo era cuestión de tiempo que llegaran los hijos. Pero la píldora anticonceptiva lo cambió todo. Ahora, tener hijos es una "decisión" de la mujer totalmente independiente de la decisión de casarse.

La creencia popular determina que la mujer debería optar por tener hijos, siempre y cuando le sea posible económicamente y contribuya a su propio sentido de la felicidad y la realización personal. Lamentablemente, esta actitud no se limita a los círculos seculares, como lo ilustra el blog de esta escritora cristiana:

¿Por qué decidí no tener hijos? Sencillamente porque no quiero. No es que no me gusten los niños; pero no quiero hijos propios ni la responsabilidad de cuidar de ellos; no quiero ser madre. ¿Es egoísta? Tal vez, pero prefiero correr ese riesgo a tener un hijo y estar resentida con él".[13]

"Mirad que no menospreciéis a uno de estos pequeños; porque os digo que sus ángeles en los cielos ven siempre el rostro de mi Padre que está en los cielos".

Mateo 18:10

"Porque Jehová ha atestiguado entre ti y la mujer de tu juventud... siendo ella tu compañera y la mujer de tu pacto. ¿No hizo él uno, habiendo en él abundancia de espíritu? ¿Y por qué uno? Porque buscaba una descendencia para Dios".

Malaquías 2:14-16

¿Cómo se alinea esta actitud con la perspectiva de Dios sobre el matrimonio y los hijos?

_____

_____

_____

Lee los versículos al margen (Mt. 18:10; Mal. 2:14-16). Rodea con un círculo la frase de Malaquías que indica lo que Dios busca a través de la unión matrimonial.

¿Cuál de los siguientes enunciados refleja MEJOR por qué Dios quiere que las parejas casadas tengan una descendencia para Él?

☐ La unión de pacto entre Cristo y la Iglesia produce una descendencia para Dios. El matrimonio, como símbolo de esa unión, también está destinado a engendrar una prole para Dios. Nosotros "creamos" vida, porque el acto da testimonio fiel de nuestro Creador dador de vida.

☐ Tener hijos es la manera más eficiente y eficaz de extender el Reino y propagar el evangelio.

☐ Producir una descendencia es divertido. Tener hijos es beneficioso y gratificante.

En respuesta al artículo de la revista *TIMES*, "La vida sin hijos", la bloguera Stan Guthrie manifestó:

> *Como verás, criar hijos no tiene nada que ver contigo ni con ellos, sino con nuestro Padre celestial, "de quien toma nombre toda familia en los cielos y en la tierra" (Ef. 3:15). Tenemos hijos, porque fuimos creadas a la imagen y semejanza de Aquel que nos ordenó "fructificad y multiplicaos" (Gn. 1:28). Nosotros "creamos", porque somos como nuestro Creador. Entre otras cosas buenas, es lo que normalmente Dios nos llamó a hacer en este mundo, a excepción de un llamado especial Suyo.*[14]

> **"Los hijos son una herencia del Señor, los frutos del vientre son una recompensa".**
>
> **Salmos 127:3 (NVI)**

¿Te gustan los niños? ¿Tu actitud hacia los niños refleja la actitud de Cristo? ¿Ves a los niños como regalos preciosos *de* Dios, que debes educar y criar *para* Él? ¿Tienes afecto por ellos, los recibes con agrado, los ves con buenos ojos, los aprecias, disfrutas de ellos?

→ **¿Cómo podrías** cultivar un corazón de amor por los niños más parecido al de Cristo?

_____

_____

_____

_____

"*M*e molesta que toda la cultura de este país esté obsesionada con los niños", dijo Rachel Agee a la autora de "La vida sin hijos", el día después de cumplir cuarenta años".[15]

Rachel se graduó del seminario bíblico, donde supuestamente le enseñaron a "ser una mujer piadosa, que debía engendrar hijos para el reino".[16]

> *"He aquí, todo el que usa de refranes te aplicará a ti el refrán que dice: Cual la madre, tal la hija. Hija eres tú de tu madre, que desechó a su marido y a sus hijos; y hermana eres tú de tus hermanas, que desecharon a sus maridos y a sus hijos".*
>
> **Ezequiel 16:44-45**
>
> *"El que ama a padre o madre más que a mí, no es digno de mí; el que ama a hijo o hija más que a mí, no es digno de mí".*
>
> **Mateo 10:37**
>
> *"Quisiera [Pablo] más bien que todos… fuesen como yo [soltero]; pero cada uno tiene su propio don de Dios, uno a la verdad de un modo [la soltería], y otro de otro [el matrimonio].*
>
> **1 Corintios 7:7**

"Supe que no podía cambiar mi libertad por eso", confesó. Entonces se mudó a Nashville para seguir su carrera de música y dejó de ir a la iglesia porque encontró agobiante el énfasis en la familia. Su deseo, a sus cuarenta años, es "ser quien yo he escogido ser y no sentir que tengo que defender mi decisión".[17]

La historia de Rachel nos entristece por dos razones. Primero, porque no entiende ni celebra que Dios instituyó la familia y la familia debe centrarse en Dios. Por su naturaleza misma, la iglesia enfatiza la familia; ¡la iglesia es una familia!

La segunda razón por la que nos entristece es que las iglesias suelen no aceptar a las mujeres solteras como parte vital de la comunidad. Las mujeres sin marido o hijos pueden llegar a sentir que la iglesia no es para ellas o que, en cierto modo, no dan la talla.

En contra de la percepción de Rachel, casarse y tener hijos *no* es prerrequisito para la piedad. El apóstol Pablo elogió la soltería, porque permite más tiempo y energía para el ministerio (1 Co. 7). ¡La iglesia necesita solteras dedicadas al servicio del Señor!

Además, la soltería nos recuerda que el matrimonio y la familia reciben su importancia de aquello que señalan: la relación de Cristo con la Iglesia y la familia de Dios. Lo eterno es mucho mejor que lo temporal. Como nos recordó John Piper en la primera conferencia de Mujer Verdadera: "En este mundo hay verdades sobre Cristo y Su reino que pueden manifestarse con mayor claridad a través de la feminidad en la soltería".[18]

El pastor Piper explicó que las solteras piadosas nos enseñan que:

- *La familia de Dios crece por la regeneración a través de la fe y se multiplica por medio del nacimiento espiritual.*
- *Las relaciones en Cristo son más permanentes y preciosas que las relaciones en familia.*
- *El matrimonio dará paso a la relación que ha señalado todo el tiempo.*

Si no te has casado y no tienes hijos, podrías sentirte tentada a rechazar el mensaje de que la verdadera feminidad significa apreciar *la figura del esposo y de los hijos*. Podrías poner los ojos en blanco y pensar: "¡Otra vez no! ¡Basta de hablar de esposos, hijos y familias!… ¡No es para mí! Supongo que nunca seré una mujer *de verdad*". Como Rachel, podría fastidiarte que la iglesia esté tan obsesionada con cosas que puedes o no desear y que quizás nunca tengas.

¿Nos permites señalar amablemente que TODOS en la casa de Dios valoran el matrimonio, los hijos y la familia? Esta enseñanza *sí* se aplica a ti. Es para cada mujer, independientemente de la etapa o circunstancia de vida en la que esté.

No se me (Nancy) ha dado el don del matrimonio o hijos propios. Sin embargo, Tito 2 me llama a cultivar el amor y un profundo aprecio por el plan de la familia de Dios. Necesito un corazón a favor del matrimonio y de los hijos como el de Mary, aunque lo vivamos de manera diferente. Para todas nosotras, casadas o no, se trata de valorar, respetar, celebrar, priorizar y procurar edificar a los matrimonios y los niños que nos rodean, sean nuestros o de otros. Pero esta manera de pensar requerirá "nadar a contracorriente", contra nuestra carne y contra la cultura.

> "Una mujer verdadera está comprometida a defender el matrimonio y la familia como método divino de exhibir el evangelio. Aunque no estés casada, puedes apoyar el matrimonio y la familia como algo valioso".[19]
>
> *Mary*

Lee los versículos al margen (Ez. 16:44-45; Mt. 10:37; 1 Co. 7:7). ¿Sobre qué errores nos advierte la Biblia? Marca todas las oraciones que correspondan:

- ☐ Tener esposo e hijos
- ☐ No tener esposo e hijos

☐ Menospreciar a los esposos y los hijos

☐ Idolatrar a los esposos y los hijos

☐ Adquirir actitudes incorrectas hacia el matrimonio y los hijos de otros

Simone de Beauvoir, madre del movimiento feminista moderno, enseñó que las instituciones del matrimonio y la maternidad eran opresivas para las mujeres. Afirmó que la mujer solo sería libre cuando la "arrancarán de la familia".[20]

Betty Friedan, quien lanzó el movimiento feminista en los Estados Unidos en la década de 1960, comparó el hogar con "un campo de concentración".[21] Proclamó que, para sentirse realizadas, las mujeres necesitaban salir del hogar, entrar a la fuerza laboral, independizarse económicamente y rechazar los roles tradicionalmente femeninos. La plena identidad, libertad y felicidad solo llegaría para la mujer si "cambiábamos las reglas del juego" y "reestructurábamos" el matrimonio, la familia y el hogar.[22]

> *"Amaos los unos a los otros con amor fraternal [fíléo]; en cuanto a honra, prefiriéndoos los unos a los otros".*
>
> **Romanos 12:10**

Como en los días de Ezequiel, en décadas recientes nuestras *madres* y *hermanas* nos han enseñado a "detestar" a los esposos y los hijos. En respuesta han surgido otras voces que alientan el pensamiento erróneo en el lado opuesto del espectro. Estimulan a las mujeres a idolatrar el matrimonio y la familia, y convertir en su dios el tener al esposo, los hijos y el hogar perfectos.

Describe una situación en la que hayas escuchado un pensamiento o visto un ejemplo equivocado sobre los esposos y los hijos.

_____

_____

¿Recuerdas haber caído de alguna manera en esta perspectiva errónea sobre el matrimonio, los hijos o la familia?

_____

_____

el afecto por la familia

De acuerdo con 1 Corintios 13, si tenemos dones espirituales asombrosos, sabemos todo sobre la Biblia, tenemos una fe increíble y vivimos una vida de total sacrificio, pero no tenemos amor, ¿de qué nos sirve? De nada. No tenemos nada; no somos nada.

Como mujeres cristianas, reflejamos el amor de Dios cuando amamos a la familia, cuando queremos a los miembros de nuestra familia y *disfrutamos* y nos *deleitamos* en ellos. No digas que amas a Dios si no amas a tu esposo y a tus hijos. No digas que amas a Dios si no amas a tus padres. No digas que amas a Dios si no amas a Su familia y no tienes un corazón a favor del matrimonio y los hijos como el de Dios.

¿Cuál es tu coeficiente de *fíléo?* Una cosa es que tus compañeros de trabajo o en tu iglesia piensen de ti que eres una mujer o una amiga dulce y amorosa. Pero ¿y si le preguntamos a alguien de tu familia? ¿A tu esposo o a tus hijos? ¿Y a tus padres, tus hermanos o tus compañeras de cuarto? ¿Podrían decir que tu vida se caracteriza por el afecto a la familia?

→ **Repasa la lección de la semana**. Pídele al Señor que te muestre una "conclusión final" que puedas aplicar a tu vida y escríbela.

_____

_____

_____

Posdata para mis hermanas solteras (Nancy): En este momento, mientras edito esta lección, se está celebrando el día de San Valentín. Estoy rodeada de recordatorios de que no tengo "pareja". Y nadie me ha enviado flores hoy. Pero me doy cuenta de cuán bendecida soy de pertenecer a la familia de Dios. Y estoy agradecida por las oportunidades de dedicar mi vida a los matrimonios de otros, de una manera significativa, y de mostrar afecto hacia muchos hijos de Dios que Él ha traído a mi vida. ¡De esta manera, puedo ayudar a contar la historia del gran amor redentor de Dios!

¡Oh!… Acabo de recibir un mensaje de texto en el que me invitan a cenar con dos familias (ocho hijos). Creo que mejor me tomo un descanso, ¡y voy a poner en práctica esta lección!

de la teoría a la práctica...

renovación interior

para asimilar:

El video de la semana tres te ayudará a asimilar las lecciones de esta semana. Encontrarás este video, la guía del líder y otros recursos más en el sitio web TrueWoman201.com (disponible solo en inglés). También hay otros recursos disponibles en www.avivanuestroscorazones.com.

para reflexionar:

Piensa en las siguientes preguntas, debátelas con tus amigas, tu familia o en un grupo pequeño:

1. ¿Cuál es el principal propósito por el cual Dios creó el matrimonio y la familia? ¿Cómo debería moldear esto nuestra propia opinión respecto a la familia?
2. Al inicio de la semana leímos una verdad importante y fundamental: "En última instancia, la feminidad no trata de ti; sino más bien de mostrar la gloria de Dios y Su poderoso plan de redención" (p. 73). A la luz de esto, ¿qué observaciones harías sobre los intentos de la cultura por redefinir el género, el matrimonio y la familia?
3. ¿Por qué busca Satanás promover las enseñanzas no bíblicas sobre el género, la sexualidad y el matrimonio?
4. ¿Cómo describirías la actitud o manera de pensar de tener aprecio por el esposo y afecto por los hijos?
5. ¿De qué maneras prácticas puedes proteger no solo tu matrimonio, sino el de otros?
6. ¿Cuál era la diferencia entre la actitud de los discípulos hacia los niños y la de Jesús?¿Cuál de estas actitudes se asemeja más a la tuya? ¿Qué te ha llevado a tener esa actitud?
7. En la primera conferencia de Mujer Verdadera, John Piper dijo: "En este mundo hay verdades sobre Cristo y Su reino que pueden reflejarse más claramente a través de la feminidad en la soltería (pp. 90-91). ¿Cuáles son algunas de esas verdades?
8. Explica cómo puede aplicarse la enseñanza de Pablo en Tito 2:4 a todas las mujeres sin importar su estado civil o familiar.

Utiliza esta hoja en blanco para escribir tus notas.
Escribe lo que aprendiste esta semana. Anota tus
comentarios, tu versículo favorito, un concepto o una
cita particularmente útil o importante para ti. Redacta
una oración, una carta o un poema. Toma apuntes sobre
el video o la sesión de tu grupo pequeño. Expresa la respuesta de tu
corazón a lo que aprendiste. Personaliza las lecciones de esta semana como
más te ayude a poner en práctica lo que aprendiste.

de la teoría
a la práctica…

disciplina

"¡A que no puedes comer solo una!" fue el eslogan de un anuncio comercial de papas fritas **Lay**, que hizo su debut en la década de 1960. La publicidad televisiva contó con el actor cómico estadounidense Bert Lahr, más conocido por su papel del León cobarde en la clásico *El mago de Oz*.

En el comercial, el actor ve una imagen de sí mismo, vestido de diablo, en una pantalla dividida. "¡A que no puedes comer solo una!", lo reta el demonio de cuernos rojos y cola puntiaguda, tentando a Lahr con una bolsa abierta de papas fritas *Lay*. Lahr le arrebata la bolsa y devora las papas una tras otra. El sabor es irresistible... *"¡Nadie puede comer solo una!"*. La frase se convirtió en uno de los slogans más duraderos de la publicidad estadounidense.

Una mujer verdadera toma decisiones sabias y premeditadas... Tiene "dominio propio"

Durante los últimos cincuenta años, el público ha visto un desfile de celebridades aceptar la apuesta de las papas fritas *Lay*. Los comerciales presentan a atletas destacados y una serie de figuras famosas, que hacen su mejor esfuerzo por comer solo una papa frita. Pero ¿adivina qué? ¡No pueden parar! El impulso de comerse otra es tan fuerte que simplemente no pueden resistirse.

Es un eslogan inteligente. Y creemos que la razón por la que sigue resonando entre las personas es que es cierto. Es difícil comer solo una papa frita. Abres la bolsa y, sin darte cuenta, te has comido todo el paquete.

Y no solo es difícil resistirse a la comida basura, sino también poner freno en otros ámbitos de la vida como el enojo, la lujuria, el resentimiento, la autocompasión, las adicciones y el gasto excesivo.

El problema no es que no sepamos que estas cosas son malas. El reto consiste en poder decir "no" a las cosas que no son beneficiosas y "sí" a las que lo son. Muchos de nuestros problemas y fracasos personales en la vida cristiana están relacionados con la falta de dominio propio.

El elemento de diseño que vamos a estudiar esta semana es la disciplina. Una mujer verdadera sabe cómo refrenarse y tomar decisiones sabias y premeditadas en sus hábitos y rutinas diarias. Estas disciplinas y decisiones fluyen de un corazón y de una mente sometidos al control del Espíritu. La gracia de Dios y la obra de Cristo en la cruz le dan la *fuerza de voluntad* para decir "sí" a lo bueno y "no" a lo malo.

La característica del dominio propio no es solo para las mujeres. Se menciona en la carta a Tito como cualidad importante para los obispos (1:7-9) y los ancianos (2:2). Es la *única* característica que también se menciona en relación con los jóvenes (2:6).

En Tito 2:12 (NVI), Pablo instruye a *todos* los creyentes a vivir con dominio propio. Entonces ¿por qué repite esta cualidad en cada lista de lo que se debe enseñar a diversos grupos de la iglesia? ¿No está siendo redundante? ¿Por qué no ahorró tiempo y espacio y, en lugar de incluir el dominio propio en la lista específica para cada género, no se limitó a hablar de ello como algo que todos deben aprender?

Como mencionamos en la introducción a las lecciones de la primera semana, la razón de la diferencia en las listas para cada género es que los hombres y las mujeres son distintos. Las listas de Pablo contrarrestan nuestras tendencias pecaminosas específicas de cada sexo y nos vuelve a indicar nuestro diseño divino. Por tanto, aunque el "dominio propio" es importante para ambos sexos, ciertos aspectos del mismo son particularmente difíciles para las mujeres y otros lo son para los hombres.

Existen elementos del dominio propio que, como mujeres, podemos enseñar mejor que los hombres, porque "lo sabemos por experiencia propia". Por ejemplo, cómo ejercer dominio propio en "ese momento del mes". O durante esos años de excesivo cansancio cuando no dormimos de noche para amamantar a nuestros bebés. O cuando las hormonas desequilibran nuestro estado emocional y físico.

Como mujeres, podemos ayudarnos unas a otras a afrontar los retos exclusivos de la feminidad. Una amiga puede decirte: "Querida, ¡esas son tus hormonas!". Y tú sabes que te puede "entender". Más de un marido ha aprendido —a fuerza de errores— que, en este tipo de asuntos, es más difícil que su esposa reciba consejos de él que de una mujer madura y piadosa.

El dominio propio no es *exclusivo* de la feminidad, pero tiene una aplicación específica para el género femenino. Por ello, Pablo dio instrucciones a las mujeres más mayores para que enseñaran esta importante característica a las *principiantes*.

*¿A*lguna vez has oído hablar de la prueba del malvavisco? A finales de la década de 1960, los investigadores realizaron una pequeña prueba muy ingeniosa de fuerza de voluntad entre centenares de niños de cuatro años. Colocaban a los niños delante de una mesa, en una habitación pequeña, frente a un malvavisco. Allí les decían que podían comerse la golosina en ese momento o, si podían esperar a que regresara el investigador, recibirían otro más.

La mayoría de los niños dijeron que esperarían, pero algunos no pudieron resistir la tentación ni un minuto. Muchos, como el niño que acariciaba el malvavisco como si fuera un osito de peluche, resistieron un poco más, pero finalmente cedieron. Los participantes que salieron airosos buscaron cómo distraerse de la dulce tentación. Se cubrían los ojos con las manos, se daban la vuelta para no verla, daban patadas a la mesa, jugaban con su cabello o cantaban. Y así postergaron la recompensa unos quince minutos, hasta que el investigador regresó.

Estudios de seguimiento sobre estos preescolares descubrieron que quienes fueron capaces de demorar la gratificación habían tenido muchos menos problemas de conducta, adicción a las drogas y obesidad al llegar a la escuela secundaria, a diferencia de los que habían devorado la golosina en menos de un minuto. Además, los primeros consiguieron un promedio de 210 puntos más en el examen de aptitud escolar (SAT).[2]

El dominio propio es una de las fortalezas de carácter fundamentales según la red de escuelas públicas experimentales de los Estados Unidos (KIPP), reconocidas por lograr rotundos progresos en el comportamiento y el rendimiento académico de los alumnos de los centros urbanos. La característica principal del método KIPP es que el carácter importa para el éxito. El método enseña a los niños a contener sus impulsos y ejercer autodisciplina en aras de una felicidad mayor. Las escuelas KIPP de Filadelfia incluso distribuyen entre sus estudiantes una camiseta con el lema: "¡No te comas el malvavisco!".[3]

> *"Las ancianas asimismo sean... maestras del bien; enseñen a las mujeres jóvenes... a ser prudentes [ejercer dominio propio]".*
>
> **Tito 2:3-5**
>
> "El ejercicio estricto del dominio propio es un rasgo fundamental de la vida cristiana".[1]
>
> **Dietrich Bonhoeffer**

La característica del dominio propio no es innata. Tito 2 enfatiza que es algo que requiere entrenamiento. Además, indica que las mujeres mayores tienen la responsabilidad de enseñar a las más jóvenes a cultivar esta cualidad en sus vidas. Si quieres convertirte en la mujer que Dios quiere que seas, es vital que aprendas a ejercer autocontrol, y la mejor manera es con una mujer mayor que ya pasó por ello y que es ejemplo de un autocontrol piadoso.

> "La falta de dominio propio en algunos aspectos de nuestra vida nos hará más susceptibles a la indisciplina en otras áreas de mayor importancia".[4]
>
> *Nancy*

Lee el versículo al margen (Tit. 2:3-5). Rodea con un círculo la palabra "prudentes" [dominio propio].

Indica verdadero (V) o falso (F) en los siguientes enunciados.

_____ El grado de dominio propio de una mujer es proporcional a su tipo de personalidad.

_____ El dominio propio es como un músculo, cuanto más lo ejercitas, más se fortalece.

_____ Una mujer con dominio propio es inflexible y triste. Es más desdichada que la mujer que da rienda suelta a sus impulsos.

_____ El dominio propio es solo cuestión de establecer algunas metas y ejercer fuerza de voluntad.

_____ El dominio propio es ante todo un asunto del corazón.

Imagínate que pudieras arrojar una moneda a una fuente de los deseos y de inmediato obtener mayor dominio propio en tres de tus comportamientos, hábitos, pensamientos o actitudes personales. ¿Cuáles serían los tres elegidos?

1. _____

2. _____

3. _____

Dominio propio: *Autocontrol, control de los propios impulsos y reacciones. Autodisciplina, fuerza de voluntad, prudencia.*

Según la Asociación Norteamericana de Psicología, los estadounidenses mencionan la falta de dominio propio como la razón principal en la lucha por alcanzar las metas.[5] Al parecer, las personas no pueden hacer lo que se proponen. La cantidad de resoluciones de Año Nuevo que se prometen y no se cumplen cada año es asombrosa. Solo el 8% de los estadounidenses logra cumplir con éxito su determinación: El 92% no la cumple. El 80% fracasa en menos de tres semanas.[6]

> "En cambio, el fruto del Espíritu es… dominio propio".
>
> **Gálatas 5:22-23 (NVI)**
>
> "En verdad, Dios ha manifestado a toda la humanidad su gracia, la cual trae salvación y nos enseña a rechazar la impiedad y las pasiones mundanas. Así podremos vivir en este mundo con justicia, piedad y dominio propio".
>
> **Tito 2:11-12 (NVI)**

Los psicólogos y los "coaches" personales nos aconsejan mejorar nuestras estrategias y medidas de responsabilidad para aumentar nuestra fuerza de voluntad y las probabilidades de éxito. Nos sugieren diversas técnicas para ayudarnos a lidiar con la tentación, la distracción, la desidia y la impulsividad.

Dirígete a cualquier librería y encontrarás una gran cantidad de información sobre cómo gestionar los impulsos, el estrés, la ira, el control del peso, la administración financiera, el uso del tiempo, la comunicación, las metas fijadas y todas las aptitudes básicas que las mujeres necesitan para hacer que su vida funcione.

Aunque este tipo de consejos puede ayudar a modificar el comportamiento, no suele abordar la cuestión de fondo. Según la Biblia, el dominio propio es más un asunto del corazón que una cuestión de aptitud personal.

Lee los versículos al margen (Gá. 5:22-23; Tit. 2:11-12). ¿De dónde viene el dominio propio?

_____

_____

_____

¿Qué características van de la mano con el dominio propio?

_____

_____

_____

¿En qué difieren la perspectiva bíblica sobre el dominio propio y la de la sociedad?

_____

_____

_____

La palabra griega para "dominio propio" es *sófron*. Se usan diversas palabras para traducir este término griego en las versiones castellanas de la Biblia. Por ejemplo, en Tito capítulo 2, la versión de la Reina-Valera de 1960 traduce *sófron* como "serios" (v. 2), "prudentes" (v. 5) y "sobria" (v. 12). Dominio propio, serios, prudentes, sobrios. ¿Por qué tantas palabras? ¿Qué significa exactamente *sófron*?

Sófron es difícil de explicar en una sola palabra. Deriva de dos palabras griegas. La primera parte de la palabra, *só*, viene de *sózo*, que significa "seguro",[7] o de *sóas*, que significa "sana".[8] La segunda parte, *frén*, significa "mente" y se encuentra en palabras como esquizofrenia, frenitis (inflamación del cerebro), frenesí y frenético. Probablemente, *frén* proviene de la antigua palabra griega *fráo*, que significa "refrenar o controlar".

Básicamente, *sófron* significa tener una *mente segura (ilesa), una mente controlada o una mente sana*. Es una persona que actúa como si estuviera en su sano juicio, espiritualmente hablando. *Sófron* es un adjetivo. Describe cómo ES una persona —su mentalidad—, más que su comportamiento. *Sófron* nos permite tener dominio propio en nuestro comportamiento, pero todo comienza con una actitud de autocontrol y una mente segura, controlada y sana.

Escribe tu propia definición de *sófron*.

_____

_____

_____

Hablaremos más sobre la definición de *sófron* durante el resto de esta semana. Creemos que estarás de acuerdo en que todas podríamos beneficiarnos de tener una mente de *sófron*.

→ **¿Quieres tener más dominio propio?** Termina la lección de hoy con una oración. Pídele al Señor que te dé la gracia de tener una mente y una vida de *sófron*.

Al solitario ingeniero de servicio le quedaba una última tarea antes de tomar un taxi hasta la pintoresca ciudad turística en el valle donde pasaría la noche. Tenía que "amarrar" el tren: conectar los frenos de aire, poner el freno de mano en las cinco locomotoras, y activar suficientes frenos de mano en los vagones del ferrocarril para asegurar la carga de aproximadamente 10.000 toneladas.

Activar los frenos de mano era un proceso laborioso, sobre todo en este tren, cuya carga de vagones cisterna de crudo cubría casi un kilómetro y medio de vía. El ingeniero tenía que trepar a cada cisterna consecutiva y girar manualmente una gran rueda durante dos o tres minutos hasta que el mecanismo quedara apretado.

Técnicamente, en una vía con ese grado de inclinación, debería haber activado el freno de al menos treinta de los setenta y dos vagones.[10] Pero los frenos de mano solo eran un refuerzo. Con la fuerza de los frenos de aire de la locomotora bastaba para mantener el tren en su sitio. Hasta donde alcanzaba su memoria habían funcionado fielmente, noche tras noche. Así que, tras ajustar el freno de mano de once vagones, el ingeniero se fue a su hotel, se metió en la cama y se quedó dormido.

Poco después de la medianoche del 6 de julio de 2013 sucedió lo inesperado. Los frenos de aire fallaron, y los de mano no fueron suficientes para retener el peso de la carga. Sin tripulación, el tren comenzó a rodar por la pendiente de doce kilómetros en dirección a la ciudad turística, incrementando su velocidad a lo largo del camino. En las afueras de la ciudad, unos testigos vieron pasar en la oscuridad la ruidosa cadena de vagones, fuera de control, y los fuegos artificiales de las chispas que vomitaban violentamente las rechinantes ruedas de metal.

El tren se descarriló y se estrelló en el corazón de Lac-Mégantic, Quebec, junto al Musi-Café, un popular restaurante-bar todavía animado de clientes y personal. Un río de petróleo se derramó en la calle y explotó en un infierno de llamas. La mitad del centro del pueblo quedó incinerado. Cuarenta y siete personas fueron incineradas vivas. Unos meses después, un amigo mío

> El dominio propio y la disciplina son aptitudes que podemos usar para refrenar el pecado y promover la santidad. Son dones que podemos emplear para estorbar a los viejos hábitos y fomentar otros nuevos y mejores.[9]
>
> **Tim Challies**

(Nancy) visitó el lugar durante un viaje de negocios y comentó que parecía que hubiera estallado una bomba.

La horrible tragedia de Lac Megantic nos ilustra lo que puede suceder cuando los frenos fallan. En la lección de hoy veremos que "un palo en los frenos" es una metáfora apropiada para la falta de dominio propio.

Ayer aprendimos que *sofrón* significa tener una mente *controlada*, juicio cabal. *Sofrón* contiene la idea de moderación. La última sílaba, *fren (phren)*, proviene probablemente de la antigua palabra griega *frao*, que significa "refrenar o dominar".

Curiosamente, el griego moderno usa la palabra *phrena/frena* para los *frenos de automóviles*. Además, en español también usa *freno de mano*. En cada caso, la palabra para freno deriva de la misma raíz griega antigua que la segunda sílaba de *sofrón*. Es una poderosa ilustración: dominio propio (*sofrón*) implica poner los frenos.

pon los frenos

Relaciones y matrimonios rotos. Aventuras. Enfermedades de transmisión sexual. Adicciones. Abortos. Deudas. Trastornos alimentarios. Escuchamos a menudo historias desgarradoras de mujeres que han fracasado, y suele ser por haberles "fallado los frenos" de algún modo en su vida.

Sin embargo, a diferencia del accidente ferroviario de Lac Mégantic, la causa de los percances de nuestra vida no suele ser, en general, un único fallo importante de frenado. En la mayoría de los casos se debe a una serie de pequeños fallos a lo largo del camino.

Una relación no se enfría y se deteriora de la noche a la mañana. Sucede gradualmente. La pareja no echa el freno una y otra vez en sus actitudes, palabras y acciones. Centenares de pequeños fallos, al parecer insignificantes, se acumulan y van agriando la relación. Con frecuencia, la pareja ni siquiera puede identificar cuándo se salieron del camino.

Una mujer no se levanta una mañana y decide tener una aventura. No. Esta se produce cuando día tras día no frena sus pensamientos, sus fantasías ni sus límites sexuales.

En el siguiente cuadro, busca cada referencia y traza una línea hasta el área de vida en el que se indica la necesidad de ejercer dominio propio:

	Ámbito que requiere dominio propio
Proverbios 16:32	amistades
1 Tesalonicenses 4:3-5	cuerpo
1 Corintios 9:27	emociones
Colosenses 4:5	apariencia
1 Timoteo 2:9-10	conversaciones
Proverbios 13:3	posesiones
Lucas 12:15	sexualidad
Proverbios 1:15	tiempo

¿Puedes poner algún ejemplo de alguien que no haya puesto el freno en una de las áreas antes mencionadas y haya fracasado?

_____

_____

Lee Proverbios 25:28 al margen. Explica en qué se parece la falta de dominio propio a "una ciudad derribada y sin muro".

_____

_____

Las ciudades antiguas estaban protegidas por murallas y torres. Proverbios 25:28 presenta la imagen de un ejército atacante que abre una brecha o abertura en el sistema defensivo de una ciudad. Como resultado, esta queda desprotegida. Perder el dominio propio es igual, porque cumple una función protectora en nuestra vida. La falta de dominio propio da la oportunidad al enemigo y nos deja vulnerables ante sus ataques. Sin dominio propio, tenemos poca o ninguna defensa contra el pecado y la tentación. Como la ciudad sin muros y los frenos que fallaron en el tren de Lac Mégantic, nada puede evitar un desastre inminente.

gana dominio propio

¿Y qué me dices de ti? ¿Cómo te va en el área del dominio propio? Sé sincera contigo misma. ¿No logras controlar tu lengua? ¿Necesitas restringir el uso de las malas palabras? ¿De los chistes groseros? ¿Del sarcasmo? ¿Qué tal el chisme o la crítica? ¿Y tus pensamientos? ¿Necesitas frenar tus sueños y tus fantasías? ¿Y la cantidad de tiempo que pasas en Facebook? ¿O viendo la televisión? ¿O enviando mensajes de texto? ¿Tienes que ejercer mayor dominio propio en tus hábitos? Y ¿qué hay de tu alimentación o de la manera en que gastas el dinero?

> *"Como ciudad derribada y sin muro es el hombre cuyo espíritu no tiene rienda".*
>
> **Proverbios 25:28**

¡Coincidirás con nosotras en que todas necesitamos más *sofrón*! El estado de ánimo *sofrón* es el que nos permite "echar el freno" y dominar los deseos carnales e insanos. El estado de ánimo *sofrón* te ayudará a ganar más dominio propio en cada área de tu vida —tu lengua, tu conducta, tus hábitos, tu vida sexual—, todo esto fluirá de una mente *sofrón*.

¿Puedes mencionar una o dos áreas de tu vida en la(s) que necesitas mayor *sofrón*?

_____

_____

Elige un versículo del cuadro en la página anterior que se aplique a tu situación. Escríbelo en el espacio inferior. Esfuérzate en memorizarlo cada día, durante la semana.

_____

_____

_____

→ **Termina con una oración**. Pídele al Señor que traiga este versículo a tu mente y te ayude a ponerlo en práctica la próxima vez que necesites poner freno en esa área de tu vida.

*E*s probable que hayas oído la frase "emplearse a fondo". Por ejemplo, "Jane se empleó a fondo para la boda de su hija". Emplearse a fondo significa invertirlo todo sin retener nada. ¿Pero sabes de donde viene esa frase?

Yo (Nancy) aprendí lo que es "emplearse a fondo" cuando tomé un semestre de clases de órgano en la universidad. El órgano de tubos tiene una serie de palancas que se usan para cambiar el registro. Cuando se empujan hacia dentro, restringen el aire que fluye por los tubos y se amortigua o atenúa el sonido que sale de cada uno de ellos. Por el contrario, al sacarlas hacia fuera, cada tubo se llena al máximo de aire, y "se emplean a fondo", produciendo sonidos más ricos, plenos y vibrantes.

Ayer aprendimos sobre la necesidad de poner frenos en nuestra vida…, de "poner el freno", por así decirlo. Hoy verás que la forma más poderosa y eficaz de *echar el freno* a tus pensamientos y actos es "emplearte a fondo" en tu relación con el Señor.

En el fondo, el dominio propio y la autodisciplina son cuestiones espirituales. Como tales, requieren soluciones espirituales. Es probable que no necesites otra técnica popular, la que está de moda, para vencer ese hábito con el que has estado batallando todos estos años. Es posible que sepas ya qué y cómo tienes que cambiar. Solo necesitas el poder para seguir adelante y llevarlo a cabo.

Lee los versículos al margen (2 Ti. 1:7; 2 P. 1:3; 2 Ti. 3:2-5; Ef. 1:18.19; 2 Ts. 1:11; Ef. 3:20).

¿De qué nos provee el Espíritu de Dios que mora en nosotros? Marca con una "X" todas las respuestas que correspondan.

"Porque no nos ha dado Dios espíritu de cobardía, sino de poder, de amor y de dominio propio".

2 Timoteo 1:7

"Pues su divino poder nos ha concedido todo cuanto concierne a la vida y a la piedad, mediante el verdadero conocimiento de aquel que nos llamó por Su gloria y excelencia".

2 Pedro 1:3 (NBLH)

"Porque los hombres serán… impetuosos [no tendrán control propio]… teniendo apariencia de piedad, pero habiendo negado su poder…".

2 Timoteo 3:2-5 (LBLA)

- ☐ Poder
- ☐ Dominio propio
- ☐ Excelencia
- ☐ Todo lo que necesitamos para vivir una vida autodisciplinada

¿Por qué no ejercemos dominio propio? Marca con una "X" todas las respuestas que correspondan.

- ☐ No somos lo suficientemente religiosas
- ☐ No hemos encontrado todavía la técnica correcta.
- ☐ Simplemente no tenemos bastante fuerza de voluntad
- ☐ Negamos el poder de Dios.

negar Su poder

Pablo oró para que pudiéramos entender la extraordinaria grandeza del poder de Dios. Quería que entendiéramos que este poder no solo es inmenso, sino que también es accesible. Obra EN nosotros.

Si crees en Jesús, ¡el mismo poder que resucitó a Cristo de los muertos obra en TI! Medita en ello un momento. ¿Lo crees? Es difícil de comprender, ¿verdad? Pero la Biblia lo afirma.

Si seguimos a Cristo, ya tenemos todo el poder que necesitamos, el poder de tomar decisiones correctas, de decir "sí" a lo correcto y "no" a lo incorrecto, de resistir a la tentación, de ejercer autodisciplina y dominio propio. Al tener el Espíritu de Dios, tenemos TODO lo necesario para tener éxito en la vida y en la piedad. No necesitamos suplicarle a Dios más fuerza de voluntad. El poder necesario ya está a nuestra disposición.

En su segunda epístola a Timoteo, Pablo describió a ciertas personas egocéntricas, avaras, vanagloriosas, arrogantes, groseras, toscas, despectivas, inflexibles, calumniadoras, maltratadoras, indisciplinadas, lujuriosas y salvajes. Carecían de autocontrol. Llevaban a cabo todos los actos religiosos, como ir a la iglesia y

"Mi oración es que los ojos de vuestro corazón sean iluminados, para que sepáis... cuál es la extraordinaria grandeza de su poder para con nosotros los que creemos conforme a la eficacia de la fuerza de su poder".

Efesios 1:18-19 (LBLA)

"Por lo cual asimismo oramos siempre por vosotros, para que nuestro Dios... cumpla todo propósito de bondad y toda obra de fe con su poder".

2 Tesalonicenses 1:11

"Y a Aquel que es poderoso para hacer todas las cosas mucho más abundantemente de lo que pedimos o entendemos, según el poder que actúa en nosotros".

Efesios 3:20

asistir a los estudios bíblicos, pero no mostraban indicios de progreso o crecimiento espiritual.

Ellos estaban esclavizados a malos hábitos. Demostraban no haber logrado refrenar sus actitudes, su lengua ni los apetitos personales poco saludables. No habían mejorado en un año ni en dos. En todo caso, las cosas habían empeorado. Eran más impacientes, más críticos, más amigos de las discusiones, más resentidos, más traicioneros, se autojustificaban más, eran más carentes de amor, estaban más fuera de control. Con el tiempo, sus vidas se habían vuelto cada vez más caóticas y descuidadas (ver 2 Ti. 3:2-7).

> "Los excesos nos ciegan a la verdad, nos vuelven hacia nuestro interior, esclavizándonos a nuestros propios deseos insaciables".[11]
>
> **Don W. King**

Estas personas afirmaban tener una relación con Cristo, pero su vida demostraba lo contrario. Tenían una apariencia de piedad, pero no había una vida espiritual real. Su problema era que *negaban el poder de Dios*, la única fuente de vida y piedad reales.

¿Qué crees que significa negar el poder de Dios?

_____

_____

_____

negar o confiar

La palabra griega traducida "negar" significa rechazar, desatender, renunciar y rehusar.[12] La verdadera creyente no niega el poder de Dios en el sentido máximo que Pablo describe en 2 Timoteo 3. Pero en cierto sentido, negamos Su poder cuando lo ignoramos o no nos apropiamos de ese poder para cambiar nuestras vidas.

Una mujer puede negar el poder de Dios y aun así parecer piadosa. Puede pedir oración en su pequeño grupo semanal por su temperamento, por el reto de amar a su difícil esposo o por su lucha con un hábito insano. Tal vez lamente su falta de fuerza de voluntad o autodisciplina. Pero, en el fondo, no piensa realmente que el poder de Dios sea adecuado para su necesidad particular. En su batalla contra la carne, la carne siempre parece ganar.

Todo hijo verdadero de Dios tiene a su disposición todo el poder que él o ella necesita para agradar a Dios. Negar el poder de Dios es lo opuesto a confiar en el poder de Dios. En cuanto al dominio propio, puedes NEGAR o

CONFIAR. Puedes negar tener el poder suficiente o confiar en Su poder que siempre es suficiente.

La persona que NIEGA…	La persona que CONFÍA…
ignora/olvida al Espíritu,	está en sintonía con el Espíritu,
experimenta un poder limitado,	tiene una fuente de poder ilimitado,
complace a la carne,	somete a la carne,
cree que nunca cambiará,	tiene fe en que sí puede,
abandona el intento,	persevera,
depende del "yo" para cambiar.	depende de Dios para cambiar.

¿Qué me dices de ti? Con respecto a los tres retos del dominio propio que identificaste en la página 99, ¿eres una persona que NIEGA o que CONFÍA? Explica tu respuesta.

_____

_____

En la lista de los rasgos de la persona que CONFÍA, rodea con un círculo el que más te gustaría ver en tu vida.

Lee Gálatas 5:16-25 en tu Biblia. ¿Qué podrías hacer para "emplearte a fondo" y caminar en el Espíritu? ¿Crees que es realmente posible?

_____

_____

→ **Termina con una oración**. Pídele al Señor que te ayude a "emplearte a fondo" en tu relación con Él y a confiar en su Espíritu Santo para que te dé dominio propio.

el campo de batalla de la mente

*E*sta semana hemos estado estudiando el elemento de la disciplina. La mujer verdadera toma decisiones sabias y premeditadas… Tiene "dominio propio". La gracia de Dios le proporciona la **fuerza de voluntad** para decir "si" a lo bueno y "no" a lo malo. A través del poder del Espíritu que mora en ella, es capaz de ejercer moderación, gobernar sus deseos, sus emociones, su comportamiento y es disciplinada en sus hábitos.

En la primera lección examinamos la palabra griega para dominio propio, *sofrón,* que significa una sensatez que da lugar a una vida autocontrolada y juiciosa.

> "Al no ser capaz de gobernar los sucesos, me gobierno a mí mismo".[13]
>
> **Michel de Montaigne**

En la segunda lección seguimos hablando de *sofrón*, enfatizando que contiene la idea de moderación. El autocontrol implica *frenar* y dominar la carne y los deseos insanos.

El tercer día aprendimos que el autocontrol requiere del poder del Espíritu Santo. La manera más poderosa y eficaz de frenar tus pensamientos y tus actos es *emplearte a fondo* en tu relación con el Señor.

Hoy queremos centrarnos en que el dominio propio requiere un pensamiento sano. La lucha por el dominio propio tiene lugar en el campo de batalla de tu mente

Subraya la definición de *sofrón* en el segundo párrafo de arriba. Explica qué significa, en tu opinión, tener un pensamiento sano:

_____

_____

El comportamiento irracional, compulsivo, impulsivo, inestable y carnal indica una mente insana, "porque cual es su pensamiento en su corazón, tal es él" (Pr. 23:7). Esto significa que **la batalla comienza en la mente**. Por eso, Dios señala que debes tener una mente sana y aprender a pensar bien.

Una mente inestable redundará en un comportamiento inestable. Una mente desenfrenada dará como resultado un comportamiento desenfrenado. Una mente sana producirá un comportamiento sano. Una mente disciplinada provocará un comportamiento disciplinado. De una mente piadosa surgirá una conducta piadosa.

A veces nos centramos demasiado en intentar cambiar o detener el comportamiento, cuando lo necesario sería ir hacia atrás y averiguar qué tipo de pensamiento produjo primero esa conducta. Es más fácil solucionar el "qué" si entendemos el "por qué"

¿Por qué estallaste contra tu marido?

"Porque *él* hizo un comentario sarcástico".

No, lo que pasa es que el modo de actuar de tu marido hizo aflorar y reveló tu pensamiento insano.

¿Por qué le gritaste a tu hija?

"Si *ella* no hubiera pintado un mural en la pared con sus rotuladores…".

No, lo que ocurrió es que el comportamiento de tu hija de tres años sacó a la luz tu pensamiento insano.

¿Por qué excediste tu presupuesto y compraste unos zapatos que realmente no necesitabas?

"¡Era una excelente oferta!".

No, lo que pasa es que la etiqueta de la rebaja reveló tu pensamiento insano.

¿En qué pensabas? Estos son algunos ejemplos de las falsas creencias responsables de tu conducta:

> Tengo derecho a devolver mal por mal.
> La vida debería ser fácil.
> Él es el problema, no yo.
> Merezco ser feliz.
> ¡Simplemente no puedo manejarlo!
> Darme el gusto es mejor que abstenerme.

¿Ves cómo pensar de manera incorrecta nos conduce a un comportamiento incorrecto? ¿Qué tal si hubieras hecho una pausa para recalibrar tu mente con la verdad? ¿Qué habría sucedido si, al hacer tu marido el comentario sarcástico, tú hubieras pensado: "No seas vencido de lo malo, sino vence con el bien el mal" (Ro. 12:21) o "Ninguna palabra corrompida salga de vuestra boca, sino la que sea buena para la necesaria edificación, a fin de dar gracia a los oyentes" (Ef. 4:29)?

¿Qué habría ocurrido si, al ver el desastre que hizo tu hija en la pared, hubieras pensado: "Fortalecidos con todo poder, conforme a la potencia de su gloria, para toda paciencia y longanimidad" (Col. 1:11)?

¿Qué habría pasado si, al metérsete por los ojos ese lindo par de zapatos, lo hubieras contrarrestado con: "El que confía en sus riquezas caerá, mas los justos reverdecerán como ramas"? (Pr. 11:28).

¿Habría sido distinto tu comportamiento? Nosotras pensamos que sí.

Lee el siguiente caso práctico:

> *"Practiquen el dominio propio y manténganse alerta. Su enemigo el diablo ronda como león rugiente, buscando a quién devorar".*
>
> **I Pedro 5:8 (NVI)**
>
> *"No se conformen a este mundo; más bien, transfórmense por la renovación de su entendimiento de modo que comprueben cuál sea la voluntad de Dios, buena agradable y perfecta".*
>
> **Romanos 12:2 (RVA-2015)**

Julia se sintió halagada cuando Bernardo, su guapo jefe casado, la detuvo en el pasillo y la elogió por su trabajo. Su mirada la recorrió por un instante y agitó su corazón. Después de ese día, no lograba apartarlo de su mente. Por las mañanas, cuando se arreglaba para ir al trabajo, dedicaba más tiempo a su aspecto. Empezó a hacerse la encontradiza con Bernardo más a menudo, inventando razones para pasar por su oficina con alguna pregunta. A diferencia de su sarcástico marido, Bernardo la valoraba de verdad.

Todo comenzó inocentemente, pero los cumplidos no tardaron en convertirse en flirteo, en comidas de trabajo, conversaciones de corazón a corazón, mensajes de texto, correos electrónicos y un apego emocional cada día más profundo. Fue en un viaje de negocios a Chicago cuando consumaron su aventura ilícita.

¿Qué estaba pensando Julia? ¿Cuáles son algunas de las creencias falsas que la llevaron probablemente a su fallo moral?

_____

_____

_____

La Biblia nos enseña que tenemos un enemigo mortal llamado Satanás, quien es "padre de mentira" (Jn. 8:44). Se especializa en las mentiras y en corromper los pensamientos. Necesitas *sofrón*, porque tu adversario el diablo merodea a tu alrededor, vendiéndote ideas insanas. Trabaja activamente contra ti para desordenar tus pensamientos.

¿Qué estás pensando? Identifica las falsas creencias subyacentes al reto de autocontrol que identificaste en la página 105.

_____

_____

_____

Según Romanos 12:2, ¿cómo puedes combatir los pensamientos insanos?

_____

_____

_____

pensamiento correcto y oración correcta

Pedro exhorta a los lectores a ser sobrios (prudentes) y velar "en oración" (1 P. 4:7). Piensa por un momento en esa conexión. Es obvio que una mente sana y clara puede ayudar a combatir las falsas creencias y tomar decisiones sabias. Pero hace más aún. La principal expectativa de Pedro es que el pensamiento sano dará como resultado oraciones más frecuentes y sanas. Pensar correctamente me ayuda a orar del mismo modo.

El pensamiento correcto me ayuda a ver las cosas desde el punto de vista de Dios. Orar me ayuda a pedir y someterme a la luz de la perspectiva de Dios y obtener la dirección y el poder necesarios para ejercer el dominio propio en cualquier situación. Pensar correctamente y orar son clave para ganar la batalla sobre los hábitos destructivos.

→ **Pídele al Señor que** te ayude a renovar tu mente con el pensamiento correcto por el bien de tus oraciones. Convierte en un hábito el acudir a Él para obtener la dirección y el poder que necesitas para el dominio propio.

El dominio propio (**sofrón**) es la habilidad de escoger las acciones sabias. Cuando sabemos lo que se debe hacer y no lo hacemos… nos falta dominio propio. Cuando hemos comido más que suficiente y volvemos a servirnos, nos falta dominio propio. Cuando nos acostamos tarde por estar navegando en la Internet, a sabiendas de que tenemos que madrugar, nos falta dominio propio. Cuando dejamos para más tarde la declaración de impuestos y lo hacemos en el último momento, nos falta dominio propio. Cuando no paramos de gastar y no ahorramos nada, nos falta dominio propio. Cuando podemos pasar horas en Facebook o viendo la televisión, pero no somos capaces de hacer un hueco para leer la Biblia y orar, nos falta dominio propio. Cuando las circunstancias controlan nuestras emociones, nos falta dominio propio. Cuando hablamos apresuradamente, sin pensar, nos falta dominio propio. Cuando escogemos los placeres pasajeros del pecado, despreciando las bendiciones eternas de vivir en obediencia a Cristo, nos falta dominio propio. Cuando nuestros intentos son grandes, pero el seguimiento es pequeño, nos falta dominio propio.

Ninguna de nosotras puede leer el párrafo anterior y afirmar que no nos falta dominio propio. Yo (Mary) pienso en ese puñado de galletas de chocolate que me acabo de meter en la boca sin pensarlo siquiera, al pasar por la cocina para hacer un receso en la escritura. Pienso (Nancy) en los correos cuya respuesta dejé para más tarde para navegar por algunos blogs.

Nosotras, como tú, hemos afrontado muchos retos de dominio propio a lo largo de los años: acostarte y levantarte a una hora razonable, tener regularmente un momento de quietud con el Señor, mantener nuestro hogar limpio, hacer ejercicio a menudo, comer con moderación, controlar nuestras

> "*Morirá por su falta de disciplina; perecerá por su gran insensatez*".
>
> **Proverbios 5:23 (NVI)**

Sofrón es el sano juicio que resulta en una vida de dominio propio, disciplinada y sensata.

> "*Vosotros también, poniendo toda diligencia por esto mismo, añadid a vuestra fe… dominio propio… Porque si estas cosas están en vosotros, y abundan, no os dejarán estar ociosos ni sin fruto en cuanto al conocimiento de nuestro Señor Jesucristo. Pero el que no tiene estas cosas tiene la vista muy corta; es ciego, habiendo olvidado la purificación de sus antiguos pecados*".
>
> **2 Pedro 1:5-9**

emociones, pensar lo mejor de los demás, tener paciencia, cuidar nuestras palabras…

La lucha por el dominio propio es un reto constante. Vencemos en alguna área, y en seguida nos damos cuenta que debemos ocuparnos de otra. Cada día ganamos unas batallas y perdemos otras. En algunas cuestiones es difícil tener dominio propio. Pueden requerir años. No obstante, ambas podemos testificar de la fidelidad de nuestro Señor.

Mirando en retrospectiva, comprobamos que hemos crecido en este aspecto. Por su gracia, somos más disciplinadas que cuando éramos más jóvenes. ¡Y estamos comprometidas a seguir adelante!

El dominio propio (disciplina) requiere entrenamiento y esfuerzo. Tito 2 indica que las mujeres tienen la responsabilidad de enseñar a otras cómo cultivar esta cualidad en sus vidas. Cuando te reúnes con tu grupo pequeño, tienes la oportunidad de buscar consejos específicos para uno de tus retos de dominio propio. Pero nos gustaría darte algunos pasos generales como punto de partida.

seis pasos para cultivar el *sofrón*

A través del evangelio de Cristo y su sacrificio por nosotros en la cruz, podemos vencer nuestras elecciones carnales y pecaminosas y caminar en la libertad y la victoria, porque Él resucitó. Aquí tienes algunos pasos prácticos para desarrollar el dominio propio (*sofrón*), que comienza en el corazón y la mente, y finalmente se manifiesta en nuestro comportamiento y nuestras decisiones.

1. MEDITA en la situación.

"Sed sobrios y velad; porque vuestro adversario el diablo como león rugiente, anda alrededor buscando a quien devorar" (1 P. 5:8).

- ¿En qué áreas de tu vida necesitas más dominio propio o disciplina personal? (Por ejemplo: *Me impaciento mucho y estoy irritable cuando visito a mi mamá*).
- Identifica la circunstancia que, por lo general, te provoca falta de dominio propio. (Por ejemplo: *Me altero cuando ella me dice lo que tengo que hacer. Me pongo a la defensiva y me enojo cuando ella me da consejos sobre algún amigo o mi trabajo*).
- Tómate tu tiempo para evaluar los pensamientos erróneos y las motivaciones subyacentes a tu falta de dominio propio. Identifica actitudes, pensamientos y creencias insanos. (Por ejemplo: *Creo que no le preocupa realmente mi bienestar. Siento que me está juzgando. Soy demasiado arrogante para tomar en cuenta su consejo*).

2. PREPÁRATE para actuar.

"Por tanto, ceñid los lomos de vuestro entendimiento, sed sobrios (con dominio propio)" (1 P. 1:13).

- Reconoce que tu falta de dominio propio es un asunto espiritual y como tal requiere una solución espiritual.
- Sustituye tus pensamientos insanos por una forma de pensar sana y bíblica. ¿Qué es la verdad? ¿Cómo quiere el Señor que pienses, sientas y creas? (Por ejemplo: *No puedo conocer su corazón. El Señor quiere que piense lo mejor sobre ella, que sea humilde, paciente y la honre*).
- Elige un versículo que se aplique a la situación, memorízalo y medita en él.
- ¿Qué más podrías hacer para disponerte a actuar? (Por ejemplo: *Le pediré a mi compañera de cuarto que ore conmigo antes de ir a verla*).

3. RECUERDA tu compromiso.

"Examina la senda de tus pies, y todos tus caminos sean rectos" (Pr. 4:26).

- La mayoría de nosotras actuamos y reaccionamos sin pensar. Nos desconectamos de nuestra mente y actuamos por impulso. Para cambiar un patrón incorrecto, sería útil poner una "coma *sofrón*" entre la circunstancia y nuestra reacción.
- La "coma *sofrón*" es una ligera pausa para "examinar la senda de tus pies", para considerar si nuestra siguiente acción es sana. ¿Me está llamando esa bolsa de galletas de chocolate? No hagas las cosas sin pensar. Medita la senda de tus pies mediante la "coma *sofrón*". Pregúntate: "¿Es inteligente? ¿Me acerca esto o me aleja de complacer al Señor en este ámbito de mi vida?".

4. CONFÍA en el Espíritu Santo.

"Digo, pues: Andad en el Espíritu y no satisfagáis los deseos de la carne" (Gá. 5:16).

- Durante tu "coma *sofrón*" determinaste el curso correcto de tu acción. Ahora necesitas el poder para llevarlo a cabo. El Espíritu Santo que mora en ti, te empoderará para rechazar las demandas de la carne y a asentir a lo que honra a Dios.
- Pedro esperaba que el pensamiento correcto nos guiara a orar correctamente. Ora y pídele al Señor Su gracia y ayuda; después, camina en fe y obediencia.

5. SUSTITUYE tus patrones erróneos por otros virtuosos.

"Despojaos del viejo hombre… y vestíos del nuevo hombre" (Ef. 4:22-24).

- Cuando abandonamos un vicio en nuestra vida, otro comportamiento pecaminoso espera para entrar si no llenamos a propósito el vacío con algo mejor (ver Lc. 11:24-26). Cada vez que "nos despojamos" de un comportamiento pecaminoso o incontrolado, tenemos que "vestirnos" de uno virtuoso.
- Identifica proactivamente y cultiva buenos hábitos que puedan sustituir a las malas costumbres en tu vida. Por ejemplo, no basta con dejar de malgastar cuatro horas diarias en Facebook; ¿qué vas a poner en su lugar? ¿Cómo puedes utilizar ese tiempo sabiamente, leyendo la Escritura, dedicando tiempo de calidad a tus hijos o tus amigas, escribiendo notas alentadoras, invitando a tus amigas a cenar, etc.?

> *"Porque la gracia de Dios se ha manifestado… enseñándonos, que negando la impiedad y los deseos mundanos, vivamos en este mundo sobria, justa y piadosamente, aguardando la esperanza bienaventurada y la manifestación de la gloria de nuestro gran Dios y Salvador Cristo Jesús".*
>
> **Tito 2:11-13**

6. DECÍDE seguir procurando una vida de *sofrón*.

"Todo aquel que lucha, de todo se abstiene; ellos, a la verdad, para recibir una corona corruptible, pero nosotros, una incorruptible" (1 Co. 9:25).

- No te castigues cuando caigas. La gracia de Dios es suficiente para todas tus deficiencias. Vuelve a evaluar la situación. Quizás necesitas cambiar tu forma de prepararte para afrontar la situación o necesitas apoyarte en alguien que ha luchado y ganado la misma batalla. No te rindas. Prosigue al premio… ¡para Su gloria!
- ¿Recuerdas a los niños que esperaban el regreso del investigador para obtener dos malvaviscos en lugar de uno? Estamos a la espera de algo tan maravilloso que supera nuestra imaginación: ¡el regreso de Cristo! Y eso es lo que, en última instancia, nos motiva para "esforzarnos al máximo" para mantener una mente sana y con dominio propio.

Utiliza los "Seis pasos para cultivar el *sofrón*" para completar la "Hoja de trabajo de *sofrón*" en las páginas 119-120. Puedes usar el reto del dominio propio que identificaste anteriormente o escoger uno distinto.

de la teoría a la práctica…

renovación interior

para asimilar:

El video de la semana cuatro te ayudará a asimilar las lecciones de esta semana. Encontrarás este video, la guía del líder y otros recursos más en el sitio web TrueWoman201.com (disponible solo en inglés). También hay otros recursos disponibles en www.avivanuestroscorazones.com.

para reflexionar:

Piensa en las siguientes preguntas, debátelas con tus amigas, tu familia o en un grupo pequeño:

1. ¿Qué beneficio hay en la instrucción específica de género —las mujeres mayores enseñan a las más jóvenes—, respecto a vivir una vida disciplinada?
2. Desde la perspectiva bíblica, ¿en qué se diferencia el domino propio de la modificación de comportamiento?
3. Explica el significado del término griego *sofrón*. ¿Qué papel juegan nuestros pensamientos en el desarrollo del dominio propio? Pon algunos ejemplos de cómo queda determinado nuestro comportamiento por nuestra mentalidad.
4. ¿Cuál es la manera más efectiva de "frenar" en las áreas de tu vida que están fuera de control? Por otro lado, ¿cómo podrías "emplearte a fondo" en tu relación con Dios?
5. Aprendimos en el Día 3 que no necesitamos rogar a Dios que nos dé más fuerza de voluntad. ¿Por qué?
6. Describe la diferencia entre una persona que NIEGA y una que CONFÍA (ver p. 109). ¿Cómo podemos pasar de NEGAR a CONFIAR?
7. Conforme identificas las áreas en las que te falta dominio propio, ¿puedes detectar qué falsas creencias hay detrás de tu lucha? ¿Qué verdades específicas puedes aplicar para desplazar esas falsas creencias?
8. Repasa los "Seis pasos para cultivar el *sofrón* (pág. 115-117). ¿En qué área de tu vida empezarás hoy a dar un paso de fe y a aplicar estos pasos?

Consulta los "Seis pasos para cultivar el *sofrón*" de las páginas 115-117 para completar esta hoja de trabajo y aplicar las lecciones de esta semana sobre el dominio propio. Utiliza el reto de autocontrol que identificaste anteriormente (ver p. 109) o elige algún otro. Puedes usar estas preguntas otra vez en un futuro para ayudarte a trabajar en algún otro reto de dominio propio/disciplina.

hoja de trabajo de *sofrón*

Paso 1: Medita en la situación.
Circunstancias que suelen desencadenar tu falta de dominio propio/ disciplina:

_____

_____

_____

Tus actitudes, pensamientos y creencias insanas:

_____

_____

_____

Paso 2: Prepárate para actuar.
¿Qué quiere el Señor que pienses, sientas o creas?

_____

_____

_____

Versículo(s) aplicable(s):

_____

_____

_____

Paso 3: Recuerda tu compromiso.
¿Cómo recordarás tu compromiso?

_____

_____

_____

Pídele al Señor que te ayude a poner una "coma *sofrón*" entre las circunstancias y tu reacción.

Paso 4: Confía en el Espíritu Santo.
¿Estás dependiendo de tu fuerza de voluntad o del poder del Espíritu Santo para cultivar el dominio propio?

Paso 5: Sustituye los patrones erróneos por otros virtuosos.
¿De qué áreas pecaminosas o incontroladas de tu vida necesitas "despojarte"?

_____

_____

_____

¿De qué hábitos sabios y piadosos puedes "vestirte" en su lugar?

_____

_____

_____

Paso 6: Decide seguir procurando una vida *sofrón*.
¿Necesitas ajustar tu estrategia? ¿Cómo puedes seguir "esforzándote al máximo" para desarrollar dominio propio en esta área?

virtud

Según la tradición romana, el jabón fue descubierto por un grupo de mujeres que fueron a lavar su ropa al río Tíber, bajo el Monte Sapo, donde los sacerdotes solían sacrificar animales. La lluvia de la noche anterior había llevado la grasa animal y la ceniza de madera desde el altar hasta el río. Para su sorpresa, las mujeres notaron que la grasa y la ceniza en el agua hacían que fuera más fácil limpiar la ropa.

> *Una mujer verdadera cultiva el bien... Es "pura".*

Los romanos mezclaban sebo de cabra con cenizas de haya para producir el jabón de la limpieza. También lo utilizaron con fines medicinales y para tratar enfermedades de la piel. Al parecer, la demanda de jabón era considerable, porque en las ruinas de Pompeya, una de las ciudades enterradas por la erupción volcánica del monte Vesubio en el año 79 d.C., se descubrió una fábrica de jabón con sus ordenadas pilas de jabones y todo.

Sin embargo, por mucho que al Imperio romano le hubiera gustado recibir el crédito por el invento, la historia indica que la fabricación de jabón se remonta en realidad a los babilonios. Sus inscripciones contienen la receta de jabón más antigua escrita, que también requiere una mezcla de grasa animal, cenizas de madera y agua.

Las cenizas de ciertos árboles y plantas contienen una alta concentración de sal de carbonato de potasio. Esta sustancia, altamente alcalina, también se conoce como "potasa". Cuando el agua se filtra a través de la potasa, el líquido resultante se llama "lejía o sosa". Es un fuerte corrosivo valorado por sus propiedades para limpiar y disolver la grasa.

Los israelitas usaron el salicor como su fuente de lejía o sosa. Esta planta alcalina abunda en las orillas del mar Muerto y el Mediterráneo. Para hacer jabón, los israelitas mezclaban lejía sacada de esta planta con aceite de oliva. La Biblia indica que lo usaban para lavarse las manos (Job 9:30), el cuerpo (Jer. 2:22) y la ropa (Mal. 3:2).

Es interesante que los términos hebreos para lejía (*bor*) y jabón (*borit*) deriven a su vez de la palabra raíz para "purificar".[1] El rey David la usa, por ejemplo, en el Salmo 18:20: "El Señor me ha pagado conforme a mi justicia; me ha premiado conforme a la limpieza [*bor*] de mis manos" (NVI).

David equipaba las "manos limpias" a la "justicia". Esta asociación se hace en toda la Escritura. La limpieza física se utiliza a menudo como metáfora de la pureza espiritual y la bondad.

Esta semana estudiaremos el elemento de diseño de la virtud. La mujer verdadera es "pura" (la virtud y la pureza son dos caras de la misma moneda: la presencia de la bondad y la ausencia de corrupción). Usando la metáfora de la Biblia, podríamos decir que tiene un corazón y una vida limpios.

Pureza aparece en la lista específica de Tito para las mujeres. También se les ordena a las mujeres ser puras en otras partes de la Escritura (1 P. 3:2, NTV). La pureza es un elemento importante de la feminidad. Como señalamos antes, no significa que no sea relevante para los hombres. Es igualmente vital que ellos sean puros (Sal. 119:9; 1 Ti. 4:12, 5:2). Pero, al escribir al pastor Tito bajo la inspiración del Espíritu Santo, Pablo reta específicamente a las mujeres a ser puras. En el contexto más amplio de esta epístola, que trata el tema de cómo la iglesia puede reflejar con éxito la luz del evangelio en un mundo oscuro, esto parece sugerir que las mujeres cristianas pueden apuntar al significado y la importancia de la pureza, de una manera especial.

El Nuevo Testamento se refiere a la Iglesia como la "virgen pura" de Cristo (2 Co. 11:2). Cristo purifica a su novia por "el lavamiento en agua por la palabra" para que pueda presentarse a Él "gloriosa… [sin] mancha ni arruga". Ella y sus vestiduras están limpias… "santa[s] y sin mancha" (Ef. 5:25-28). Cuando el apóstol Juan vislumbró el futuro matrimonio celestial de Cristo, observó que la novia se prepara vistiéndose de blanco lino fino, "limpio y resplandeciente" (Ap. 19:7-8). La novia presta atención a su apariencia; quiere asegurarse de que tanto ella como su vestido están impecablemente limpios y hermosos para el novio.

Dios quiere que sus hijas destaquen la belleza del evangelio al mostrarse gozosas y deseosas de presentarse a Cristo vestidas con un esplendor espiritual sin mancha ni arruga, santas, brillantes, limpias y puras. En la lección de esta semana encontrarás más información sobre por qué la virtud es un elemento crítico de la verdadera feminidad y descubrirás cómo cultivarlo en tu vida.

Procter & Gamble usó por primera vez el eslogan del jabón Ivory "99⁴⁴/¹⁰⁰% puro" en 1882. En ese tiempo no estaba demasiado extendido el uso del jabón para la higiene personal en los Estados Unidos. El jabón europeo, importado de Castilla y hecho de aceite de oliva, era un lujo demasiado caro para todos, excepto para los ricos. Procter & Gamble vendía jabón hecho de sebo, pero era muy duro, de color amarillento y de aroma desagradable.

Después de años de experimentos, James Gamble desarrolló la fórmula para un jabón blanco con base de aceite de palma y de coco. Se podía fabricar con ingredientes baratos y su fragancia era mucho más atractiva. La búsqueda del nombre terminó cuando Harley Procter tuvo un repentino destello de inspiración en la iglesia, en un culto de domingo. La lectura de las Escrituras fue el Salmo 45: "*Mirra, áloe y casia exhalan todos tus vestidos;* **desde palacios de marfil [Ivory]** *te recrean*" (v. 8). La primera barra de "Ivory" se vendió en 1879.

> "*Asimismo, las ancianas… que enseñen lo bueno, que enseñen a las jóvenes… a ser… puras*".
>
> **Tito 2:3-5** (LBLA)

Procter & Gamble tuvieron la suerte de que la invención de Ivory coincidiera con la demostración de Louis Pasteur respecto a la existencia de los gérmenes. Pasteur probó que las bacterias contaminantes y los microbios patógenos, invisibles al ojo humano, eran los responsables de enfermedades y dolencias. La limpieza tenía un propósito más importante que simplemente verse y oler bien. Un cuerpo limpio era esencial para la buena salud.

Con el público centrado en los descubrimientos científicos de Pasteur, Harley Procter ideó un nuevo enfoque para promocionar el jabón Ivory. Pensó que si podía aportar una prueba de laboratorio que mostrara que Ivory era el "más puro" de los jabones —con menos ingredientes innecesarios y sin contaminantes—, aumentarían las ventas. No existía una norma de pureza en el jabón, así que contrató a un científico para que inventara uno. El asesor llegó a la conclusión de que un jabón 100% puro consistiría tan solo en dos ingredientes: ácidos grasos y álcali.

Establecida la definición de la pureza en el jabón, Harley envió el jabón Ivory y el jabón de Castilla, comúnmente considerado como el mejor del mercado, para que los químicos realizaran un análisis. Para su deleite, concluyeron que el jabón Ivory era más puro. Solo alrededor de la mitad del 1% de la lista total de ingredientes no podía calificarse como ácido graso o álcali. Ivory era 99$^{44/100}$% puro.

Procter & Gamble fomentó la "pureza" como rasgo distintivo del jabón, e incluso vinculaba la pureza externa con la interna. Por ejemplo, un anuncio decía, "Libre de *impurezas,* el jabón Ivory es el producto con el que las buenas madres mantienen la pureza de sus hijos".[2]

Resalta la palabra *puras* en Tito 2:3-5 al margen.

¿Cómo definirías la palabra *pura*? Puedes utilizar un diccionario o hacer tu propia definición.

_____

_____

Si buscaste ayuda en un diccionario, quizás hayas descubierto que el término *pura* en español viene de la palabra latina *purus*, que significa limpio, sin mezcla, no contaminado. El significado en latín es bastante similar al griego.

La palabra griega correspondiente es *jagnós*. Proviene de la misma raíz que *jágios*, "santo". Significa "impecable, no contaminado, inmaculado, limpio". Señala pureza moral, inocencia y castidad. En el griego antiguo, el vocablo indicaba, originalmente, "que despierta el temor reverencial" o "que provoca reverencia".[3]

Completa el cuadro identificando qué palabras/frases y referencias de los versículos al margen de la página 126 (Job 33:9; 2 P. 3:14; Fil. 2:15; Dn. 12:10) se corresponden con la definición de puro. (Algunas respuestas pueden repetirse).

Definición de Puro	Referencias	Palabras o Frases Equivalentes
Impecable	Job 33:9; Filipenses 2:15	Intachable
Limpio		Sin mancha
No contaminado	2 Pedro 3:14; Daniel 12:10	
Inmaculado	Daniel 12:10	
Impresionante		Brilla como la luz

La norma de pureza del 99^{44/100}% del jabón Ivory parece impresionante. La mayoría de los estudiantes estarían felices de conseguir un 99^{44/100}% en un examen; los terapeutas se congratularían si lograran ese índice de mejoría en sus pacientes el 99^{44/100}% de las veces. Una mujer sería feliz teniendo un diamante sin defectos en un 99^{44/100}%. No obstante, aunque un 99^{44/100}% puede parecer muy bueno, sigue sin ser perfecto.

Dios es 100% puro, bueno, limpio y perfecto. Su carácter es moralmente excelente. En Él no hay mancha ni imperfección, ni contaminación —ni siquiera en una diezmilésima parte de un punto porcentual. Su justicia es impecable, ilustre y absoluta. Él es "santo, santo, santo" (Ap. 4:8).

Dios quiere que Su pueblo entienda de qué trata la santidad; que entiendan que el pecado —del tipo, de la forma y del grado que sea— es una afrenta infinita a Su carácter santo y que no puede haber comunión entre un Dios santo y los pecadores. Pero Él también quiere que sepan que Él es un Dios misericordioso que ha dispuesto que las personas impías puedan ser purificadas y reconciliadas con Él.

En el Antiguo Testamento se comunicaron estas verdades fundamentales y se representaron a través de leyes que Dios estableció para la pureza ritual. En el atrio del tabernáculo había una gran fuente de bronce (un "lavatorio") entre el altar y la entrada al interior del templo. Los sacerdotes tenían que lavarse las manos y los pies antes de entrar en el Lugar Santo y antes de servir en el altar (Éx. 30:17-21). Era imprescindible que fueran ceremonialmente intachables para acercarse a un Dios santo y sin mancha.

Uno de los principales deberes de los sacerdotes era enseñar a los judíos la diferencia entre lo limpio/puro y lo impuro/sucio (Ez. 22:26; 44:23). La pureza ceremonial era lo que cualificaba a la persona para participar en la adoración, una actividad fundamental en la vida del antiguo Israel. Ser ritualmente impuro era un asunto grave. Significaba que no podías tener comunión con Dios.

> "Soy inocente. No tengo pecado. Estoy limpio y libre de culpa".
>
> **Job 33:9 (NVI)**

> "Procurad con diligencia ser hallados por él sin mancha e irreprensibles".
>
> **2 Pedro 3:14**

> "Para que seáis irreprensibles y sencillos, hijos de Dios sin mancha... resplandecéis como luminares en el mundo".
>
> **Filipenses 2:15**

> "Muchos serán purificados, emblanquecidos y refinados...".
>
> **Daniel 12:10 (LBLA)**

Un judío se volvía ceremonialmente impuro mediante el contacto con el moho, la infección, la enfermedad, la muerte, la sangre o la secreción corporal; todo esto representaba la contaminación por el pecado. El individuo contaminado de esta manera solo podía ser restaurado al estado puro y limpio a través de los lavados rituales y la ofrenda de sacrificios especificados por Dios. Asimismo, cualquier pecado cometido por el pueblo de Dios los hacía impuros y tenían que ser expiados con el derramamiento de la sangre de animales inocentes, ofrecidos en sustitución por sus propias vidas. Solo entonces podrían acercarse a un Dios santo.

Lee Hebreos 9:13-14; 10:19-23. ¿Cómo podemos estar limpias ante un Dios santo?

> "¿Quién subirá al monte de Jehová? ¿Y quién estará en su lugar santo? El limpio de manos y puro de corazón…".
>
> **Salmos 24:3-4**

> "Porque con una sola hizo perfectos para siempre a los que son santificados".
>
> **Hebreos 10:14**

_____

_____

_____

_____

_____

Cuando Jesús murió para pagar el castigo por nuestros pecados, proporcionó el medio de purificación "una vez para siempre". El lavado ceremonial deja de ser necesario. Ya no tenemos que purificarnos para poder acercarnos a Dios. Jesús nos ha justificado ante un Dios santo, es decir, nos ha concedido la pureza _posicional_. Esto es vital. Antes de pasar a explicar cómo podemos crecer en pureza _personal_ y _práctica_ (santificación), queremos asegurarnos de que entiendes que la pureza no es un _prerrequisito_ para ganar el favor de Dios. No tienes que esforzarte para llegar a ser "lo suficientemente buena". El sacrificio de Jesús cubre todo tu pecado y te hace 100% intachable y pura a los ojos de Dios.

→ **Tómate unos minutos para meditar** en la asombrosa verdad de que la sangre derramada por Jesús es el "jabón" que nos hace 100% puras a los ojos de Dios; que quienes creen en Jesús son perdonados y considerados impecablemente puros y limpios. ¿Has experimentado tú esa purificación? ¿Qué diferencia marcaría en tu manera de pensar y vivir si fueras siempre consciente de esta verdad?

Canal de Amor pretendía ser un barrio[4] de ensueño. Estaba ubicado en la ciudad de Niagara Falls, al norte de Nueva York, cerca de una de las maravillas naturales más espectaculares de América del Norte. Pero no todo iba bien en Canal de Amor. A principios de los 70, algunos residentes observaron un lodo negro que se filtraba por las paredes del sótano de sus casas recién construidas.

En los años siguientes, una mujer que dirigía un salón de belleza en su sótano desarrolló una enfermedad debilitante. La tasa de leucemia se disparó. Los escolares sufrieron erupciones extrañas y alergias inexplicables. Las mujeres padecieron una alta tasa de abortos involuntarios. Los bebés nacieron con defectos congénitos, deformidades y anomalías cromosómicas. La pequeña Sheri nació con un agujero en el corazón, la nariz y las orejas deformes, y un retraso mental. Le crecieron los dientes en doble fila en la mandíbula inferior. Entre 1974 y 1978, los defectos en los recién nacidos de Canal de Amor se elevaron al 56%.

> *"¡Fariseo ciego! Limpia primero lo de dentro del vaso y del plato, para que también lo de fuera sea limpio".*
>
> **Mateo 23:26**

Los residentes no tenían ni idea de que sus casas se habían construido sobre 21.000 toneladas de residuos industriales tóxicos enterrados. Cuando las fuertes lluvias de mediados de los 70 hicieron subir los niveles de las aguas subterráneas, los desechos fueron empujados cerca de la superficie. En algunas zonas, viejos barriles oxidados atravesaron la superficie de los patios traseros y hasta levantaron algunas piscinas. Los charcos de productos químicos nocivos burbujearon en los patios escolares, los jardines y los sótanos. Por las calles corrían arroyos tóxicos.

El gobierno federal se vio obligado a intervenir. En respuesta a la catástrofe de Canal de Amor, creó el fondo de la Agencia de Protección Ambiental (EPA, por sus siglas en inglés) en 1980, e invirtió millones de dólares en su esfuerzo por limpiar los residuos tóxicos.

Lee Mateo 23:25-28. Los "vasos" de los fariseos estaban limpios y relucientes por fuera. Pero ¿y por dentro? Anota lo que había en sus vasos.

Los líderes religiosos judíos se enorgullecían de lo bien que cumplían las leyes de pureza del Antiguo Testamento. Además, habían añadido todo tipo de normas adicionales de limpieza para que las personas las siguieran. La importancia que atribuían a los lavados ceremoniales se refleja en que una importante sección de los escritos rabínicos judíos (*Mishná*) se titula "limpieza" (*Tohoroth*).

Los rabinos estipulaban que, para estar limpios, había que lavarse las manos con un volumen de agua equivalente a un huevo y medio, mantener las manos en la posición correcta, y dejar que el flujo de agua corriera en la dirección correcta. Su limpieza y su espiritualidad dependían de la atención perfeccionista que se atribuyera a tales detalles.

Lee Marcos 7:1-7; 20-23. Explica por qué Jesús no estaba satisfecho con el limpísimo comportamiento de los fariseos.

Lee Mateo 23:26 al margen. ¿Qué dijo Jesús que tenían que hacer los fariseos?

☐ Comprar tazas nuevas.
☐ Ir a Starbucks por otra taza de café
☐ Concentrarse en limpiar el interior
☐ Comprar una nueva marca de detergente

¿Qué implicaciones tiene esto para una mujer que quiere crecer en virtud?

---

la pureza comienza en el corazón

La preocupación excesiva de los líderes religiosos por la apariencia externa había llevado a una falsa espiritualidad. Habían reducido su comunión con Dios a una lista masiva de *obligaciones* y *prohibiciones*. En apariencia lo hacían bien. En términos modernos, no se acostaban con cualquiera, no falseaban sus impuestos, no excedían el límite de velocidad ni llegaban tarde al trabajo. Asistían a la iglesia con regularidad, leían y memorizaban su Biblia, llevaban una vida activa de oración, dirigían estudios de grupos pequeños, daban diezmos y ofrendas, y tenían una lista completa de canciones de adoración en sus *iPods*. Sin embargo, aunque su comportamiento parecía bueno, según Jesús no habían entendido nada.

Tener una relación con el Señor no radica en seguir una lista de deberes y prohibiciones ni en la mera *apariencia* de ser buena. Consiste en abrir lo profundo de tu corazón a Él y juntos embarcarse en un proyecto de limpieza para toda la vida, convirtiéndote en la práctica en lo que Él ya te ha hecho posicionalmente.

Aunque imperfecta, la analogía es como la diferencia entre una residente de Canal de Amor que saca un barril oxidado de su patio trasero y se conforma con eso, y aquella que contrata a la EPA para que siga cavando hasta hacer aflorar y eliminar cada toxina oculta. La primera está orgullosa de lo limpio que está su patio, mientras que la segunda sabe que hay más impurezas escondidas bajo la superficie, y que sin una ayuda constante, las toxinas peligrosas seguirán produciendo resultados negativos (ver Lc. 18:9-14).

> *"Todos los caminos del hombre son limpios en su propia opinión; pero Jehová pesa los espíritus".*
>
> **Proverbios 16:2**
>
> *"Hay generación limpia en su propia opinión, si bien no se ha limpiado de su inmundicia".*
>
> **Proverbios 30:12**
>
> *"Escudríñame, oh Jehová, y pruébame; examina mis íntimos pensamientos y mi corazón".*
>
> **Salmos 26:2**
>
> *"Examíname oh Dios, y conoce mi corazón; pruébame y conoce mis pensamientos; y ve si hay en mí camino de perversidad, y guíame en el camino eterno".*
>
> **Salmos 139:23-24**

Marca con una "X" el recuadro de quien se parece más a ti:

☐ Soy más parecida a la mujer a quien solo le preocupa la apariencia externa.

☐ Soy más parecida a la mujer que contrata al experto para que siga cavando en el patio.

Lee los versículos al margen (Pr. 16:2; 30:12; Sal. 26:2; 139:23-24). Indica verdadero (V) o falso (F) en las siguientes declaraciones:

_____ Mis actitudes y pensamientos interiores indican mejor mi nivel de pureza que mis acciones externas.

_____ Mi corazón es engañoso. Puedo estar llena de pecado y equivocada aun cuando me sienta irreprensible y justa.

_____ Un pensamiento impuro no es pecado, a menos que lo ponga en práctica.

_____ Tengo que pedirle continuamente al Señor que me ayude a probar mis motivos y pensamientos para filtrar cualquier impureza.

La Biblia enseña que la pureza está tan relacionada con lo que *tú eres* (por dentro) como con lo que *haces* (por fuera). La inmoralidad sexual, el adulterio, la sensualidad, la codicia, el engaño, la envidia, la maledicencia, la soberbia, la insensatez, y todos los demás pecados salen de tu interior (Mr. 7:21-23). Comienzan en el corazón.

Personaliza el Salmo 139:23-24 y ora. Pídele al Señor que examine y pruebe tu corazón y tus pensamientos, y te señale cualquier "mancha" específica de impureza que te impida disfrutar de una comunión plena con Él. Anota todo lo que el Espíritu Santo traiga a tu mente.

_____

_____

_____

➡ Toma un momento para confesar y arrepentirte de lo que Dios te ha mostrado. Pídele que te perdone y te guie en el camino eterno.

*E*l elemento de la feminidad que estamos estudiando esta semana es la virtud, la excelencia moral, la bondad o la pureza. Virtud es lo contrario a vicio. Un vicio es un hábito o práctica inmoral o mala. Es pecaminoso. Algunas personas usan la palabra vicio para referirse a una acción menor e indeseable, como beber mucho refresco o morderse las uñas, por ejemplo. Pero un vicio es mucho más grave.

La palabra que mejor capta la naturaleza de un vicio es *vicioso*, es decir, "lleno de vicio". El vicio es un hábito infame o una práctica que perjudica el bienestar espiritual de la persona. El rey Salomón identificó siete vicios:

> *"Quítense de vosotros toda amargura, enojo, ira, gritería y maledicencia, y toda malicia".*
>
> **Efesios 4:31**

> *"Desechando, pues, toda malicia, todo engaño, hipocresía, envidias y todas las detracciones".*
>
> **I Pedro 2:1**

Seis cosas aborrece Jehová,
Y aun siete abomina su alma:
Los ojos altivos, la lengua mentirosa,
Las manos derramadoras de sangre inocente,
El corazón que maquina pensamientos inicuos,
Los pies presurosos para correr al mal,
El testigo falso que habla mentiras,
Y el que siembra discordia entre hermanos (Pr. 6.16-19).

El Nuevo Testamento contiene varias listas de vicios. Tres de estas listas se muestran en el cuadro de abajo.

Marcos 7:21-22	Romanos 1:24-31	Colosenses 3:5-10
Malos pensamientos	Lujuria/impureza sexual	Inmoralidad sexual
Inmoralidades	Pasiones sexuales	Impureza
sexuales	deshonrosas	Lujuria
Hurtos	Maldad	Malos deseos
Homicidios	Codicia	Codicia
Adulterio	Envidia	Idolatría
Avaricia	Asesinato	Ira
Maldad	Peleas	Rabia
Engaño	Engaño	Malicia
Lascivia/	Malicia	Calumnia
Promiscuidad	Chismes	Habla injuriosa
Envidia	Calumnia	Charla obscena/
Calumnia	Insolencia	obscenidades
Soberbia	Arrogancia	Mentira
Insensatez	Jactancia	
	Desobediencia a los	
	padres	

Como puedes ver, hay multitud de vicios, tantos que no podríamos ni empezar a tocarlos todos. Pero hay uno en particular que parece únicamente relacionado con las mujeres. Se menciona en las instrucciones específicas para cada género que Pablo dio a Tito.

¿Qué vicio de Tito 2:3 aparece en todas las listas del cuadro?

___ ___ ___ u ___ ___ ___ ___

Rodea en un círculo todos los vicios del cuadro relacionados con el habla. ¿Por qué crees que Pablo incluyo "vicios del habla" en el currículo de Tito 2 para las mujeres?

_____

_____

_____

_____

no hablar mal

$\mathcal{E}$s interesante observar la frecuencia con la que un discurso incorrecto se presenta como vicio en la Escritura. La contaminación de nuestros corazones suele aflorar en nuestras palabras. Chismes, disputas, jactancia y engaño son, evidentemente, problemas del habla. Pero la necedad, la malicia, la lujuria y la inmoralidad también pueden manifestarse en nuestra forma de hablar. A menudo, nuestros vicios "hablan".

"Cada mujer, por su virtud o por su vicio, por su necedad o por su sabiduría, por su frivolidad o por su dignidad, está añadiendo algo a nuestro ennoblecimiento o nuestra degradación nacional".[5]

John Angell James

Tito 2:3 indica que las mujeres deben ser "reverentes en su porte; no calumniadoras". La traducción Reina-Valera 1960 dice.que no deben ser "calumniadoras". La Dios Habla Hoy dice "chismosas". Ambas son traducciones del término griego *diábolos,* del que deriva *diabólico.* Treinta y cuatro de las treinta y ocho veces que el Nuevo Testamento usa la palabra *diábolos,* lo hace como un nombre de Satanás, el diablo. Él es el gran calumniador (Jn. 8:44; Ap. 12:10). Cuando calumniamos, somos "como el diablo"; ¡nuestro lenguaje es parecido al suyo!

Dos de las tres veces que *diábolos* se refiere a calumniar alude, de forma específica, a las mujeres. Dios creó a la mujer como narradoras y nos dio una asombrosa capacidad para la comunicación verbal. Lamentablemente, a Satanás le gusta convertir este punto fuerte en debilidad. Le gusta distorsionar una virtud y convertirla en vicio.

Lee Proverbios 6.16-19 en la página 132. En este pasaje, ¿qué frase nos habla del pecado de la calumnia?

_____

_____

¿Cómo se siente el Señor respecto a estos "vicios del habla"? ¿Consideras tú la calumnia igual que Él? Explica por qué sí o por qué no.

_____

_____

_____

¿Qué es exactamente la calumnia? Legalmente, se define como la declaración falsa sobre una persona, que daña o difama su reputación. Pero la definición bíblica es más amplia aún. Calumnia significa criticar a otra persona con la intención de hacerle daño… aunque la información sea correcta. Por ello, *diábolos* se ha traducido "rumores maliciosos" y "falso acusador."

Cierto comentarista sugiere que la calumnia significa "proveedor" de intrigas o escándalos.[6] Un término griego estrechamente relacionado, *blasfemía,* también se traduce *calumnia* y significa "responder con maldición; perjudicar la reputación o herir con informes o palabras; hablar mal de alguien".[7] En la Biblia, toda clase de conversación falsa y/o maliciosa sobre los demás se califica de "calumnia".

> *"Y todos daban buen testimonio de él, y estaban maravillados de las palabras de gracia que salían de su boca".*
>
> **Lucas 4:22**
>
> *"Ninguna palabra corrompida salga de vuestra boca, sino la que sea buena para la necesaria edificación, a fin de dar gracia a los oyentes".*
>
> **Efesios 4:29**

Responde a las preguntas siguientes para comprobar si el vicio de la calumnia necesita ser arrancado de tu corazón:

1. **¿Sueles "cuchichear"?** (Pr. 16:28; 26:20, 22) ¿Dices cosas de otros a sus espaldas que no repetirías delante de ellos?

   ☐ nunca ☐ algunas veces ☐ en ocasiones ☐ a menudo ☐ habitualmente

2. **¿Eres una criticona?** (Pr. 25:23) ¿Compartes daños personales o resentimientos con la intención de lastimar o dañar la reputación de alguien?

   ☐ nunca ☐ algunas veces ☐ en ocasiones ☐ a menudo ☐ habitualmente

3. **¿Eres una chismosa?** (Lv. 19:16; Pr. 11:13; 18:8) ¿Compartes noticias jugosas que los demás repiten de una manera poco positiva?

   ☐ nunca ☐ algunas veces ☐ en ocasiones ☐ a menudo ☐ habitualmente

4. **¿Escuchas o compartes informes** que suponen lo peor de alguien? (1 Co. 13:7; Pr. 15:26; Lm. 3:62)?

   ☐ nunca ☐ algunas veces ☐ en ocasiones ☐ a menudo ☐ habitualmente

5. **¿Calumnias?** (Pr. 30:10, Tit. 3:2) ¿Hablas falsedades perjudiciales o malvadas sobre alguien para hacerle quedar mal?

   ☐ nunca ☐ algunas veces ☐ en ocasiones ☐ a menudo ☐ habitualmente

La calumnia es diabólica. En las mujeres cristianas no existe grado aceptable de malicia, calumnia o crítica. Si queremos crecer en la virtud, es necesaria una tolerancia cero hacia este vicio.

→ **Ora y arrepiéntete del pecado de la calumnia.** Lee los versículos al margen de la página anterior (Lc. 4:22; Ef. 4:29) y Proverbios 8:6-8. ¿Qué características percibes de un lenguaje puro? Pídele al Señor que purifique tu corazón y tu conversación.

_____

_____

_____

Si le preguntas a un grupo de cristianos que les viene primero a la mente al pensar en la palabra *pura*, probablemente muchos mencionarán la pureza sexual. Como señalamos en la primera lección, la palabra griega correspondiente a *pura* deriva de la misma raíz que **santo** y significa "impecable; no contaminado; inmaculado, limpio". Ser pura significa simplemente ser "limpia", es decir, llena de virtud y no de vicio. El Señor quiere que seamos puras en todos los aspectos de nuestras vidas.

Sin embargo, la percepción de que la *pureza* significa "castidad sexual" se entiende así porque esta es una parte importante de la pureza. Somos seres sexuales. Por tanto, la batalla entre la virtud y el vicio suele librarse, a menudo, en el frente sexual.

En el cuadro de vicios de la página 133, resalta o rodea con un círculo cualquier vicio sexual.

Castidad es una palabra que no se oye mucho hoy día. Alude a la virtud sexual y significa "abstenerse de los actos sexuales contrarios a la moralidad". Desdichadamente, la palabra *castidad* no siempre ha tenido buena reputación.

Tal vez hayas oído hablar del "cinturón de castidad", de hierro, usado como ropa interior, que un celoso caballero medieval supuestamente le colocó a su joven esposa para garantizar su fidelidad hasta que él regresara de una cruzada.

Hicimos algunas investigaciones sobre el asunto y ¿adivina lo que descubrimos? ¡Este artefacto de castidad renacentista es un mito, un engaño! ¡De hecho, se han retirado la mayor parte de los cinturones de castidad de metal exhibidos en los museos, para evitar futuras vergüenzas por su falta de autenticidad![8]

Sin embargo, esto no quiere decir que nunca existieran. Simplemente, no eran los instrumentos de opresión para las mujeres como se creía.

> *¿O no sabéis que los injustos no heredarán el reino de Dios? No os dejéis engañar: ni los inmorales, ni los idólatras, ni los adúlteros, ni los afeminados, ni los homosexuales… heredarán el reino de Dios".*
>
> **I Corintios 6:9-10**
> (LBLA)

El cinturón de castidad se menciona por primera vez en la poesía metafórica, como promesa de fidelidad. Los historiadores dicen que, en la Edad Media, un simple cordón atado alrededor de la cintura era símbolo de fidelidad. En el caso de un monje, por ejemplo, representaba su voto de castidad. De igual manera, las mujeres podían utilizar un cordón de terciopelo debajo de su ropa como muestra de fidelidad.

Los cinturones de castidad de tela y de piel se desarrollaron en la era Victoriana. A finales de 1800, durante la Revolución Industrial, algunas mujeres usaban este tipo de prenda interior para ir a trabajar, por lo general en una fábrica, lugares muy cerrados y con poca supervisión. Lo usaban como elemento para evitar una violación; las ayudaba a protegerse contra el abuso sexual.[9]

Lamentablemente, nuestra cultura considera la castidad femenina bajo la misma luz que el mítico cinturón de castidad: que es una idea de la Edad Media… obsoleta, opresiva y dañina para las mujeres. Pero la Biblia presenta una imagen drásticamente diferente. Indica que, para las casadas, la fidelidad sexual y, para las solteras, la continencia sexual manifiesta el evangelio de Jesucristo. Es un símbolo hermoso, potente y profundo del pacto de unión y fidelidad.

Lee 1 Corintios 6:12-20, y rellena los espacios para completar las oraciones siguientes:

> En el pacto del matrimonio, un hombre y una mujer se convierten en _____ sola carne (v. 16). La unión sexual, marido-esposa, ilustra una profunda verdad espiritual: todo el que entra en una relación de pacto con Jesús se convierte en _____ espíritu con Él (v. 17). La conducta fiel, *nada de sexo fuera del matrimonio/disfrutar del sexo dentro del matrimonio*, da testimonio de la relación de pacto entre Jesús y la Iglesia. En última instancia, el sexo no se trata de mí: mi _____ no me pertenece (v. 19). Soltera o casada, mi sexualidad está destinada a _____ a Dios (v. 20).

Explica cómo el sexo entre un hombre y una mujer, fuera del matrimonio, es una agresión a la historia del pacto entre Cristo y la Iglesia:

_____

_____

_____

¿Por qué negar el sexo dentro del matrimonio también es una agresión a la historia?

_____

_____

Al parecer, había un dicho común en los días de Pablo: "La comida es para el estómago y el estómago para la comida" (ver 1 Co. 6:13). Algunos creyentes de Corinto habían asimilado el lema de la cultura pagana, y creían que al ser el apetito por la comida algo natural y creado por Dios, sería aceptable que disfrutaran a sus anchas de sus apetitos por la comida y la bebida.

Afirmaron, además, que su libertad para satisfacer sus apetitos culinarios también se podría extender a los apetitos sexuales. Comida y sexo eran funciones corporales naturales. "La comida es para el estómago y el estómago para la comida" era una forma típica griega de argumentar, por analogía, que el cuerpo era para el sexo y el sexo para el cuerpo, y que los apetitos sexuales debían ser satisfechos, no frustrados.

Pablo respondió que solo las acciones que respetan y reflejan el respeto y la relación de los creyentes con el Señor son "útiles" y, por tanto, admisibles. El sexo entre un hombre y una mujer conforme al pacto cuenta la historia correcta acerca del evangelio. Da testimonio de la unión legal y espiritual que se produce cuando entramos en un pacto con Jesús. El sexo fuera del pacto matrimonial es incongruente con esta trama. Viola el evangelio y, por consiguiente, no es admisible.

En el acto sexual, el esposo y la esposa dan testimonio físicamente de la unión espiritual, sobrenatural y legal que tuvo lugar cuando hicieron su pacto. El sexo testifica que Dios los ha hecho una sola carne. Por ello, Dios restringe el sexo al matrimonio. Si las personas no casadas tienen intimidad física, están mintiendo con sus cuerpos, al declarar que se ha producido una unión, cuando no ha sido así.

Pablo argumenta que el pecado sexual es un pecado grave como ningún otro, ya que implica mentir sobre Dios con cada parte del ser (1 Co. 6:18). El pecado sexual es una ofensa tan grande contra el Señor que debemos aborrecer, incluso, cualquier "indicio" de andar enredando.

> *"Entre ustedes ni siquiera debe mencionarse la inmoralidad sexual, ni ninguna clase de impureza o de avaricia, porque eso no es propio del pueblo santo de Dios. Tampoco debe haber palabras indecentes, conversaciones necias ni chistes groseros, todo lo cual está fuera de lugar; haya más bien acción de gracias. Porque pueden estar seguros de que nadie que sea avaro (es decir, idólatra), inmoral o impuro tendrá herencia en el reino de Cristo y de Dios".*
>
> **Efesios 5:3-5 (NVI)**

Lee Efesios 5:3-5 al margen de la página anterior. Rodea con un círculo la frase "Entre ustedes ni siquiera debe mencionarse", que también podría traducirse "No debe ni siquiera haber un indicio de ello". Teniendo en cuenta esta norma, ¿cómo calificarías los siguientes comportamientos en el pueblo de Dios? Márcalos como "adecuado" (+) "inadecuado" (-) o "depende" (+/-).

_____ Usar el humor subido de tono   _____ Leer una novela romántica

_____ Vestir provocativamente   _____ Enviar mensajes de texto con insinuaciones sexuales

_____ Imaginarse encuentros   _____ Ver "programas de telerreali-
      románticos   dad" por TV

_____ Un grupo de chicos/chicas   _____ Ver imágenes provocativas
      que salen por la tarde

¿Cómo determinas si algo es adecuado o inadecuado?

_____

_____

En términos prácticos, ¿qué debes dejar de hacer (o de qué te tienes que deshacerte) para eliminar cualquier indicio de impureza sexual de tu vida?

_____

_____

Lee 1 Tesalonicenses 4:1-12. ¿Qué profundo conocimiento percibes en este pasaje que ayude a los creyentes a gestionar la tentación sexual y reemplazar el vicio sexual por la virtud?

_____

_____

Pablo concluye 1 Corintios 6 con una sincera exhortación y, a la vez, con una motivación convincente: "Huid de la fornicación… glorificad, pues, a Dios en vuestro cuerpo" (vv. 18-20).

→ **Pídele al Señor** que te ayude a huir de cualquier indicio de inmoralidad sexual, para que lo que hagas con tu cuerpo le glorifique.

ay una historia familiar entre los círculos cristianos sobre un grupo de mujeres que se reunió para un estudio bíblico. Mientras estudiaban Malaquías, capítulo 3, llegaron al versículo 3, que dice: "Se sentará como fundidor y purificador de plata". Este versículo desconcertó a las mujeres y se preguntaron cómo se aplicaba esta declaración al carácter y a la naturaleza de Dios. Una de ellas se ofreció para averiguar más sobre el proceso de refinación de la plata y regresar con la información en su próxima reunión.

Esa semana, la mujer llamó a un orfebre y tomó una cita para verlo trabajar. No mencionó nada acerca de la razón de su interés, más allá de su curiosidad sobre el proceso de refinación de la plata. Mientras observaba al orfebre, él puso un pedazo de plata sobre el fuego y dejó que se calentara. Explicó que, en el refinamiento de la plata, era necesario mantener la plata en medio del fuego donde las llamas eran más fuertes, con el fin de quemar todas las impurezas.

La mujer pensó en Dios teniéndonos en ese lugar tan caliente y entonces volvió a reflexionar en el versículo que dice: "Se sentará como fundidor y purificador de plata". Le preguntó al orfebre si era cierto que tenía que sentarse allí, frente al fuego, todo el tiempo que la plata se estuviera refinando. El hombre respondió que sí, que no solo tenía que sentarse allí sosteniendo la plata en el fuego, sino que no podía apartar sus ojos de ella durante el tiempo que estuviera en el fuego. Si la plata quedaba a merced de las llamas más tiempo del necesario, se destruiría. Después, la mujer volvió a preguntar: "¿Cómo sabe cuando la plata está completamente refinada?".

Él le sonrió y respondió: "Oh, eso es fácil, cuando veo mi imagen reflejada en ella".[10]

> "Se sentará como fundidor y purificador de plata, y purificará a los levitas y los refinará como se refinan el oro y la plata. Entonces traerán al SEÑOR ofrendas conforme a la justicia".
>
> **Malaquías 3:3 (NVI)**
>
> "Y meteré en el fuego a la tercera parte, y los fundiré como se funde la plata, y los probaré como se prueba el oro. Él invocará mi nombre, y yo le oiré, y diré: Pueblo mío; y él dirá: Jehová es mi Dios".
>
> **Zacarías 13:9**

Durante las lecciones pasadas, tal vez has sentido que el Señor te está pasando por el "punto más caliente", mientras te revela algunas impurezas en tu vida. Puedes estar segura de que no lo hace para juzgarte o condenarte. No. "Ninguna condenación hay para los que están en Cristo Jesús" (Ro. 8:1).

Así es que no te cargues con esa culpa; asómbrate de Su sorprendente gracia. Alégrate porque, aunque luches con el pecado, Cristo ya ha asegurado la victoria. ¡Eres 100% pura y limpia delante de Dios (Ef, 1:4)!

Dios no te mantiene en el fuego para castigarte, sino para reflejar el esplendor de Cristo a través de tu vida. No es para que puedas ganarte el favor de Dios, sino porque ya lo has recibido. El gran "fundidor y purificador de plata" quiere reflejar Su belleza en ti y hacerte brillar.

Lee los versículos al margen (2 P. 1:4-5; 1 Jn. 3:3). ¿Qué pasa cuando depositas tu fe en las promesas de Cristo?

> "Por medio de las cuales nos ha concedido sus preciosas y maravillosas promesas, a fin de que por ellas lleguéis a ser partícipes de la naturaleza divina, habiendo escapado de la corrupción que hay en el mundo por causa de la concupiscencia. Por esta razón también, obrando con toda diligencia, añadid a vuestra fe, virtud".
>
> **2 Pedro 1:4-5 (LBLA)**

> "Y todo aquel que tiene esta esperanza en él, se purifica a sí mismo, así como él es puro".
>
> **1 Juan 3:3**

_____

_____

_____

_____

_____

_____

Ser "partícipes de la naturaleza divina" significa que… (marca todas las que correspondan)

- ☐ Jesús vive en mí.
- ☐ Tengo el poder para vencer los vicios.
- ☐ Soy dueña de mi propia vida.
- ☐ Tengo todo lo necesario para la santificación.
- ☐ Puedo reflejar la imagen de Cristo.
- ☐ Ya no tengo la naturaleza humana.

¿Por qué ser partícipes de la naturaleza de Cristo nos motiva a "obrar con toda diligencia" (hacer todo lo posible) para crecer en virtud? ¿Cómo nos capacita el ser participantes de Su naturaleza para vivir una vida pura?

_____

_____

_____

Ser partícipe significa ser socio; participar o compartir algo. El término griego es similar a la palabra para *comunión* o una estrecha relación mutua. Cuando el Espíritu Santo de Dios viene a morar en nosotros, nos convertimos en socios de la naturaleza divina de Cristo, comenzamos a participar de ella.

La palabra *naturaleza* significa condición natural. Por nacimiento, el individuo tiene una naturaleza humana. Dios hace posible que la humanidad participe también de Su naturaleza, aunque esto no significa que nos convirtamos en parte en Dios. Sencillamente, además de tener una naturaleza humana, la naturaleza divina también habita en nosotros.[12] *"Pero tenemos este tesoro en vasos de barro, para que la excelencia del poder sea de Dios, y no de nosotros"* (2 Co. 4:7).

Cristo en nosotros nos da el poder y el deseo de cambiar positivamente y mostrar cada vez más de Su carácter en nuestras vidas. Nosotras no procuramos mantener nuestro corazón limpio y blanco por deber, sino porque queremos. Desear ser virtuosas forma parte de nuestra nueva naturaleza. El asombroso amor, la gracia y la santidad de nuestro Novio nos motiva a esforzarnos en ser impecablemente limpias para Él.

Ninguna impureza es aceptable en la vida cristiana, por pequeña que sea. Pedro nos exhorta a "obrar con diligencia" (hacer todo lo posible) para aumentar en virtud. Pablo se hace eco de esta declaración. Quiere que trabajemos en la purificación de toda mancha y todo vicio, "perfeccionando la santidad" por respeto a Dios. Nuestra santidad no estará completa hasta que veamos a Jesús. "Perfeccionar" significa simplemente avanzar hacia el

"Asimismo vosotras, mujeres, estad sujetas a vuestros maridos; para que también los que no creen a la palabra, sean ganados sin palabra por la conducta de sus esposas, considerando vuestra conducta casta y respetuosa".

I Pedro 3:1-2

"La virtud es belleza".[11]

Shakespeare

"Así que, amados, puesto que tenemos tales promesas, limpiémonos de toda contaminación de carne y de espíritu, perfeccionando la santidad en el temor de Dios".

2 Corintios 7:1

objetivo previsto; es la manera en que Pablo nos insta: "¡Sigan haciendo todo lo posible para crecer en la virtud!".

Encierra o marca la frase "perfeccionando la santidad en el temor de Dios" en 2 Corintios 7:1 al margen. ¿Qué crees que significa esto?

_____

_____

_____

¿Cómo se puede seguir creciendo en la virtud? Traza líneas para unir cada versículo con su enunciado correspondiente.

Guardando mi camino con la Palabra de Dios	Filipenses 1:10
Obedeciendo la verdad	Salmos 119:9
Confesando y abandonando el pecado	1 Juan 1:9
Acercándome a Dios	1 Pedro 1:22
Aprobando lo que es excelente	Santiago 4:8

Deshacerte del vicio y crecer en virtud no es fácil. Requiere mucho trabajo. Por ello, la Biblia exhorta: "Vosotros también, poniendo toda diligencia por esto mismo, añadid a vuestra fe virtud" (2 P. 1:5). Eso es correcto: un amor motivado, un espíritu habilitado y esfuerzo para glorificar a Cristo.

¿Cómo "obrarás con toda diligencia" esta semana para crecer en virtud?

_____

_____

_____

Nosotras mencionamos en la primera lección que, en el griego antiguo, la palabra *puro* significaba, originalmente, "aquello que despierta temor reverencial" o "aquello que incita a la reverencia". La pureza es una belleza deslumbrante. Hace que el Evangelio sea atractivo y creíble. Cuando haces cualquier esfuerzo por cultivar la virtud en tu vida, el gran "Fundidor y Purificador de plata" revelará Su hermosura en ti, ¡y otros serán atraídos a amarle y adorarle!

de la teoría
a la práctica…

renovación interior

para asimilar:

El video de la semana cinco te ayudará a asimilar las lecciones de esta semana. Encontrarás este video, la guía del líder y otros recursos más en el sitio web TrueWoman201.com (disponible solo en inglés). También hay otros recursos disponibles en www.avivanuestroscorazones.com.

para reflexionar:

Piensa en las siguientes preguntas, debátelas con tus amigas, tu familia o en un grupo pequeño:

1. Revisa 2 Corintios 11:2; Efesios 5:25-28 y Apocalipsis 19:7-8. ¿Qué vínculo ves en estos pasajes entre la pureza y la Novia de Cristo?

2. Dios es 100% puro, y esto es otra manera de decir que es perfectamente santo. ¿Cómo puede arrojar luz este aspecto de Su carácter sobre algunas de las ceremonias del Antiguo Testamento tan extrañas hoy para nosotras?

3. A través de Jesús, Dios nos ha concedido "pureza posicional". ¿Qué significa esto, y por qué es importante entender esta verdad vital para nuestro caminar con Dios?

4. La vida es más sencilla cuando podemos seguir una lista de "deberes" y "prohibiciones". Pero ¿cómo puede esto convertirse en un daño espiritual? ¿Qué se encuentra en el corazón de una relación pura y próspera con el Señor?

5. Enumera algunas de las formas en que nuestro lenguaje puede convertirse en un vicio. ¿Por qué es la calumnia, en particular, un vicio, y por qué debemos nosotras, como mujeres, tener especial cuidado con esto?

6. ¿De qué forma expresan la castidad sexual y el sexo en el matrimonio la verdad del evangelio?

7. Identifica algunos tipos de impurezas sexuales que se practican claramente y se toleran en el mundo cristiano de hoy. ¿Qué efecto tiene esto en nuestro testimonio frente al mundo?

8. ¿Qué se logra mediante el proceso del refinamiento de la plata? ¿Qué nos señala esta metáfora de las Escrituras sobre las intenciones de Dios en las dificultades por las que pasamos? Quizás estés atravesando ahora mismo un momento difícil. Si es así, ¿cómo cambiaría tu forma de ver las cosas si entendieras este proceso de refinamiento?

personalízalo

Utiliza esta hoja en blanco para escribir tus notas. Escribe lo que aprendiste esta semana. Anota tus comentarios, tu versículo favorito, un concepto o una cita particularmente útil o importante para ti. Redacta una oración, una carta o un poema. Toma apuntes sobre el video o la sesión de tu grupo pequeño. Expresa la respuesta de tu corazón a lo que aprendiste. Personaliza las lecciones de esta semana como más te ayude a poner en práctica lo que aprendiste.

de la teoría
a la práctica…

responsabilidad

¿*L*as mujeres deben trabajar?
Como partidarias de la feminidad bíblica, esta es una pregunta que nos suelen hacer. Personalmente, yo (Mary) creo que es una pregunta tonta. Al oírla, tengo que luchar contra el deseo de golpearme la frente con la mano y replicar: "¡Pues claro que las mujeres deben trabajar!".

En una ocasión lo solté de un modo demasiado directo (afortunadamente sin el "¡Pues claro!" y el gesto que simulaba un golpe). La joven estudiante universitaria, soltera, estaba allí parada frente a mí, reconociéndolo: "Naturalmente, las mujeres que se quedan en casa con los niños también trabajan… no me refería a eso".

> *Una mujer verdadera mantiene las prioridades del trabajo en el lugar correcto… Valora "el trabajo en el hogar".*

Aunque pregunté, me fue difícil entender exactamente lo que ella había querido decir. ¿Quería saber si en mi opinión las jóvenes deben estudiar? ¿Si deben embarcarse en una carrera? ¿Si deben abandonar los estudios si se comprometen? ¿Si casarse significa que las mujeres no pueden tener un empleo retribuido, que tienen que escoger entre un trabajo remunerado y el matrimonio? ¿Si está bien que una mujer sea emprendedora o directora ejecutiva? ¿Si una mujer solo debe obtener un empleo en caso de necesidad financiera? ¿O tal vez, si las mamás deben trabajar fuera de casa solo cuando sus hijos alcancen cierta edad?

Al final concluí que, se diera cuenta o no, esta joven buscaba un molde al que ajustarse. La Biblia afirma el principio de que existe la responsabilidad exclusiva del hogar, que va de la mano con la feminidad bíblica; y la responsabilidad exclusiva de la provisión que se atribuye a la masculinidad bíblica. Pero, sencillamente, la Biblia no nos da un patrón universal para aplicarlo cuando se trata de la mujer y el trabajo.

Además, las que hemos pasado por una carrera, por el matrimonio y la maternidad, y hemos afrontado las realidades económicas de criar a una familia, sabemos que las respuestas no siempre son tan simples. Los factores que afectan a las decisiones de las mujeres respecto al trabajo son conflictivas y complejas, dependen en gran manera de sus circunstancias personales, de la etapa de su vida, de su capacidad y de su llamado. Nuestras vidas vienen en diferentes "tamaños y formas", así que el patrón para el trabajo y la feminidad bíblica no se aplica por igual a todas.

Nos entristece la guerra de "el matrimonio es mejor", "la guerra de las mamás", de "mi vida es más bíblica que la tuya", la rivalidad y la falta general de gracia que, a menudo, atormentan a las mujeres cristianas. En las lecciones de esta semana esperamos elevar la discusión sobre el trabajo a un nivel distinto. Oramos para que el estudio de las enseñanzas bíblicas respecto al trabajo, la productividad, la feminidad y el hogar te ayude a tomar decisiones sabias acordes a tu situación particular y te guie a extender gracia hacia las mujeres con un estilo de vida distinto al tuyo.

Yo (Nancy) he trabajado a tiempo completo en el ministerio vocacional durante toda mi vida adulta. Como soltera, mis retos y mis asuntos laborales son diferentes a los de Mary. Y esto significa que, para cada una de nosotras, tener un "corazón para el hogar" también ha variado con el cambio de etapa en la vida.

Como mujer casada y con hijos, yo (Mary) he experimentado numerosos tipos de trabajo fuera y dentro de casa, combinado con la tarea del ministerio. Después de mi graduación de estudios profesionales en medicina de rehabilitación, trabajé a tiempo completo en el mercado secular. Tras el nacimiento de mi primer hijo, volví a trabajar en el hospital, a media jornada, dos días a la semana y dejaba al bebé con su abuela. Después que naciera mi segundo bebé, me quedé en casa e inicié un pequeño negocio en casa, ofreciendo un servicio de trabajadores en rehabilitación para el cuidado a domicilio y en los entornos rurales. Mi tercer hijo nació con necesidades especiales, así que cerré el negocio y me centré en educarlo en casa junto a mis otros dos hijos. Durante ese tiempo hice algún trabajo de asesoramiento.

He tenido que sopesar constantemente mis decisiones respecto al trabajo secular y en el ministerio, con mi compromiso de manejar bien mi casa y ser una buena esposa, madre, hija, hermana y amiga. Quiero ser una fiel administradora de los dones y relaciones que el Señor me ha confiado.

En nuestra mente, la pregunta no es: "¿Deben trabajar las mujeres?", sino: "¿Cuál es el punto de vista de Dios sobre el trabajo?", "¿Cómo escojo a qué trabajo debo atribuir más tiempo y atención en esta etapa de la vida en la que me encuentro?", "¿Le estoy otorgando a mi hogar el enfoque y la prioridad que Dios quiere que tengan?" y "¿Estoy determinando el valor de mi trabajo basándome en la economía terrenal o la celestial?".

Estas son algunas preguntas a las que aludiremos mientras consideramos cómo ser fieles administradoras de los dones que Dios nos otorgó, siendo fructíferas, creativas, trabajadoras, productivas… y cumpliendo a la vez la responsabilidad de cuidar del hogar.

Una de las canciones más conocidas del clásico de Walt Disney de 1937, **Blancanieves y los siete enanitos**, es la canción del trabajo, que cantan un grupo de siete enanos, mientras excavan en las minas de diamantes. "Aihooo, aihooo / ¡Vamos a trabajar! / Nos mantendremos cantando todo el día / Aihooo, aihooo, aihooo…".

Blancanieves, que se quedó en la casa de los enanos, pasó el día lavando su ropa, limpiando la casa, cocinando y horneando tartas, pero no cantaba "Aihooo, aihooo…", quizás porque no "salió a trabajar".

El hecho de que solo los personajes que "salían a trabajar" se consideraban como "trabajadores" revela algunas ideas relativamente nuevas, históricamente hablando, sobre el trabajo:

> "Se supone que nuestros hogares dirijan a las personas a Cristo y les proporcione una idea de cómo será su hogar en el cielo. Tienen que ser vislumbres del cielo aquí en la tierra".[1]
>
> *Nancy*

- La idea de que el trabajo y el hogar son ámbitos separados.
- La idea de que "el trabajo" solo engloba aquellas actividades por las que recibes una remuneración.
- La idea de que, tradicionalmente, el *único* trabajo de las mujeres era cocinar, limpiar y cuidar de los niños.

el negocio familiar del trabajo

Hasta el siglo XIX, el hogar fue el centro de la producción y la unidad del pequeño negocio de la economía local. Muchas familias dirigían un "negocio familiar" que solía involucrar a toda la familia: esposo, esposa e hijos. Si la familia criaba ovejas, se esperaba que toda la familia tomara parte en el trabajo de esquila, clasificación, limpieza, agrupación y venta de la lana y de los subproductos de la lanolina. Si la familia trabajaba en la industria textil, todos estaban "manos a la obra" para el teñido, cardado, hilado y tejido. Los artesanos como los herreros y carpinteros establecían una tienda donde vivían y, sin duda, conseguían la ayuda de todos los miembros de sus familias. Los mercaderes que vendían bienes tenían su vivienda encima de su negocio.

La familia era una sola unidad económica que trabajaba junta, por el bien común de sus miembros. Ciertamente existía una división del trabajo en la que el enfoque del esposo predominaba en la provisión, y el de la esposa en la administración del hogar. Pero el trabajo era un asunto familiar; no había un gran abismo entre el "trabajo" y el "hogar", ya que ambas esferas se superponían. Todos en el hogar eran productivos, todos trabajaban.

El fenómeno del "Aihooo, aihooo. ¡Vamos a trabajar!" no ocurrió hasta la Revolución Industrial a principios del siglo XIX. En ese momento, el hogar dejó de ser el lugar para la producción económica. La gente dejó sus casas para emplearse en las fábricas. Los ingresos ya no se asociaban a los negocios familiares, sino que el dinero que ganaban era solamente suyo.

La percepción de lo que se consideraba "trabajo" también cambió. Se convirtió en un empleo remunerado, fuera de casa. El trabajo en el hogar dejó de tener un valor económico cuantificable, por lo que ya no se entendió como tal. El lugar *público* de trabajo se convirtió en la esfera valorada y se asociaba con los varones. La esfera privada, donde no había un retorno monetario, se convirtió en la esfera devaluada y se relacionaba con las mujeres. Este trastorno cultural profundo tuvo enormes implicaciones para nuestras percepciones modernas respecto al trabajo, la economía, la labor de la mujer y su productividad.[2]

Esta semana estudiaremos las instrucciones de Pablo a Tito sobre las mujeres "[trabajan] en su hogar" (2:5, NTV). Pero, primero, es importante notar que las mujeres de la Biblia realizaban, y eran valoradas, por muchos tipos distintos de trabajos lucrativos.

Lee Éxodo 35:25-26, Jeremías 9:17 y Hechos 16:14-15. Completa la tabla en la página siguiente con las referencias que faltan junto a los tipos de trabajo realizados por mujeres

Tipo de trabajo/industria realizado por mujeres	Escritura
Comunicadoras (heraldos)	Salmos 68:11; Proverbios 9:3
Eventos especiales (dolientes profesionales)	
Productoras de equipo militar (fabricantes de tiendas)	Hechos 18:1-3
Servicios de cuidados médicos y de salud (parteras)	Éxodo 1:15
Nodriza y servicios de cuidado de niños (nodriza)	Éxodo 2:7-8
Arte y diseño interior (tejedoras de cortinas)	
Agricultora (espigadora de trigo)	Rut 2: 8-9
Música (compositor/cantantes de lamentos)	2 Crónicas 35:25
Planificadora financiera (administradora de herencia)	Job 42:15
Ventas y mercadotecnia (vendedora de púrpura)	
Diseño de moda (túnicas y vestidos)	Hechos 9:39
Trabajo de caridad (obreras en el Señor)	Romanos 16:12
Tratos de bienes raíces (compra de tierra)	Proverbios 31:16
Mayorista (mercancía rentable)	Proverbios 31:18,2 4
Proyectos empresariales (plantar un viñedo)	Proverbios 31:16

amigas de Pablo

El apóstol Pablo tenía numerosas colaboradoras y amigas, entre ellas algunas implicadas en diversos tipos de trabajos que generaban ingresos. En Corinto, el apóstol trabajó con una fabricante de tiendas, Priscila y su esposo.

Acabas de leer sobre Lidia, la vendedora de púrpura (Hch. 16:14-15). Ella era de Tiatira, una ciudad de la provincia de Lidia en Asia Menor. Era una exitosa mujer de negocios quien, al parecer, poseía una considerable riqueza. Además de la casa que probablemente mantenía Tiatira, contaba con una residencia en Filipos tan grande como para hospedar a Pablo y sus acompañantes, que servía como lugar de reunión para la iglesia naciente.

Éxodo 35:25-26 (LBLA) y Jeremías 9:17 utilizan una palabra para indicar que las mujeres eran altamente competentes en el comercio. ¿Qué adjetivo usan los versículos para describir a estas mujeres?
___ ___ B ___ ___ ___ ___

Febe, amiga de Pablo, era una patrona griega, quien usó su riqueza para beneficio de la iglesia en Cesarea.[3] Cuando Febe viajó a Roma por negocios, Pablo le pidió que entregara una carta a la iglesia en Roma. En la carta, Pablo elogiaba a Febe por el valioso servicio que le había prestado a él y a otros creyentes de la región (Ro. 16:1-2).

Lucas informa que numerosas mujeres de destacada influencia y estatus social eran miembros de la iglesia de Pablo en Tesalónica (Hch. 17:4, 12), algunas de ellas tenían cargos públicos y otras eran esposas de oficiales.[4]

Al considerar lo que Pablo quería decir con mujeres que "[trabajan] en su hogar", es importante entender que él no les prohibió trabajar en otros contextos, fuera de la casa.

En Romanos 16:3-16, Pablo saluda a veintiocho amigos, nueve de los cuales son mujeres: Prisca, María, Junias, Trifena, Trifosa, Pérsida, la madre de Rufo, Julia y la hermana de Nereo. ¿Qué comentó Pablo acerca de estas mujeres y cuál fue su actitud hacia ellas?

_____

_____

¿Has notado con cuánta frecuencia elogiaba Pablo a estas mujeres por su duro trabajo? Pablo respetaba y apreciaba las diversas contribuciones de las mujeres y las alabó por sus esfuerzos cualquiera que fuera el ámbito en el que el Señor las había colocado.

¿Cuáles son tus campos de responsabilidad en esta etapa de tu vida?

_____

_____

→ **Pídele al Señor** que te muestre en la lección de esta semana cómo puedes glorificarle mejor en cada uno de estos ámbitos.

"*¡Trabajar de 9 a 5, qué manera de ganarse la vida!*", es una frase de la canción de éxito de 1980, de la comedia interpretada por Jane Fonda, Lily Tomlin y Dolly Parton. La trama gira alrededor de tres mujeres que destruyen a su intolerante jefe, que es hipócrita, mentiroso, ególatra y sexista. Ellas no quieren ser "un peldaño de la escalera del jefe (masculino)", sino obtener mayor reconocimiento, mejores puestos y más dinero por el trabajo que realizan.

La película *De 9 a 5* se estrenó en pleno apogeo del movimiento feminista y estaba llena de mensajes negativos y despectivos hacia los hombres. Sin embargo, esto ilustra el marcado punto de vista de nuestra cultura respecto a la naturaleza y el significado del trabajo. Es, simplemente, el medio para un fin. Lo hacemos por lo que obtenemos: dinero, prestigio, afirmación, satisfacción personal o un retiro cómodo. De modo que, si el esfuerzo que realizamos no proporciona suficiente ganancia, es tiempo de derribar al jefe o de buscarse un nuevo trabajo.

"Y Jesús les respondió: Mi Padre hasta ahora trabaja, y yo trabajo".

Juan 5:17

"… Mi comida es que haga la voluntad del que me envió, y que acabe su obra".

Juan 4:34

Nuestras ideas respecto al trabajo afectan nuestras decisiones sobre trabajar en el campo laboral o en el hogar. Una teología apropiada del trabajo —entender lo que la Biblia enseña sobre ello— es vital para ayudarnos a tomar una decisión sabia sobre qué, por qué, dónde, cuándo y cómo trabajar.

Describe tus opiniones sobre el trabajo, indicando tu grado de acuerdo o desacuerdo con los siguientes enunciados:

1. Para la mujer es importante sentirse satisfecha en el trabajo que ha escogido.

1	2	3	4	5	6	7	8	9	10
muy en desacuerdo		desacuerdo		neutral			de acuerdo		muy de acuerdo

2. Una mujer exitosa tiene una carrera exitosa.

1	2	3	4	5	6	7	8	9	10
muy en desacuerdo		desacuerdo		neutral			de acuerdo		muy de acuerdo

3. Una mujer casada necesita tener un plan alternativo para su independencia económica.

1	2	3	4	5	6	7	8	9	10
muy en desacuerdo		desacuerdo		neutral		de acuerdo			muy de acuerdo

4. El trabajo doméstico o trivial es un desperdicio del potencial de la mujer.

1	2	3	4	5	6	7	8	9	10
muy en desacuerdo		desacuerdo		neutral		de acuerdo			muy de acuerdo

5. La meta del trabajo es adquirir dinero suficiente para el retiro (la jubilación).

1	2	3	4	5	6	7	8	9	10
muy en desacuerdo		desacuerdo		neutral		de acuerdo			muy de acuerdo

6. La economía es el mayor factor en las decisiones de trabajo.

1	2	3	4	5	6	7	8	9	10
muy en desacuerdo		desacuerdo		neutral		de acuerdo			muy de acuerdo

7. El valor del trabajo queda determinado por la cantidad de dinero que gana el trabajador.

1	2	3	4	5	6	7	8	9	10
muy en desacuerdo		desacuerdo		neutral		de acuerdo			muy de acuerdo

8. Si la mujer gana más dinero, es una opción válida para el esposo quedarse en casa con los niños.

1	2	3	4	5	6	7	8	9	10
muy en desacuerdo		desacuerdo		neutral		de acuerdo			muy de acuerdo

En tu sesión de grupo reducido comentarán opiniones populares sobre las mujeres y el trabajo. Como recordatorio de esta lección, queremos comenzar mencionando algunos puntos bíblicos importantes respecto al trabajo en general.

1. El trabajo fue creado para manifestar la naturaleza y el carácter de Dios.

Leonardo da Vinci dijo una vez: "Haz tu trabajo para mantener tu propósito".[6] Lo primero que necesitas saber sobre el trabajo es que existe porque hemos sido creados a imagen y semejanza del Gran Trabajador, Dios. Trabajamos porque Él también lo hace. El trabajo es una actividad ordenada por Dios y, cuando es duro, honesto, diligente, atento, productivo, innovador, creativo, fiel, fructífero y concienzudo, testifica de la naturaleza y el carácter de Dios.

El trabajo no existe, principalmente, con un propósito financiero (aunque sea remunerado). Su propósito principal es el de glorificar a Dios. "… o hagan cualquier otra cosa, háganlo todo para la gloria de Dios" (1 Co. 10:31, NVI). Así que, a la hora de evaluar las opciones de trabajo, la pregunta no consiste en qué opción te aportará más dinero ni cuál será más satisfactoria o interesante, sino cuál le dará mayor gloria a Dios.

2. Todo trabajo legítimo es una extensión del trabajo de Dios.

El trabajo médico es una extensión del trabajo de Dios, que es quien sana; el de la construcción también lo es, porque Él es quien construye; y el de diseño lo es, porque Él es quien crea. Limpiar una habitación refleja el trabajo de Dios, quien da orden al caos. Mecer a un bebé que llora refleja al Dios que nos reconforta. Cocinar refleja Su trabajo de proveer el pan diario. Todo trabajo legítimo (aquel que no es ilegal o inmoral), pagado o no, tiene valor en la medida en que se haga para la gloria de Dios.

Describe uno o dos trabajos, o responsabilidades, que te parezcan particularmente desagradables o difíciles?

_____

_____

_____

_____

Lee Colosenses 3:23-24 al margen. ¿Ser consciente de que trabajas para Cristo cambia tu manera de realizar tus tareas y tu actitud ante ellas?

_____

_____

_____

_____

"Y todo lo que hagáis, hacedlo de corazón, como para el Señor y no para los hombres; sabiendo que del Señor recibiréis la recompensa de la herencia, porque a Cristo el Señor servís".

Colosenses 3:23-24

"Independientemente de cuál sea mi trabajo, es importante. Y lo es, porque es un escenario para llevarle gloria a mi Dios".[5]

Tim Challies

"Y cualquiera que dé a uno de estos pequeñitos un vaso de agua fría solamente, por cuanto es discípulo, de cierto os digo que no perderá su recompensa".

Mateo 10:42

3. Tu trabajo tiene significado eterno.

Ningún trabajo legítimo, realizado para la gloria de Dios, es insignificante o sin sentido. El trabajo físico duro no estaba por debajo de la dignidad del Hijo de Dios. Jesús trabajó como carpintero durante casi diecisiete años y solo alrededor de tres en el ministerio itinerante. La carpintería era una profesión mal pagada. Aun así, Él hacía el trabajo de Dios cuando golpeaba un clavo y también cuando impartía su sermón en el monte, porque hacía lo que Dios quería que hiciera, cuando Dios quería que lo hiciera.

El desempeño de tus tareas no es "solo un trabajo", o una serie de trabajos repetitivos e insignificantes. Aun antes de que existieras, Dios diseñó tus dones y habilidades de manera única y con un propósito. Determinó que trabajarías para Su gloria. Tu trabajo le importa a Dios. Tiene un significado para el Reino eterno. Lo que importa en la eternidad es que seas fiel aquí en la tierra con los recursos, responsabilidades y relaciones que Dios te ha confiado. Cuando trabajas en casa, en la iglesia o en la comunidad, o en el campo laboral, estás trabajando fundamentalmente por un pago eterno.

Piensa sobre las responsabilidades en tu trabajo actual en casa o en el mercado laboral. Explica cómo podrías realizar este trabajo "por un pago eterno".

_____

_____

→ **Termina esta lección en oración.** Agradece al Señor el don del trabajo y los tipos específicos de trabajo que te ha encomendado. Pídele que te ayude a ver tu trabajo desde Su perspectiva y que te muestre cómo glorificarle a Él en esas tareas que parecen menos significantes y glamurosas.

yer nos referimos a algunos puntos importantes que menciona la Biblia acerca del trabajo. Lo primero es que fue creado para mostrar la naturaleza y el carácter de Dios. Segundo, todo trabajo legítimo es una extensión del trabajo de Dios. Tercero, tu trabajo tiene un significado eterno.

Hoy queremos cubrir tres puntos más: Dios quiere que tomes decisiones estratégicas sobre cómo distribuir tu tiempo y energía disponibles. Los cristianos están llamados a glorificar a Dios haciendo "buenas obras". Y, finalmente, tienes que tomar en cuenta el énfasis específico de género que hace Dios en relación a la responsabilidad del trabajo cuando tomes decisiones al respecto.

4. Dios quiere que seas estratégica al distribuir tu tiempo y tu energía.

Las mujeres tienen diferentes habilidades, intereses y responsabilidades; afrontamos diferentes circunstancias. Pero algo que todas tenemos en común es que nuestro tiempo es limitado. Solo tenemos veinticuatro horas cada día. Para la mayoría de nosotras significa, simplemente, que no podemos hacer todo lo que nos gustaría hacer. Tenemos que determinar cómo distribuir mejor nuestro tiempo y energía. Generalmente, esto significa intentar averiguar cuál es la mejor opción entre muchas buenas opciones, decir "no" a un "buen trabajo" para tener el tiempo y la energía de realizar otro con excelencia.

Afortunadamente, el trabajo de supervivencia se ha simplificado con los electrodomésticos, los pasillos de los supermercados llenos de comida, los vehículos, los grandes almacenes y la ventaja de comprar ropa ya confeccionada. ¡Imagina cuánto tiempo te tomaría montar un caballo y cabalgar hasta el pueblo para comprar un poco de sal y regresar a casa a moler el grano, hornear pan y perseguir,

> "Trabajen, pero no por la comida que es perecedera, sino por la que permanece para vida eterna, la cual les dará el Hijo del hombre. Sobre éste ha puesto Dios el Padre su sello de aprobación".
>
> **Juan 6:27 (NVI)**
>
> "Vosotros, pues, no os preocupéis por lo que habéis de comer, ni por lo que habéis de beber, ni estéis en ansiosa inquietud. Porque todas estas cosas buscan las gentes del mundo; pero vuestro Padre sabe que tenéis necesidad de estas cosas. Mas buscad el reino de Dios, y todas estas cosas os serán añadidas".
>
> **Lucas 12:29-31**

y desplumar, al pollo antes de ponerlo en la olla para preparar la cena? O ¿cuánto tardarías en procesar la lana, hilar, tejer la tela, y unir las piezas para poder ponerte la falda que estas usando?

Nosotras tenemos más tiempo disponible que nuestras antepasadas. Y puedes estar segura de que rendiremos cuentas a Dios de lo que hacemos con este tiempo.

> "Tomó, pues, Jehová Dios al hombre, y lo puso en el huerto de Edén, para que lo labrara y lo guardase".
>
> **Génesis 2:15**

> "Sale el hombre a su labor, y a su labranza hasta la tarde. ¡Cuán innumerables son tus obras, oh Jehová! Hiciste todas ellas con sabiduría; la tierra está llena de tus beneficios".
>
> **Salmos 104:23-24**

Se requieren oraciones e intención para tomar las decisiones correctas, para invertir sabiamente nuestro tiempo y energía con el objetivo de hacer la mejor contribución posible a la luz de la eternidad. Y también se necesita el deseo de nadar contra corriente.

Por ejemplo, en estos días, muchas mujeres cristianas están escogiendo regresar al mercado laboral a tiempo completo tras el nacimiento de sus hijos o, en algunos casos, pasan sus días entretenidas jugando al bridge o al golf.

Aunque no hay nada de malo en estas actividades en sí, hemos de preguntarnos la razón de este patrón. ¿Están siguiendo estas mujeres el ritmo del mundo sin darse cuenta, o están en oración, considerando la forma de invertir más de su tiempo en actos de misericordia, disciulando o alentando a mujeres jóvenes?

Líderes del ministerio de mujeres han compartido conmigo (Nancy) su frustración en relación a las mujeres en sus iglesias que se encuentran en la etapa del nido vacío. Hay una gran necesidad y tienen mucho que ofrecer, pero tienen muy poco tiempo y disponibilidad para invertir en las mujeres jóvenes.

En toda etapa de la vida, estemos casadas o solteras, nuestras decisiones y la manera en la que invertimos nuestro tiempo debe basarse en los valores del reino, y no en las ganancias financieras o la comodidad personal.

Lee Mateo 6:19-33. ¿Qué deberías considerar cuando tomas decisiones sobre cómo invertir tu tiempo y tu energía?

_____

_____

Dios espera que invirtamos los recursos que nos ha confiado —tiempo, talentos y dinero—, en cosas que perdurarán. Jesús no condena el éxito empresarial o la prosperidad económica. Jesús y Pablo se beneficiaron de la generosidad de mujeres independientes y ricas (Lc. 8:2-3; Hch. 16:13-15). Dios, simplemente, nos reta a examinar los motivos de nuestro corazón para ver si lo atesoramos a Él y a Su reino por encima de las cosas temporales.

Nuestro objetivo es llegar a las puertas del cielo y ser recibidas con las eufóricas palabras: "Bien, siervo bueno y fiel; en lo poco fuiste fiel, sobre mucho te pondré; entra en el gozo de tu señor" (ver Mt. 25:21-23).

¿Qué tan deliberada y estratégica has sido en la inversión de tu tiempo, talentos y dinero para el reino de Dios?

_____

_____

_____

_____

5. Las mujeres que han sido redimidas lo muestran mediante las "buenas obras".

"Buenas obras" es un tema que se repite varias veces en la carta a Tito. Pablo urge a su joven amigo pastor a presentarse a sí mismo "en todo como ejemplo de buenas obras" (2:7). Resaltó que Jesús "se dio a sí mismo por nosotros, para redimirnos de toda iniquidad y purificar para sí un pueblo propio, celoso de buenas obras" (2:14). Las buenas obras no pueden salvarnos, pero son evidencia inevitable y expresión de fe verdadera y piedad.

Lee los versículos al margen (1 Ti. 2:9-10; 5:10; Hch. 9:36-39). Haz una lista de la clase de "buenas obras" que se insta a practicar a las mujeres piadosas y por las que son apreciadas.

_____

_____

_____

_____

_____

_____

"Asimismo que las mujeres se atavíen... con buenas obras, como corresponde a mujeres que profesan piedad".

1 Timoteo 2:9-10

"Que tenga testimonio de buenas obras; si ha criado hijos; si ha practicado la hospitalidad; si ha lavado los pies de los santos; si ha socorrido a los afligidos; si ha practicado toda buena obra".

1 Timoteo 5:10

"[Dorcas]... era rica en obras buenas y de caridad... Todas las viudas lo rodearon [a Pedro] llorando, mostrando todas las túnicas y ropas que Dorcas solía hacer cuando estaba con ellas".

Hechos 9:36-39 (LBLA)

¿De qué manera glorifican a Dios las mujeres devotas a las buenas obras y hacen el evangelio creíble tanto para creyentes como para incrédulos?

---

6. La Escritura promueve un énfasis específico de género en la responsabilidad del trabajo.

Lo vemos en Génesis, cuando Dios coloca a Adán en el jardín del Edén "para que lo cultivara y lo cuidara" (2:15, LBLA), y cómo afectan a Adán y Eva las consecuencias del pecado en diferentes ámbitos de responsabilidad. Lo vemos en Proverbios 31, donde esposos y esposas son honrados por diferentes tipos de trabajo.

¿Has observado que una de las buenas obras por las que las viudas son reconocidas en 1 Timoteo 5:10 es "criar hijos"? Educar a los hijos es una buena obra. Obviamente, es una responsabilidad compartida por ambos padres (Pr. 22:6). Sin embargo, la Biblia indica que la división del trabajo relacionado con el sustento del hogar y la crianza de los hijos no es idéntica.[7]

Como vimos en *Mujer Verdadera 101*, el esposo lleva la carga principal de responsabilidad en la *provisión económica*, mientras que la esposa carga principalmente con la responsabilidad de *la crianza de la familia*.[8] Al tomar decisiones hemos de considerar dónde asignar nuestro tiempo y nuestra energía.

Ser responsables de la crianza de la familia no significa que no pueda haber alguna situación o época en la que fuera apropiado que la madre tenga un trabajo o una carrera fuera del hogar. Ser responsable de la provisión no quiere decir que el esposo no pueda cuidar a los hijos, cocinar o ayudar a mantener la casa limpia. Tan solo significa que Dios ha determinado quién es principalmente responsable de ello. Los roles femenino y masculino no son idénticos, ni intercambiables.

¿Cómo han influido la cultura, tu crianza y/o las Escrituras en tu manera de pensar acerca del trabajo? ¿Cómo te sientes respecto a que las Escrituras fomenten el énfasis de género específico en la responsabilidad del trabajo?

⮕ Sabemos que hoy nos hemos referido a uno de los ámbitos real-mente más sensibles. No es posible cubrir todas las bases en este contexto limitado. Pídele al Señor sabiduría para saber cuáles son las alternativas que más le agradarían a Él para tu vida; que te muestre si necesitas hacer algunos ajustes en tu forma de pensar respecto a tus responsabilidades y el tiempo que le asignas a cada una.

Recientemente yo (Mary) le pedí a mi hijo que corriera al supermercado para traerme algunos artículos. Mientras él caminaba hacia la puerta, le dije: "¡No olvides la leche!". Que yo se lo recordara no significaba que fuera lo único que yo deseaba que él comprara. Él traería diferentes productos —cosas de la lista—, y otros artículos de primera necesidad, fruta y vegetales a su criterio. Pero la leche era particularmente importante para mí. Ya no quedaba y la necesitaba realmente con urgencia. No quería comer mis Cheerios secos.

Esta lista que Pablo le dio a Tito es más o menos así; no contiene todo lo que una mujer cristiana debe tener en su "despensa", sino que es más parecida al recordatorio "¡No olvides la leche!" respecto a cuestiones particularmente relevantes para la feminidad bíblica. Es importante entender que el énfasis en la responsabilidad del trabajo de la mujer *"en el hogar"* no significa que ella no trabaje también en otros lugares. En diferentes etapas de su vida, ella también trabajará en la iglesia, en el comedor social, en la escuela, en el hospital, en casa de una amiga o en una oficina en el centro de la ciudad. Por seguir con nuestra analogía, la leche con un 2% de grasa es lo que suele tomar la familia, pero ella también puede tener en su refrigerador leche descremada, de chocolate y de almendra.

> *"Que enseñen a las mujeres jóvenes... a ser... cuidadosas de su casa".*
>
> **Tito 2:4-5**
>
> *"Quiero, pues, que las viudas jóvenes se casen, críen hijos, gobiernen su casa; que no den al adversario ninguna ocasión de maledicencia".*
>
> **I Timoteo 5:14**

En la primera lección vimos que Pablo valoraba a la mujer que trabajaba en el mercado laboral y a la que servía en la iglesia. El mercado laboral, la iglesia y el hogar pueden ser lugares de trabajo. Sin embargo, al decidir cómo asignar nuestro tiempo y energía entre estas opciones, Pablo reta a las mujeres cristianas a asegurarse de no descuidar a sus familias y sus hogares. Hacer un buen trabajo de administración del hogar es una de las "buenas obras" más importantes que Dios quiere que las mujeres realicen.

En los versículos al margen (Tit. 2:4-5; 1 Ti. 5:14), rodea con un círculo las frases "cuidadosas de su casa" y "gobiernen su casa". Busca Proverbios 31:27 y escríbelo en el siguiente espacio.

¿Qué crees que significa "gobiernen su casa"?

responsabilidades en el hogar

La Nueva Traducción Viviente traduce Proverbios 31:27: "Está atenta a todo lo que ocurre en su hogar", y la Nueva Versión Internacional declara: "Está atenta a la marcha de su hogar y el pan que come no es fruto de ocio".

Esta mujer, alabada por cuidar bien la marcha de su casa, no lleva en absoluto una vida aburrida y trivial. Al contrario, su vida es plena y variada. Ella importa ingredientes exóticos para la comida y cocina para una casa llena de personas, cuida a los niños, trabaja la lana, teje tela, hace sus cobertores de cama, invierte en bienes raíces, planta un viñedo, diseña y hace su propia ropa, gestiona un pequeño negocio, se ocupa de los pobres, ¡y todo mientras luce esplendida!

> *"Busca lana y lino, y con voluntad trabaja con sus manos".*
>
> **Proverbios 31:13**

Ahora bien, esto puede resultar un tanto intimidante para la mujer más activa y dotada. Pero lo que sobresale en este pasaje no son todas las habilidades de esta mujer, ni todas las cosas que hace. Lo que la hace extraordinaria es que no es en absoluto egocéntrica y que muestra constantemente un corazón de servicio a su familia y a otros, todo basado en su reverencia a Dios.

Proverbios 31 es realmente el poema que una madre usó para enseñarle a su joven príncipe el A, B, C. Cada verso comienza, de forma secuencial, con una letra del alfabeto hebreo. Además de aprender el abecedario, su mamá esperaba que el acróstico memorizado influyera un día en el joven príncipe a la hora de buscar esposa.

En esencia, la reina madre quería que este mensaje penetrara en su mente:

No te cases con una mujer floja, autoindulgente, ociosa. Busca a una mujer multifacética, hábil y laboriosa. Alguien que no se case contigo por tu dinero. Asegúrate de que tenga un espíritu compasivo y servicial, que no tenga miedo de ensuciarse las manos, y de que sea ese tipo de mujer que da prioridad a Dios, su esposo, sus hijos y su hogar.

El Antiguo Testamento alaba a la mujer que "considera los caminos de su casa" (Pr. 31:27), mientras que el Nuevo Testamento le manda ser una mujer "cuidadosa de su casa" (Tit. 2:5). La idea es básicamente la misma. En griego, "cuidadosa de su casa" es una sola palabra compuesta que combina la palabra *hogar* o *casa* con la palabra *trabajar* o *cuidar/guardar.*

> "Y también aprenden a ser ociosas, andando de casa en casa; y no solamente ociosas, sino también chismosas y entremetidas, hablando lo que no debieran. Quiero, pues, que… gobiernen su casa; que no den al adversario ninguna ocasión de maledicencia".
>
> **1 Timoteo 5:13-14**

Cada traducción al español maneja la palabra de un modo un poco diferente: "cuidadosas de su casa" (RVR-1960), "hacendosas en el hogar" (LBLA), "trabajar en su hogar" (NTV), "atender bien a su familia" (TLA).

En esencia, "trabajar en su hogar" señala *una eficiente administración de las responsabilidades de la casa.*[9] Es el mismo concepto de "Está atenta a todo lo que ocurre en su hogar, y no sufre las consecuencias de la pereza" (Pr. 31:27, NTV). Que una mujer trabaje haciendo funcionar su casa no significa que ande harapienta, realizando ella todo el trabajo por sí misma; pero sí que se asegure de hacer todo lo necesario.

> "Así son los que van de casa en casa cautivando a mujeres débiles cargadas de pecados, que se dejan llevar de toda clase de pasiones".
>
> **2 Timoteo 3:6 (NVI)**

La Escritura enseña que las mujeres deberían priorizar el trabajo de su casa. Al enfatizar la dignidad de este trabajo, no es sorprendente que también nos advierta sobre el pecado del ocio.

Lee los versículos al margen (1 Ti. 5:13-14; 2 Ti. 3:6). ¿Por qué pensó Pablo que las viudas jóvenes sin una trayectoria probada de buenas obras deberían omitirse de la lista de las que eran oficialmente mantenidas por la iglesia?

_____

_____

_____

La preocupación de Pablo sobre el ocio se extiende también a los varones:

Porque oímos que algunos de entre vosotros andan desordenadamente, no trabajando en nada, sino entremetiéndose en lo ajeno. A los tales mandamos y exhortamos por nuestro Señor Jesucristo, que trabajando sosegadamente, coman su propio pan (2 Ts. 3:11-12).

el pecado de la ociosidad

Estar ociosa es "no trabajar o no estar activa", evadir por norma las responsabilidades, o llenar nuestro tiempo de cosas que en realidad no valen la pena o sin importancia. La ociosidad no es lo opuesto a estar atareada. Los ociosos están extremadamente ocupados. Toma por ejemplo a la mujer de Proverbios 7: es "alborotadora y rencillosa, sus pies no pueden estar en casa; unas veces está en la calle, otras veces en las plazas, acechando por todas las esquinas" (Pr. 7:11-12). Aunque esta mujer está ocupada, en verdad estaba siendo ociosa; no estaba haciendo "las buenas obras" que se suponía que debía estar haciendo.

Una de las razones por la que las Escrituras mandan a las mujeres a trabajar en casa es porque el Señor no quiere que seamos *unas haraganas en la casa*... o en ningún otro lugar. Su principal preocupación no radica en el lugar donde nos encontremos, sino que nos mantengamos ocupadas haciendo las "buenas obras" para las que Él nos creó. Para mamás y esposas, significa no ser negligentes en las necesidades prácticas de su casa y su familia. Para todas las mujeres es ser trabajadoras diligentes en cualquier ámbito. Dios nos ha colocado donde estamos para bendecir a otros y para Su gloria.

¿Luchas con la ociosidad, ocupándote en actividades que malgastan tu tiempo o en actividades competentes que te impiden "trabajar en el hogar" y "estar atenta a la marcha de tu hogar?". Explícalo.

_____

_____

_____

→ **Toma un momento para examinar tu corazón.** Pídele al Espíritu Santo que te muestre si estás comprometida en actividades que te hacen desperdiciar el tiempo y qué responsabilidades podrías estar descuidando como resultado. Pídele que te muestre qué cambios necesitas realizar para priorizar con diligencia lo que debe ser primero.

*E*n el clásico de fantasía para niños **La caseta mágica**, un joven conduce su carro de juguete a través de un peaje que aparece misteriosamente en su dormitorio y se encuentra en el Reino de la Sabiduría. El Reino está en caos porque Rima y Razón —las dos princesas del reino— han desaparecido. Para restablecer el orden, el joven Milo debe ir en su busca para rescatarlas.

Milo viaja a las Montañas de la Ignorancia, donde él y sus fieles compañeros deben esquivar y burlar a varios villanos para salvar a las princesas. Allí se encuentran con un caballero agradable, sin rostro, vestido con un elegante traje negro. El caballero los contrata para hacer tres trabajos: mover una enorme pila de arena grano por grano con unas pinzas, pasar el agua de un pozo gota a gota con un gotero y cavar un agujero en un acantilado con una aguja.

Los tres amigos se afanan horas y horas. Después de varios días de arduo trabajo, tienen poco que mostrar por sus esfuerzos. Milo calcula cuánto tiempo necesitarán para terminar el trabajo.

—Disculpe —dijo, tirando de la manga del hombre y mostrándole la hoja con las cifras para que él las viera—, pero se necesitan ochocientos treinta y siete años para realizar estos trabajos.

—¿De veras? —respondió el hombre, sin darse la vuelta siquiera—. Bueno, entonces deberían seguir haciéndolo.

—Pero no parece que merece la pena —replicó Milo suavemente.

—¡MERECE LA PENA! —gritó el hombre indignado.

—Lo único que quería decir es que tal vez no sea demasiado importante —repitió Milo, tratando de no ser descortés.

—Por supuesto que no es importante —gruñó con rabia—. No te habría pedido que lo hicieras si me pareciera importante.

> "El trabajo de las mujeres dentro del hogar no les proporciona autonomía alguna; ¡no es directamente útil para la sociedad, no se abre al futuro, no produce nada!".[10]
>
> **Simone de Beauvoir**

> "Las mujeres que se adaptan como amas de casa, que crecen queriendo ser exactamente eso, están en el mismo peligro que los millones que caminaron hacia su propia muerte en los campos de concentración… están sufriendo una muerte lenta de la mente y del espíritu".[11]
>
> **Betty Friedan**

168

Y ahora, cuando se volvió para enfrentarse a ellos, no parecía tan agradable.

—Entonces, ¿por qué molestarse? —preguntó Tock, cuya alarma comenzó a sonar de repente.

—Mis jóvenes amigos —murmuró con amargura el hombre—,¿qué podría ser más importante que hacer cosas sin importancia?... Si solo hacen los trabajos fáciles e inútiles, nunca tendrán que preocuparse por los que son importantes, que son tan difíciles. Sencillamente no tendrán tiempo porque siempre tendrán algo que hacer que les impedirá llevar a cabo lo que sí deberían estar haciendo.

Puntualizó su último comentario con una risa malvada.[12]

Es cierto, ¿verdad? Siempre hay algo pendiente que nos mantiene alejadas de lo que deberíamos estar haciendo realmente. El gran malvado, Satanás, quiere distraernos, sacarnos del camino, confundir nuestras prioridades y mantenernos tan ocupadas que no nos quede tiempo para hacer lo que realmente es importante.

Enumera las siguientes tareas del 1 al 5, siendo el 1 la tarea más importante para ti y 5 la menos importante.	Explica por qué las has enumerado así.
___Liderar un grupo pequeño de estudio bíblico.	
___Ver el partido de voleibol de tus hijos.	
___Terminar un informe importante para tu jefe.	
___Limpiar el baño	
___Tener invitados para cenar	

¿Te resultó difícil decidir qué tarea era la más importante? Sospechamos que sí. Si las hacemos para la gloria de Dios, todas las tareas de la lista pueden ser "buenas" obras... incluso limpiar el baño. Frotar ese inodoro podría ser una de las cosas más importantes y piadosas que hagas hoy. Por otra parte, también podría serlo que termines el informe de negocios. Depende de tus circunstancias. La naturaleza de la tarea no es lo que determina su importancia relativa, sino las relaciones y responsabilidades que Dios te ha dado: por qué y para quién haces lo que haces.

El movimiento feminista les enseñó a las mujeres a menospreciar las tareas del hogar tachándolas de triviales, sin importancia y degradantes. Lee las citas en los márgenes de las páginas 168 y 170.

En términos generales, ¿cuál es tu actitud hacia el trabajo doméstico?

_____

_____

_____

Puedes ser joven o vieja; soltera, casada, divorciada o viuda; una estudiante, ama de casa o ejecutiva de una empresa. Independientemente de tus circunstancias particulares, el Señor quiere que entiendas el valor del hogar. Tu casa (casa, apartamento, piso o habitación) no solo es un lugar para comer, dormir y colgar tu bolsa, sino un lugar importante para hacer buenas obras. El Señor quiere que tengas una visión del papel vital que tu hogar puede desempeñar en la promoción del reino de Dios.

"El trabajo doméstico es un trabajo que se opone directamente a la posibilidad de la autorrealización humana".[13]

Ann Oakley

El trabajo doméstico es: "un trabajo monótono y repetitivo que no tiene por objetivo ningún logro duradero ni mucho menos de importancia".[14]

Pat Mainardi

Las tareas de la casa, el matrimonio, la crianza de los hijos o el hogar mismo no son fines en sí mismos. Ninguna de estas cosas debe ser idolatrada o mantenida como objetivo final. Son simplemente medios para un fin mucho mayor.

Lee los versículos al margen (Tit. 3:8; 3:14; Mt. 5:16). ¿Cuál debería ser tu objetivo en las "buenas obras" que haces?

_____

_____

_____

_____

_____

_____

La razón por la que damos prioridad a gestionar las responsabilidades de la familia no es que pasar la aspiradora, quitar el polvo o cocinar sean tareas intrínsecamente valiosas o satisfactorias. Es que queremos crear un ambiente apacible, ordenado y acogedor propicio para criar y ayudar al crecimiento de discípulos para el reino de Dios. Yo (Mary) quiero que la "Casa de Mary" aparezca en el mapa de Google celestial cuando los ángeles busquen "sitios de ministerio en o cerca de Edmonton, Canadá". Yo (Nancy) quiero que la "Casa de Nancy" figure cuando busquen "faros espirituales cerca de Niles, Michigan". Nuestras casas ofrecen un lugar necesario y de gran alcance para servir a los demás y hacer avanzar la obra de Su reino.

Al acabar la lección de esta semana, nos gustaría dejarte con algunas reflexiones:

- El Señor atribuye gran valor al trabajo de la casa y tú deberías hacer lo mismo.
- Satanás intentará distraerte para que no hagas lo que es más importante, manteniéndote ocupada en cosas de menor importancia. No se puede hacer todo. ¡Tienes que ser estratégica en utilizar tu tiempo y energía para invertir en la eternidad!
- Es importante entender la naturaleza de diferentes etapas en la vida de una mujer. En la temporada de crianza de los hijos, la administración del hogar requiere mucho más tiempo y energía, y harás bien en ajustar tus demás compromisos de trabajo en consecuencia.
- Es un privilegio y una responsabilidad increíble administrar los diferentes dones y relaciones que el Señor nos ha confiado. Recuerda que ya sea en el hogar, en el mercado o en cualquier otro lugar… tu objetivo es trabajar para Dios.

"En estas cosas quiero que insistas con firmeza, para que los que creen en Dios procuren ocuparse en buenas obras. Estas cosas son buenas y útiles a los hombres".

Tito 3:8

"Y aprendan también los nuestros a ocuparse en buenas obras para los casos de necesidad, para que no sean sin fruto".

Tito 3:14

"Así alumbre vuestra luz delante de los hombres, para que vean vuestras buenas obras, y glorifiquen a vuestro Padre que está en los cielos".

Mateo 5:16

→ **Repasa las lecciones de esta semana.** ¿Cómo crees que el Señor quiere que las apliques a tu vida? Anota tus pensamientos en la página "Personalízalo".

de la teoría a la práctica…

renovación interior

para asimilar:

El video de la semana seis te ayudará a asimilar las lecciones de esta semana. Encontrarás este video, la guía del líder y otros recursos más en el sitio web TrueWoman201.com (disponible solo en inglés). También hay otros recursos disponibles en www.avivanuestroscorazones.com.

para reflexionar:

Piensa en las siguientes preguntas, debátelas con tus amigas, tu familia o en un grupo pequeño:

1. ¿Cómo ha cambiado nuestra visión cultural del trabajo desde el siglo XIX y qué retos ha creado esto para las mujeres?
2. ¿Cuáles son algunas de las perspectivas más comunes sobre la mujer y el trabajo en la cultura de hoy día?
3. ¿Cómo procesaste las decisiones para tu situación "laboral" actual, ya seas una ama de casa, una mujer soltera con una carrera, una mamá a tiempo completo o parcial, etc.?
4. ¿Qué debe gobernar nuestras decisiones respecto a nuestra vida laboral y qué perspectiva global debería dar forma a nuestro pensamiento sobre este tema?
5. Los roles femenino y masculino no son idénticos ni intercambiables. ¿Cómo afecta este principio a tu forma de pensar acerca del trabajo, dentro y fuera del hogar?
6. Describe qué significa ser ocioso. Si hay horas o actividades de ocio en tu vida, ¿qué pasos prácticos puedes tomar para cambiar ese tiempo o aquellas actividades para el reino de Dios?
7. Nuestros hogares proveen un poderoso ambiente para servir a otros y continuar con el trabajo del reino de Dios. ¿Encuentras gozo en esta verdad? Si no, ¿qué verdades de las que hemos tratado esta semana te podrían ayudar a encontrar gozo?
8. Cada una de nosotras está llamada a administrar nuestros dones y las relaciones que Dios nos ha dado. ¿Reconocer este objetivo principal te muestra la necesidad de hacer cambios en la rutina diaria? De ser así, ¿qué pasos prácticos puedes dar para implementar ese cambio?

Utiliza esta hoja en blanco para escribir tus notas.
Escribe lo que aprendiste esta semana. Anota tus
comentarios, tu versículo favorito, un concepto o una
cita particularmente útil o importante para ti. Redacta
una oración, una carta o un poema. Toma apuntes sobre
el video o la sesión de tu grupo pequeño. Expresa la respuesta de tu
corazón a lo que aprendiste. Personaliza las lecciones de esta semana como
más te ayude a poner en práctica lo que aprendiste.

de la teoría
a la práctica…

benevolencia

"*P*ractica actos de bondad al azar y actos de belleza sin sentido" es una cita famosa que, aparentemente, Anne Herbert, escritora de California y activista por la paz, escribió por primera vez en un mantel individual de un restaurante en 1982.

Según una leyenda urbana, la cita se transmitió de una persona a otra durante años, hasta que alguien la escribió con pintura espray en una pared en San Francisco. Una mujer vio el grafiti y la copió para dársela a su esposo que era maestro, quien después la puso en su boletín de noticias. Uno de sus estudiantes se lo dijo a su mamá, quien escribió al respecto en una columna de noticias local. La revista *Glamour* lo vio y exhortó a sus lectores a practicar actos de bondad al azar; el *Reader's Digest* hizo lo mismo. Pronto, la cita estaba por todas partes en calcomanías para autos y en camisetas.[1]

> *Una mujer verdadera es caritativa hacia los demás... Es "bondadosa".*

La idea se propagó como fuego sin control. En 1993, la editorial Conari Press publicó *Random Acts of Kindness* (publicado también en español por Conari Press con el título *Actos espontáneos de bondad*), una compilación de citas e historias reales sobre actos de bondad. Más tarde, aquel mismo año, Chuck Wall, profesor de la Universidad Bakersfield, encargó a sus estudiantes que "se comprometieran a hacer actos absurdos de bondad al azar" como proyecto de su materia. La revista *People* escribió una historia sobre él y "el movimiento de bondad". En 1995, se estableció la Fundación Actos de Bondad al Azar para motivar obras de bondad en todos los sectores de la sociedad. Hasta el Congreso de los Estados Unidos se unió a ellos, declarando una semana entera del mes de febrero como la Semana Nacional de Actos de Bondad al Azar.[2]

Gavin Whitsett, autor de un pequeño manual morado titulado *Guerrilla Kindness*, sugería que se hiciera cosas como pagar el peaje de un puente a los autos que estuvieran detrás de ti, saludar a los niños de los autobuses escolares, enviar flores a un hospital o regar monedas en el arenero de un parque de juegos. Quería recordarles a todos que "seguir tus impulsos de bondad te hace sentir bien".

Aunque el movimiento de bondad y la atención de los medios han disminuido, la idea sigue surgiendo de vez en cuando. La Navidad pasada, por ejemplo, un "Santa Claus" secreto entró a un Wal-Mart de su localidad en Texas y pagó toda la lista de artículos que se estaban pagando a plazos.[3]

Y no hace mucho, un joven entró en un restaurante Tim Hortons, una cadena de cafeterías canadiense, y compró café para los siguientes 500 clientes. Su acto se replicó en otras dos ciudades canadienses. Los medios utilizaron dichos acontecimientos para recordarles a todos que es una buena idea *practicar actos de bondad al azar y actos de belleza sin sentido*.[4]

El movimiento "actos de bondad al azar" es una poderosa crónica en la sociedad estadounidense. Nuestras vidas están tan desconectadas y llenas de objetivos egoístas que ansiamos esos momentos cuando alguien se sale de la norma del individualismo para ser bondadoso y considerado con nosotros.

Sin embargo, en el tipo de "actos de bondad al azar y actos de belleza sin sentido" que la sociedad recomienda, el benefactor y el beneficiario suelen tener poca conciencia, si es que la tienen, de las profundas necesidades y motivaciones del otro. Aunque la conexión momentánea pueda poner una sonrisa en sus rostros, como sugería un escritor, la interacción es insignificante, muy pequeña comparada con las riquezas de la bondad divina que el Señor quiere que cultivemos.[5]

Para un creyente, la bondad es un fruto del Espíritu, fortalecido, habilitado y dirigido por Dios. Cuando nuestra bondad se extiende más allá de quienes merecen o corresponden a nuestra benevolencia, cuando alcanza a aquellos cuyos defectos y faltas conocemos muy bien, es ahí donde reflejamos el corazón de Aquel que "es bondadoso para con los ingratos y perversos" (Lc. 6:35, LBLA).

El elemento de diseño que estudiaremos esta semana es la benevolencia: una mujer verdadera es caritativa hacia los demás… es "bondadosa." El tema está estrechamente vinculado a la lección de la semana pasada. Ambas tienen que ver con "buenas obras." La semana pasada hablamos del trabajo de manera general y de cómo decide la mujer en qué tipo de trabajo debería enfocar su tiempo y atención.

Vimos que cuando se trata de tomar decisiones con respecto al trabajo, el Señor quiere que las mujeres prioricen el trabajo en el hogar.

Esta semana hablaremos del tipo de corazón y espíritu que produce buenas obras. Todo el trabajo que realizamos, sea en casa, en el comercio, o en otros ministerios, debe proceder de un corazón bondadoso, bueno, benevolente, caritativo.

Es raro encontrar una mujer cristiana de corazón bondadoso en este mundo centrado en el egoísmo, donde son más los dispuestos a recibir que a dar. La bondad cristiana, expresada en nuestras actitudes y acciones, en nuestra manera de expresarnos en la Internet o en las redes sociales, en nuestras relaciones y en nuestros hogares, iglesias y comunidades, es un medio muy poderoso para desplegar la asombrosa bondad de Cristo al venir a este mundo para salvar a los pecadores.

*H*ace varias semanas me enfermé (Nancy) de una fuerte gripe. Había tenido la casa llena de invitados durante ocho días y estaba exhausta por toda la actividad. Justo en ese momento, cayó una fuerte nevada y batimos el record de bajas temperaturas, y el resultado fue… Me resguardé con cajas de Kleenex y una megadosis de vitamina C.

En medio de mi abatimiento, me tocó mucho el mensaje de una amiga que vive cerca de mí y había leído en mi página de Facebook algo sobre mi enfermedad. Decía que el Señor había puesto en su corazón hacerme una sopa de fideos con pollo y me preguntaba si podía pasar a dejármela. La enorme olla de deliciosa sopa que llegó a mi casa aquella tarde podría haber alimentado a un pequeño ejército durante una prolongada escasez de alimentos. Todavía estoy disfrutando de esa deliciosa sopa y me siendo renovada por la bondad de esa dulce pareja.

Y no es la primera vez. Esa misma amiga me ha enviado frecuentes mensajes de texto preguntando si necesito que me compre algo en la tienda, mientras ella hace sus compras. Me ha ayudado a cocinar y a lavar los platos en algunas cenas que he dado en mi casa. Es una de las muchas personas que expresan la inmerecida bondad de Cristo hacia mí en pequeñas y grandes medidas, una y otra vez.

Recuerdo (Mary) muy vívidamente cuando, recostada en una camilla de hospital, me llevaban al quirófano. Estaba perdiendo a mis gemelos, había tenido fuertes dolores y sangrado durante varios días. Como me hallaba en el segundo semestre del embarazo, mi ginecóloga me aconsejó un legrado. Por alguna razón, Brent no estaba ahí; probablemente regresó a casa para atender a nuestros otros tres hijos. El joven camillero empujaba la camilla por detrás de mi cabeza. No podía ver su cara, pero sí escuchaba el suave golpeteo de sus zapatos contra el suelo del corredor. Me sentía tan sola. Cuando llegamos al ascensor, tomé consciencia de la irreversibilidad de la pérdida de mis bebés. Las lágrimas rodaron por mis ojos y se metieron a mis oídos. Sin pronunciar una

> "Cuando nosotras como hijas de Dios somos amables con quienes no lo merecen, reflejamos el evangelio, la asombrosa bondad inmerecida de Jesucristo".[6]

Nancy

Ser bondadosa es tener un buen corazón inclinado a hacer cosas buenas para los demás.

sola palabra, el joven me dio un pañuelo. Sentí como si un ángel lo hubiera puesto en mi mano.

Ese pequeño acto de bondad, me ministró la gracia de Jesús de una manera difícil de explicar. Todavía hoy, transcurridos ya más de veinte años, puedo sentir la oleada de poder y calidez que me envolvió. No se me ocurre otro gesto de bondad que me haya tocado con tanto poder como aquel simple acto.

Describe un momento en que algún acto de bondad te ha ministrado poderosamente.

_____

_____

¿Qué hizo que ese acto de bondad fuera tan significativo?

_____

_____

Los actos de bondad nos pueden animar, confortar, proveer de lo que carecemos o nos pueden ayudar a salir de un aprieto desagradable o peligroso. Pocas cosas nos animan tanto como un acto de bondad, seamos la dadora o quien recibe. Tengo (Nancy) un amigo que ha trabajado como terapeuta de familia y matrimonios. Él ha observado que la bondad simple es uno de los ingredientes más importantes para construir un matrimonio fuerte y sano. Esto también se aplica a las demás relaciones.

El elemento de diseño que estamos estudiando esta semana, la benevolencia, está basado en la palabra *bondad*, el siguiente elemento en la lista de Pablo de las cosas que las mujeres mayores deben enseñar a las más jóvenes. La palabra griega traducida *bondad* significa "de buena condición, bueno y benevolente, beneficioso, útil, de efecto provechoso".[7]

El mayor reto que enfrentamos para entender el significado de la palabra radica en que es una de las series de términos que se solapan y no son claros ni coherentemente distinguibles en su sentido en griego, hebreo o español.[8] La bondad no puede aislarse de las cualidades de afecto, empatía, amistad, paciencia, amabilidad, gentileza, ternura, generosidad y, sobre todo, bondad.

En esencia, ser bondadosa es tener un *buen corazón* que se inclina a hacer *cosas buenas* para otros. En la Escritura, *bondad* no solo describe la naturaleza beneficiosa de un acto, sino que también indica que la motivación es el carácter piadoso del benefactor. Por ello, las palabras griegas y hebreas para *bondad* se suelen traducir "bueno" o "bondad". Una mujer buena es una buena (moralmente excelente) persona cuyo carácter la mueve a hacer cosas útiles, benéficas y buenas.

Lee Tito 3:4-5 al margen. ¿Qué dos frases usa Pablo para identificar a Jesús? (Pista: son las que describen lo que "se manifestó").

_____

_____

_____

_____

_____

¿Qué hicimos para merecer esta gran bondad de Dios?

_____

_____

_____

_____

_____

"Las ancianas asimismo... enseñen a las mujeres jóvenes... a ser... buenas".

Tito 2:3-5

"Pero cuando se manifestó la bondad de Dios nuestro Salvador, y su amor hacia la humanidad, Él nos salvó, no por obras de justicia que nosotros hubiéramos hecho, sino conforme a su misericordia, por medio del lavamiento de la regeneración y la renovación por el Espíritu Santo".

Tito 3:4-5 (LBLA)

Dios Padre es infinita y perfectamente bondadoso. ¿Cómo podría afectar una comprensión más profunda de Su bondad a tu manera de verle o de relacionarte con Él?

_____

_____

_____

> *"Amad, pues, a vuestros enemigos, y haced bien, y prestad, no esperando de ello nada; y será vuestro galardón grande, y seréis hijos del Altísimo; porque él es benigno para con los ingratos y malos. Sed, pues, misericordiosos, como también vuestro Padre es misericordioso".*
>
> **Lucas 6:35-36**

> *"Más bien, sean bondadosos y compasivos unos con otros, y perdónense mutuamente, así como Dios los perdonó a ustedes en Cristo".*
>
> **Efesios 4:32**

Rodea con un círculo la frase "y su amor hacia la humanidad" en Tito 3:4-5 al margen de la página anterior.

La palabra griega traducida "amor hacia la humanidad" es *filandsropía*, de la que deriva el término en español filantropía. En otras palabras, el versículo afirma que Jesús es la expresión perfecta de la bondad del Padre y Su inmerecida filantropía (benevolencia) hacia los pecadores. La bondad y la benevolencia se originan en Dios Padre y encuentran su significado en quién es Él, en lo que hace y, sobre todo, en y a través de Su mayor acto de bondad y filantropía al enviar a Su Hijo a pagar por nuestra salvación.

Esta Gran Bondad es un regalo. No podemos pagar por ello. No lo podemos exigir ni ganar por lo buenos o agradables que seamos ni por nuestros propios actos de bondad. No. Dios nos salva porque Él es eterna e inmensurablemente bondadoso, bueno y misericordioso. Es el supremo Benefactor, el gran Filántropo.

Por tanto, para un hijo de Dios, la bondad nunca es aleatoria o sin sentido, sino que testifica de la bondad de nuestro Padre celestial y de la gran obra redentora de Jesús. Somos bondadosas, porque Dios lo es y porque, a través de Jesús, nuestros corazones desbordan de bondad y benevolencia. Muchos están de acuerdo en que mostrar bondad es agradable y amable, pero para el creyente es algo que Dios hace en nosotros.

Lee los versículos al margen (Lc. 6:35-36; Ef. 4:32). Explica cómo el ser un recipiente de la bondad de Dios debe influir en tu deseo y capacidad de mostrar bondad a otros.

_____

_____

_____

→ **Termina con una oración.** Agradécele al Padre Su gran bondad y amor hacia ti, demostrada a través de Su Hijo Jesucristo.

iempo atrás, cuando era una niña (Mary), había un corito popular para niños sobre la bondad que solíamos cantar en la escuela dominical:

Más bien, sean bondadosos
y compasivos unos con otros
y perdónense mutuamente
Así como Dios los perdonó a ustedes en Cristo.
Doo-doo-do-do-do-do-do-do
Efesios 4:32 (¡Sí!)

La parte de "do-do-do-do" y la de "¡Sí!" no están en las Escrituras, pero el resto es una interpretación bastante exacta del versículo de Efesios.

Ayer mencionamos que el mayor reto que enfrentamos para entender el significado de la palabra *bondad* es que pertenece a un grupo de atributos que van juntos y sus significados se entrelazan. Hasta se pueden intercambiar en ocasiones. Es como las palabras *cristal* y *ventana*. No significan exactamente lo mismo, pero están tan asociadas que si digo: "Ella miró a través del cristal", tú das por hecho que estaba mirando por la ventana; y si afirmo: "Ella miró por la ventana," supondrás que miraba a través de un trozo de cristal, aunque técnicamente, ventana y cristal sean dos cosas distintas.

Efesios 4:32 menciona dos atributos estrechamente asociados con la bondad: compasión y perdón. Usa los versículos al margen (Zac. 7:9; Col. 3:12; Ro. 12:10; 1 P. 3:8) para añadir al recuadro en la página siguiente otros atributos relacionados.

"Practiquen la bondad y la misericordia, cada uno con su hermano".

Zacarías 7:9 (RVA-2015)

"Por tanto —como escogidos de Dios, santos y amados— vístanse de profunda compasión, de benignidad, de humildad, de mansedumbre y de paciencia".

Colosenses 3:12 (RVA-2015)

"Amándose los unos a los otros con amor fraternal; en cuanto a honra, prefiriéndose los unos a los otros".

Romanos 12:10 (RVA-2015)

"En fin, vivan en armonía los unos con los otros; compartan penas y alegrías, practiquen el amor fraternal, sean compasivos y humildes".

1 Pedro 3:8 (NVI)

Compasión

Perdón

El término griego traducido "amor fraternal" es *filádelfos*. Es una combinación de *filía*, que significa "amistoso" o "afectuoso", y *adelfós*, que significa "hermano" u otro miembro de la familia. (Yo [Nancy] crecí en Filadelfia, la ciudad del "amor fraternal").

La palabra es similar a otra que vimos ayer. En Tito 3:4 se declara que Jesús reveló el "amor [de Dios] hacia la humanidad" (LBLA) o Su *filandsropía*: *fil* (amistoso/afectuoso) + *ándsropos* (humanidad).

¿Ves la similitud de ambos términos? *Filandsrópos* (filantropía) es tener un corazón compasivo, afectuoso hacia todos en general. *Filádelfos* es tener un corazón compasivo, afectuoso y un espíritu caritativo (filantrópico) hacia un miembro de la familia o una familia específica; en este caso, la familia de Dios.

Todos los atributos que anotaste en el recuadro contribuyen al significado de bondadoso. ¿Quieres crecer en bondad? Entonces proponte ser más paciente, más humilde, más perdonadora, más amable, más comprensiva. Conforme crezcas en estas características afines, crecerás en bondad.

Examina los atributos en los círculos del siguiente diagrama. Piensa en la contribución de cada uno a la bondad.

En la tarjeta de calificaciones, indica cuán a menudo muestras cada atributo:

A = Siempre soy así
B = Casi siempre soy así
C = Algunas veces soy así

D = Pocas veces soy así
F = Esto no me describe en absoluto

Tarjeta de Calificaciones — Bondad		
Atributo	Comentarios	Calificación
Compasiva Soy cálida, hospitalaria y compasiva. Disfruto sinceramente y me preocupo por las personas.		
Comprensiva Me identifico con las preocupaciones de las personas. Soy paciente con sus fallos o defectos.		
Humilde Deseo ser quien sirve, o quien sufra las molestias.		
Respetuosa Concedo favores y preferencia a otros. Me entusiasma verlos reconocidos.		
Llena de gracia Hago lo imposible por tratar bien a las personas aunque no lo merezcan.		
Misericordiosa No pago mal por mal. No guardo rencor. Perdono fácilmente.		
Amable No critico a otros. Soy afable y apacible. Busco bendecir, no perjudicar.		

¿Qué atributo supone mayor reto para ti?

_____

_____

Vuelve a leer Colosenses 3:12 en la página 181. ¿Cuáles son las instrucciones respecto a este grupo de atributos? Rodea con un círculo la respuesta correcta:

A. Sencillamente restarles importancia.
B. Revestirnos deliberadamente de ellos como si fuera nuestra ropa.
C. Ponernos como objetivo alcanzar mejor calificación en nuestra tarjeta de informe de bondad.

Explica qué implica esto, en tu opinión:

> "Muestra bondad en tu hogar, en la iglesia y en el trabajo. Muestra bondad al levantarte por la mañana y al final de tu día. Muestra bondad, porque Dios es y ha sido sumamente bueno contigo".[9]
>
> **Lisa Hughes**

_____

_____

_____

_____

_____

_____

_____

La palabra griega traducida "vístanse" en Colosenses 3:12 (RVA-2015) significa "envuelto" o "revestido".[10]

Pablo amonestaba a sus amigos para que se vistieran del tipo de actitud y comportamiento acorde con su nueva vida en Cristo.

La metáfora del cambio de ropa se usaba mucho en el mundo antiguo para ilustrar la transformación espiritual.[11] El apóstol quería que entendieran que ya que ahora eran santos, necesitaban vestirse para la ocasión. Sus actitudes pasadas ya no servían. Tenían que vestirse deliberadamente de la apariencia de Cristo y revestirse de Su bondad.

→ **Termina esta lección en oración**. ¿Te estás vistiendo de esta manera? Confiesa cualquier falta de bondad que el Espíritu te haya mostrado. Pídele al Señor que ablande tu espíritu, te haga bondadosa y te dé un corazón tierno.

enny nació con el paladar hundido. Creció con el doloroso conocimiento de ser diferente. Sentía que no encajaba en ningún lado. En la escuela siempre tenía que aguantar las bromas, que la miraran, las burlas por su labio deforme, su nariz desviada y su forma de hablar tan difícil de entender.

Jenny estaba convencida de que nadie, aparte de su familia, podía amarla… hasta que conoció a una nueva maestra, la señora Leonard. Esta maestra era de cara redonda, con el cabello brillante y de color café, una cálida sonrisa y una mirada bondadosa.

> "Ninguna palabra obscena salga de su boca sino la que sea buena para edificación, según sea necesaria, para que imparta gracia a los que oyen".
>
> **Efesios 4:29**
> (RVA-2015)

En aquella época, las maestras debían realizar exámenes auditivos anuales. Así que un día, la señora Leonard formó a los estudiantes en el pasillo para el examen. Jenny estaba muy nerviosa. Además del paladar hundido, apenas oía con un oído. Siempre hacía trampa en este tipo de examen, ya que estaba decidida a que sus compañeros no se dieran cuenta de este problema, y tuvieran una razón más para burlarse de ella.

La "prueba del susurro" se realizaba pidiéndole a cada estudiante que se colocara de lado, junto a la puerta del salón de clases, que se tapara con un dedo el oído del lado de la puerta y que repitiera la frase que el maestro susurraba desde su escritorio, en el interior de la clase.

Jenny volvió su oído malo hacia el maestro y fingió taparse el oído

bueno, ahuecando un poco la mano para escuchar mejor. Sabía que los maestros solían decir cosas como: "El cielo es azul" o "¿De qué color son tus zapatos?". Pero ese día no fue así. Cuando llegó el examen auditivo, Jenny escuchó las palabras: "Me hubiera gustado que fueras mi pequeña". Esas palabras cambiaron la vida de Jenny para siempre.[12]

Proverbios 10:20 declara: "Plata escogida es la lengua del justo, mas el corazón de los impíos es como nada". En otras palabras, la condición de nuestro corazón repercute en la condición de nuestro hablar. Si nuestros corazones están llenos de bondad, hablaremos con bondad. Por otra parte, las palabras poco amables son un síntoma característico de un corazón poco amable.

Lee Efesios 4:29 al margen. La palabra griega traducida "buena" podría definirse como "de ayuda" o "amable." En tus propias palabras, describe la norma de Dios para las palabras que hablamos.

_____

_____

_____

_____

Una forma de hablar buena y amable beneficia, edifica y ayuda a otros. Se basa en sus necesidades, no en las nuestras ni en nuestros deseos. Esta forma de hablar es compasiva, paciente, humilde; respetuosa, llena de gracia, misericordiosa, perdonadora, amable y bondadosa.

Recuérdales… no hablar mal de nadie, sino a buscar la paz y ser respetuosos,[13] demostrando plena humildad en su trato con todo el mundo (Tit. 3:1-2, NVI).

Porque el siervo del Señor no debe ser contencioso, sino amable para con todos, apto para enseñar, sufrido (2 Ti. 2:24).

Mirad que ninguno pague a otro mal por mal; antes seguid siempre lo bueno unos para con los otros, y para con todos (1 Ts. 5:15).

Abre su boca con sabiduría, y hay enseñanza de bondad en su lengua (Pr. 31:26, LBLA).

La congoja en el corazón del hombre lo abate, mas la buena palabra lo alegra (Pr. 12:25).

Utiliza los versículos más arriba para completar la siguiente tabla:

Características de un hablar no amable	Características de un hablar amable

¿Es tu forma de hablar amable? ¿Eres amable con el mesero que se equivocó al tomar tu pedido? ¿Con el empleado de comida rápida que es todo menos rápido? ¿Con el técnico rudo y poco servicial? ¿Con tu compañera de trabajo que descarga su trabajo en tu escritorio? ¿Con tu compañera de equipo que critica tus habilidades? ¿Con tu colega que siente la constante necesidad de jactarse? ¿Con tu amiga que rápidamente te señala tus errores? ¿Qué tal en los medios sociales y al publicar comentarios en blogs con los que no estás de acuerdo?

Si te dieras una "calificación" de amabilidad basada solamente en tu forma de hablar en tales situaciones, ¿cuál sería y por qué?

_____

_____

_____

_____

_____

> *"Quítense de vosotros toda amargura, enojo, ira, gritería y maledicencia, y toda malicia. Antes sed benignos unos con otros, misericordiosos, perdonándoos unos a otros, como Dios también os perdonó a vosotros en Cristo".*
>
> **Efesios 4:31-32**

Nuestra forma de hablar es fruto de lo que hay en nuestro corazón. Según Efesios 4:31-32, ¿qué actitudes necesitas abandonar y reemplazar por amabilidad?

_____

_____

_____

Es fácil ser amable con las personas que lo son con nosotros. Cuando nos tratan con poca amabilidad, es cuando se revela nuestro verdadero carácter. Es entonces cuando descubrimos la drástica falta de amabilidad que hay en nuestro corazón. Si te falta alguno de los atributos asociados con la bondad, puedes responder a las ofensas o heridas con:

Amargura	Una actitud poco amable	Estás resentida y tienes una mala actitud. Te sientes lastimada, estás a la defensiva, y endureces tu corazón hacia esa persona.
Ira y enojo	Sentimientos poco amables	Tus pensamientos y tus suposiciones te encienden emocionalmente.
Gritos y male-dicencia	Una forma de hablar poco amable	Tienes dificultad para hablarle cortésmente (gritos). Cuando hablas de ella, no tienes nada bueno que decir (maledicencia).
Malicia	Intenciones poco amables	Deseas el mal a quien te hirió. Quieres vengarte. Te alegra la caída de tu oponente y te complace su desgracia. Quieres verla fracasar, ser castigada y sufrir.

¿Has permitido que un espíritu poco amable arraigue en tu corazón? Anota las situaciones específicas en las que has albergado o expresado falta de amabilidad hacia otros:

Amargura (una actitud poco amable):

_____

_____

_____

_____

Ira y enojo (sentimientos poco amables):

_____

_____

_____

_____

Gritos y maledicencia (una forma de hablar poco amable):

_____

_____

_____

_____

Malicia (intenciones poco amables):

_____

_____

_____

_____

_____

_____

> "Cuando nosotras, como hijas de Dios, somos bondadosas con quienes no lo merecen, reflejamos el evangelio, la increíble e inmerecida bondad de Jesucristo".[14]

La falta de bondad y amabilidad pueden empeorar en un momento o infectar y manchar tu corazón durante un tiempo. ¿Cómo puedes combatir este problema? Efesios 4:31-32 provee el antídoto: reemplaza estas actitudes y palabras poco amables con el tipo de bondad que has recibido de parte de Dios.

→ **Pasa un tiempo en oración**, arrepintiéndote de tu falta de amabilidad. Pídele al Señor que te dé gracia para que la bondad de Dios se refleje en tu actitud y en tu forma de hablar.

la caridad empieza por casa

Probablemente habrás escuchado el dicho: "La caridad empieza por casa". Parece ser uno de esos proverbios sin un origen muy claro. Existen explicaciones diversas y contradictorias en cuanto a su origen y significado. Algunas personas sugieren que el proverbio tiene un significado negativo y egocéntrico. Sostienen que se originó en la literatura inglesa del siglo XIV, en la comedia *Andria de Terencio,* cuando el protagonista dice sarcásticamente: *"Proximus sum egomet mihi"* (la persona más allegada a mí soy yo mismo), ya que creía haber sido traicionado por un amigo y actuó egoístamente.

Hoy día, el dicho: "La caridad empieza por casa" se suele usar de forma negativa por quienes intentan evitar dar dinero para causas de caridad. Por ejemplo, si a un hombre se le pide un donativo para ayudar con alimentos a las víctimas en Filipinas y responde: "La caridad empieza por casa", su objeción indica que tiene que mirar primero por sí mismo y que no está obligado a dar dinero para otra cosa.

El proverbio se usa con mayor frecuencia de manera positiva, para indicar que una persona debe ser amable y generosa primeramente con su propia familia, antes de preocuparse o ayudar a otros. No es cuestión de egoísmo, sino de responsabilidad en suplir las necesidades de tu propia familia.

El gran reformador inglés, John Wycliffe, expresó la idea en 1382, cuando dijo, "La caridad debe empezar por uno mismo". En otras palabras, la caridad es algo que comienza en mi corazón, fluye hacia mi hogar y a mis relaciones familiares más cercanas, se esparce hacia la familia de Dios y, finalmente, se expande hacia el mundo. La idea se ilustra en el siguiente diagrama.

> *"Pero si alguna viuda tiene hijos, o nietos, éstos deben aprender primero a ser piadosos para con su propia familia, y a recompensar a sus padres; porque ante Dios esto es bueno y agradable".*
>
> **I Timoteo 5:4** (RVC)

> *"Ustedes, en cambio, enseñan que un hijo puede decirle a su padre o a su madre: 'Cualquier ayuda que pudiera haberte dado es corbán' (es decir, ofrenda dedicada a Dios). En ese caso, el tal hijo ya no está obligado a hacer nada por su padre ni por su madre. Así, por la tradición que se transmiten entre ustedes, anulan la palabra de Dios. Y hacen muchas cosas parecidas".*
>
> **Marcos 7:11-13** (NVI)

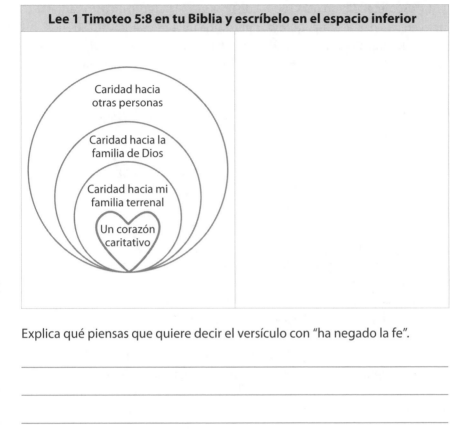

Lee 1 Timoteo 5:8 en tu Biblia y escríbelo en el espacio inferior

Caridad hacia
otras personas

Caridad hacia la
familia de Dios

Caridad hacia mi
familia terrenal

Un corazón
caritativo

Explica qué piensas que quiere decir el versículo con "ha negado la fe".

_____

_____

_____

Lee los versículos al margen (1 Ti. 5:4; Mr. 7:11-13). Rodea con un círculo la frase "aprendan éstos primero a ser piadosos para con su propia familia". ¿Por qué crees que es importante mostrar piedad primeramente a nuestra familia?

_____

_____

En Marcos 7:11-13 se narra la confrontación entre Jesús con algunos líderes religiosos. Él los acusó de hipocresía por justificar con excusas espirituales su negligencia respecto a sus responsabilidades familiares.

Declarar que algo era "corbán" significaba que se transmitía legalmente como una ofrenda a Dios. Sin embargo, la persona podía seguir usando el objeto/dinero dedicado. Solo se donaría al templo a su muerte. Alguien que declaraba "corbán" sobre su herencia, podía negarse a ayudar a sus padres o cualquier otro familiar, alegando: "Lo siento, no te puedo ayudar. Todo lo que tengo le pertenece a Dios".

Jesús condenó este tipo de "caridad" tachándolo de hipocresía. A simple vista, prometer dinero para la obra de Dios era, al parecer, un acto caritativo, pero en realidad al donante solo le motivaba un interés egoísta. Dios nos manda honrar a nuestros padres y otros familiares. Un corazón verdaderamente caritativo lo será primeramente con la familia. La verdadera caridad empieza por casa.

¿En cuál de las siguientes situaciones crees que es *más fácil* demostrar caridad? Marca la escena más fácil.

- ☐ Servir la comida con bondad a los sin hogar en el comedor social.
- ☐ Servir la comida con bondad a tu beligerante hijo contencioso o a tu malhumorado esposo.
- ☐ Servir la comida con bondad a tu hermano (de sangre) que te acaba de regañar.
- ☐ Servir la comida con bondad a los adolescentes desagradecidos del grupo juvenil.
- ☐ Servir la comida con bondad a tu familia cuando estás agotada y nadie se ofrece para ayudarte en la cocina.

Para la mayoría de nosotras, el lugar más difícil de demostrar bondad de forma constante es en casa. Hacer un donativo con amabilidad a una agencia que recauda fondos para aliviar el hambre es mucho más fácil que ser amable con tu esposo, tu adolescente, un pariente anciano o tu hijo pequeño que te exigen calmar su hambre.

No nos parece casualidad que la instrucción de ser bondadosas venga inmediatamente después de indicar a las mujeres que prioricen el trabajo del hogar. Las tareas domésticas suelen ser más duras e ingratas. Puedes ser competente y fiel, y trabajar duro para administrar tu casa, pero las Escrituras te retan a considerar si tus actos y actitudes en tu casa fluyen de un corazón caritativo y bueno.

> "Habla de manera amable, actúa bondadosamente y haz el bien, para que otros digan de ti, [ella] ha estado con Jesús".[15]
>
> **Charles Spurgeon**

¿Recuerdas la Tarjeta de Calificaciones en la página 183? El Señor quiere que tu objetivo sea mejorar tu calificación de bondad, empezando por tu familia, y en particular con aquellos miembros de tu familia, a quienes te cuesta más trabajo amar, ya sea que vivan bajo el mismo techo o no. ¿Qué relación familiar te parece más desafiante? ¿Deseas mostrarle a esa persona la bondad que Dios te ha mostrado?

Expresa tu deseo escribiendo las iniciales de ese miembro de tu familia en los espacios inferiores:

El deseo de mi corazón	
Compasiva	Por la gracia de Dios, seré cálida, hospitalaria y compasiva. Disfrutaré sinceramente y me preocuparé por_____.
Comprensiva	Me identificaré con las preocupaciones de_____.
Humilde	Deseo servir a _____. Estaré encantada de ser incomodada por el bien de él/ella.
Respetuosa	Concederé favores y daré preferencia a _____. Priorizaré gozosa sus necesidades sobre las mías.
Llena de gracia	Haré lo imposible por tratar bien a _____, aunque él/ella no lo merezca.
Misericordiosa	No pagaré mal por mal. No guardaré rencor. Perdonaré por completo a _____.
Amable	No seré crítica. Seré afable y apacible. Buscaré bendecir y no perjudicar a _____.

→ **Termina esta lección** tomándote un tiempo para orar y pedirle a Dios la gracia para cumplir este compromiso y mostrar Su bondad a este miembro de tu familia.

El 4 de marzo de 1865, justo unas semanas antes de ser asesinado, el presidente Abraham Lincoln pronunció su segundo discurso inaugural, que terminó con las siguientes palabras:

Con malicia hacia nadie, con caridad para todos, con firmeza en lo correcto conforme Dios nos permite ver lo correcto, esforcémonos por terminar el trabajo que tenemos de vendar las heridas de la nación, cuidar de aquel que luchó en la batalla así como de las viudas y los huérfanos, hacer todo lo que se puede para lograr y apreciar una paz justa y duradera entre nosotros y con todas las naciones.

El discurso se ha considerado la disertación política más noble de la historia.[16] Esto se debe, en gran parte, a su fuerte dependencia de las Escrituras. Lincoln retó a un país destruido por la guerra civil a no sentir malicia hacia nadie y sí caridad para todos; a hacer un buen trabajo, tener compasión por los heridos de corazón, cuidar de las viudas, los huérfanos y los necesitados; a ejercer la justicia por los oprimidos, y tener paz y buena voluntad hacia la humanidad.

El desafío de Lincoln es un reflejo del reto constante de Dios hacia nosotros, a tener corazones buenos y benevolentes, y ser instrumentos de Su bondad para nuestro mundo quebrantado.

Lee los versículos al margen (Mi. 6:8; Is. 1:17; Stg. 1:22, 27). ¿A qué crees que refiere con "amar la misericordia"?

_____

_____

_____

"¡Ya se te ha declarado lo que es bueno! Ya se te ha dicho lo que de ti espera el SEÑOR: Practicar la justicia, amar la misericordia y humillarte ante tu Dios".

Miqueas 6:8 (NVI)

"¡Aprendan a hacer el bien! ¡Busquen la justicia y reprendan al opresor! Aboguen por el huérfano y defiendan a la viuda!".

Isaías 1:17 (NVI)

"Pero pongan en práctica la palabra, y no se limiten sólo a oírla, pues se estarán engañando ustedes mismos... Delante de Dios, la religión pura y sin mancha consiste en ayudar a los huérfanos y a las viudas en sus aflicciones, y en mantenerse limpio de la maldad de este mundo".

Santiago 1:22, 27 (RVC)

_____

_____

_____

Haz un resumen de lo que los versículos enseñan acerca de "hacer el bien".

_____

_____

_____

_____

_____

Toda esta semana hemos estado estudiando el elemento de diseño de la benevolencia. La mujer verdadera es caritativa hacia los demás… es "bondadosa". Hemos visto que la bondad comienza en el corazón y se demuestra en nuestras actitudes y en nuestro hablar, así como en nuestras acciones. Hemos visto que el hogar es el primer lugar donde debemos mostrar la bondad, hacia nuestro esposo, hijos, familiares, hermanos y otros miembros de la familia. Pero la benevolencia no termina ahí. Un corazón verdaderamente bondadoso rebosará de compasión hacia los amigos, vecinos, colegas y hacia los pobres, oprimidos y desvalidos.

"He aquí, esta fue la iniquidad de tu hermana Sodoma: Orgullo, abundancia de pan y despreocupada tranquilidad tuvieron ella y sus hijas. Pero ella no dio la mano al pobre y al necesitado".

Ezequiel 16:49 (RVA-2015)

"Para el abatido, debe haber compasión de parte de su amigo; no sea que abandone el temor del Todopoderoso".

Job 6:14 (LBLA)

"El que oprime al pobre afrenta a su Hacedor; mas el que tiene misericordia del pobre, lo honra".

Proverbios 14:31

"El noble, por el contrario, concibe nobles planes, y en sus nobles acciones se afirma".

Isaías 32:8 (NVI)

¿Qué enseñan los versículos al margen (Ez. 16:49; Job 6:14; Pr. 14:31; Is. 32:8) sobre nuestra obligación de extender benevolencia más allá de las paredes de nuestra casa?

_____

_____

_____

_____

Explica por qué una mujer que retiene la bondad "abandona el temor del Todopoderoso" y "afrenta a su Hacedor"?

_____

_____

_____

Jerry Bridges afirma: "La persona que ha crecido en la gracia de la bondad ha expandido su pensamiento más allá de sí mismo y sus intereses, y ha desarrollado un genuino interés en la felicidad y el bienestar de aquellos que le rodean".[17] Un corazón bondadoso no se puede contener. Inevitablemente se derrama para ministrar la bondad de Dios a otros.

La historia está llena de ejemplos de mujeres que han demostrado la bondad de Dios: mujeres famosas como Florence Ninhtingale, Amy Carmichael, Sara Edwards, Gladys Aylward, Henrietta Mears, Lottie Moon y Elisabeth Elliot. Y mujeres menos conocidas como Mary Clarke, quien tradujo el evangelio de Lucas al idioma limba; Sarah Martin, filántropa británica, quien trabajó muy duro para reformar las prisiones; y Louise Campbell, quien fundó la escuela para señoritas Kwong Yet en el sur de China. Y mujeres desconocidas, como mi amiga (Mary) Charlene, una estudiante universitaria que hizo caldo de pollo para un pobre enfermo, desencadenando una lista de acontecimientos que hicieron que viniera a Cristo y abandonara su estilo de vida de narcotraficante.

> "A su alma hace bien el hombre misericordioso; mas el cruel se atormenta a sí mismo".
>
> **Proverbios 11:17**
>
> "Peca el que menosprecia a su prójimo; mas el que tiene misericordia de los pobres es bienaventurado".
>
> **Proverbios 14:21**

Podríamos contarte historias sobre mujeres que conocemos y que rescatan a mujeres de la trata sexual, ministran a mujeres en la prisión, cuidan de enfermos, de los pobres y los indigentes, adoptan huérfanos, albergan a niños, apoyan a madres solteras, rescatan a mujeres maltratadas, proveen un hospicio para víctimas del sida, trabajan para terminar con el analfabetismo, son voluntarias en centros de consejería para embarazadas, ministran a chicas con anorexia, bulimia o que se cortan o tienen otras adicciones, proveen comidas para personas en crisis… la lista de sus actos de bondad podría seguir y seguir.

El objetivo de estas mujeres no es ser reconocidas, sino mostrar cuán grande es Dios. Actos de benevolencia realizados en el nombre de Jesús hacen que el evangelio sea atractivo y creíble. Finalmente, su propósito es atraer a las personas para que acepten la Gran Bondad de Dios que se encuentra en Su Hijo Jesucristo.

Como señala Romanos 2:4, la bondad de Dios nos guía al arrepentimiento. Por eso es tan importante la bondad, y por ese motivo se nos ha ordenado:

¡Nunca permitas que la lealtad ni la bondad te abandonen! Átalas alrededor de tu cuello como un recordatorio. Escríbelas en lo profundo de tu corazón (Pr. 3:3, NTV).

¿Se te ocurre alguna ocasión cuando tu bondad o la de otro cristiano que conozcas atrajo a alguien a aceptar la Gran Bondad de Dios? Describe brevemente lo sucedido.

_____

_____

_____

Crees que tu familia, amigos, vecinos y otras personas te describirían como "bondadosa"? ¿Por qué sí o por qué no?

_____

_____

_____

Lee los versículos al margen (Pr. 11:17; 14:21). Explica por qué y cómo la bondad beneficia al dador tanto como al receptor.

_____

_____

_____

La Escritura enseña que una mujer bondadosa es mucho más feliz que la que no lo es. ¿Eres una mujer bondadosa? ¿Tienes un interés genuino en la felicidad y el bienestar de quienes te rodean? ¿Has atado la bondad a tu cuello y la has escrito en lo profundo de tu corazón?

➡ **En la página 199, resume lo que has aprendido sobre la bondad** y explica cómo está trabajando el Señor en tu corazón para hacerte una mujer bondadosa.

de la teoría a la práctica...

renovación interior

para asimilar:

El video de la semana siete te ayudará a asimilar las lecciones de esta semana. Encontrarás este video, la guía del líder y otros recursos más en el sitio web TrueWoman201.com (disponible solo en inglés). También hay otros recursos disponibles en www.avivanuestroscorazones.com.

para reflexionar:

Piensa en las siguientes preguntas, debátelas con tus amigas, tu familia o en un grupo pequeño:

1. ¿Cómo se diferencia la verdadera bondad cristiana de la que ofrecen quienes no conocen a Cristo?
2. ¿Qué diferencia ha marcado la bondad de Dios en tu vida? ¿Cómo debería influir la bondad de Dios en nuestra forma de tratar a los demás?
3. ¿Qué atributos están relacionados con la bondad? ¿Cuáles de estos encuentras más difíciles de mostrar? ¿Te describirían tus más allegados como una mujer bondadosa?
4. ¿Por qué son las palabras un medio muy poderoso para mostrar bondad? Debatan las características de un hablar amable.
5. La Escritura prioriza el llamado a mostrar primeramente la bondad a los miembros de nuestra familia. ¿Te indica esta la necesidad de reordenar algo por tu parte?
6. ¿Por qué es a veces más fácil ser amable con los extraños que con los miembros de tu familia y tus amigos cercanos?
7. Cuando se nos trata sin amabilidad, nuestro verdadero carácter se revela. ¿Cómo respondiste la última vez que te trataron así? Mientras reflexionas en ello, ¿qué te indica esto sobre tu corazón?
8. La preocupación de Pablo en la carta a Tito es que la iglesia dé a conocer el evangelio y lo haga atractivo en un mundo en tinieblas y perdido. ¿Cómo puede la bondad cristiana contribuir a este fin? ¿Cómo afecta la falta de bondad entre creyentes a nuestro testimonio en el mundo?

Utiliza esta hoja en blanco para escribir tus notas.
Escribe lo que aprendiste esta semana. Anota tus
comentarios, tu versículo favorito, un concepto o una
cita particularmente útil o importante para ti. Redacta
una oración, una carta o un poema. Toma apuntes sobre
el video o la sesión de tu grupo pequeño. Expresa la respuesta de tu
corazón a lo que aprendiste. Personaliza las lecciones de esta semana como
más te ayude a poner en práctica lo que aprendiste.

de la teoría
a la práctica…

disposición

*M*ientras escribimos este capítulo, falta una semana para Navidad; las escenas de la natividad con el bebé en el pesebre nos recuerdan la conmovedora, poderosa y paradójica forma en que Cristo aseguró nuestra salvación.

Aunque Él existía en forma de Dios, no consideró su estatus divino como algo que usar en su beneficio, sino que se vació de sus prerrogativas divinas y adoptó la forma de siervo. Se humilló y se hizo obediente a su Padre, hasta la muerte en la cruz (ver Fil. 2:6-10).

> *Una mujer verdadera cultiva un espíritu afable y apacible... Es "sumisa".*

Jesucristo es la personificación de la sumisión. Su actitud de "no mi voluntad, sino la tuya" es el centro de la historia del evangelio. Esta forma de pensar infinitamente preciosa y estimada hizo posible el evangelio. Sin la sumisión de Cristo a Su Padre, no habría habido bebé en el pesebre ni salvación. Nos parece trágico —aunque no del todo sorprendente— que el mundo malinterprete y difame la disposición misma tan aceptada por Jesús y tan atesorada por Dios.

Tito 2:5 alienta a las mujeres mayores a enseñar a las jóvenes a "someterse a sus maridos". ¿Qué te viene a la mente al oír la palabra *sumisión*? ¿Valoras esa disposición? ¿La aprecias y la consideras como hermosa y deseable?

Muchas mujeres cristianas mantienen el rasgo de la sumisión lo más alejada posible, como quien lleva un par de calcetines apestosos al cesto de la ropa sucia. Otras se tapan los oídos al escuchar la palabra, vuelven los ojos o corren hacia otro lado. Algunas rechazan la sumisión por completo, redefiniendo lo que significa o sosteniendo que ambas partes en la cadena de mando deben someterse una a la otra. Las hay que, de manera errónea, piensan que la sumisión significa obediencia a ciegas, conformidad incuestionable, o que toda mujer debe someterse a todos los hombres.

¡Oooohh, esa palabra que empieza con "S"! Mucha tinta se ha vertido y se han usado muchos gigabytes en blogs sobre este polémico concepto. Los estereotipos y las ideas equivocadas abundan. Como dijimos en *Mujer Verdadera 101*, creemos que la sumisión a nuestro marido es la aplicación específica del matrimonio de tener una actitud tierna, femenina, flexible. Este tipo de disposición es parte integral de lo que significa ser mujer. Ser sumisa a nuestro marido es, simplemente, la manera de vivirlo en el contexto del pacto de amor relacional de una sola carne.

(Antes de seguir adelante, me [Nancy] gustaría decir unas palabras a mis hermanas solteras: es importante entender que la sumisión no es exclusiva de la relación matrimonial; a todas se nos requiere que nos sometamos al Señor y a otras autoridades que Él ha puesto sobre nuestras vidas. Así que, te ruego que no te desconectes ni pienses que estas lecciones no son para ti. Es necesario que cultivemos un espíritu dispuesto y sumiso como las mujeres casadas. Tal vez no tengamos un esposo a quien sujetarnos, pero una disposición tierna, flexible y sumisa es vital para nuestra feminidad).

Entonces... ¿por qué tantas mujeres cristianas tienen problemas para abrazar la sumisión? En parte se debe a que tratamos de entenderla fuera de su contexto y significado fundamentales. La sumisión es un concepto que va de la mano con la autoridad. Ambas encuentran su origen y sentido en la relación entre Dios Padre y Dios Hijo. No pueden entenderse de la manera adecuada fuera de este contexto.

Otra razón por la que muchas batallan con la sumisión es que la confunden con la obediencia. Ambos términos están muy relacionados entre sí, y sus significados se solapan, pero no son idénticos. La obediencia está básicamente relacionada con el comportamiento de una persona, mientras que la sumisión tiene más que ver con la actitud de la persona. Ser sumisa significa tener una reacción, un espíritu deseoso de obedecer a la autoridad ordenada por Dios. La sumisión es una disposición del corazón que nos lleva a doblar nuestra rodilla ante Dios y ante las autoridades que Él ha puesto en nuestras

vidas. Como verás en la lección de esta semana, es totalmente posible tener una actitud de corazón respetuosa y sumisa y, al mismo tiempo, negarse a obedecer a una autoridad humana que nos pide desobedecer a Dios.

Iniciaremos las lecciones de esta semana estudiando la autoridad y la sumisión en términos generales, ya que no son exclusivos de ninguno de los dos géneros. Después abordaremos algunas ideas equivocadas muy comunes sobre ambos conceptos. Examinaremos por qué cultivar un espíritu afable y flexible es de particular importancia para las mujeres, cómo son creadas de forma única para centrar la atención sobre la parte de la "sumisión a Dios" en la historia de Jesús, mientras que los hombres fueron creados de manera particular para resaltar la parte de "siervo amoroso-cabeza de la Iglesia".

Finalmente, estudiaremos la historia de Abigail, una magnolia de acero que demostró cómo fusionar delicadeza y resistencia, dulzura y vigor, y gentileza e iniciativa; un ejemplo de la belleza y el poder de un carácter piadoso y femenino.

Salomé vivía con mayores privilegios que la mayoría. Su esposo Zebedeo tenía un negocio muy exitoso de pesca en Capernaum, en la costa norte del Mar de Galilea. La familia era moderadamente rica, y tenía importantes contactos políticos y religiosos. Su negocio contaba con numerosos trabajadores contratados y socios, jóvenes robustos como Simón Pedro y su hermano Andrés. Los hijos de Salomé, Santiago (Jacobo) y Juan, también trabajaban en el negocio familiar.

Cuando no estaban pescando, ambos grupos de hermanos se dirigían a las afueras para escuchar a Juan el Bautista, el joven y famoso predicador, cuyo desaliñado manto le daba el aspecto de una reliquia salida de los *Nevi'im*, los anales de los profetas de la antigüedad. De hecho, muchos creían que era la persona anunciada en las profecías antiguas... el Mesías prometido que liberaría a Israel del gobierno romano e inauguraría un nuevo reino glorioso.

> "La clave de una feminidad bien desarrollada es la libre disposición a afirmar, recibir y fomentar la fortaleza y el liderazgo de hombres dignos, de un modo apropiado a las diferentes relaciones de una mujer".[1]
>
> **John Piper**

Ese pensamiento le aceleró el pulso a Salomé. ¡La profecía! ¡Independencia! ¡Libertad! Había oído hablar a varias mujeres sobre ello en el mercado. Toda la campiña estaba enardecida de anticipación. Sus hijos estaban convencidos de que había llegado el momento, y que los rumores respecto a que Juan el Bautista se preparaba para encabezar una revuelta judía eran verdad. Hablar de política, religión y revolución se había convertido en el alimento nocturno alrededor de la mesa de Zebedeo.

A Salomé la tomó por sorpresa, una noche, la nueva información impactante que sus hijos compartieron. El apasionado predicador había revelado que él no era el libertador, sino otro. ¡Y ese "otro" era su primo, Jesús!

¡Jesús! En la mente de Salomé no había la menor duda de que era alguien extraordinario. Había escuchado todas las historias de su hermana, María.[2] Con no poca curiosidad, Salomé había visto desarrollarse todo el drama: el relato de María sobre la visita de un ángel. Su larga estancia en la casa de la tía Elisabeth. Señales del embarazo de María. El apresurado matrimonio. Magos. Oro. El viaje a Egipto. El chico confundiendo a los maestros en el templo. Salomé no sabía qué hacer con todo aquello. Pero ahora todas las piezas encajaban en su lugar.

Salomé apoyó la decisión de sus hijos de dejar el negocio de la pesca para seguir a Jesús. Cuando Jesús empezó su ministerio donde Juan el Bautista lo había dejado, ella contribuyó generosamente con ayuda económica. Herodes había matado al desaliñado predicador, pero no pudo detener la revolución. Jesús era demasiado popular. Los hijos de Salomé formaban parte de su círculo más cercano. Ella no pudo haber estado más orgullosa ni más emocionada. Jesús había prometido que cuando Él fuera coronado, Sus discípulos también se sentarían en tronos. El golpe maestro venía pronto. Ella estaba convencida de ello y quería asegurarse de que sus hijos tuvieran seguras las posiciones más altas y privilegiadas en el reino de Jesús.

Lee Mateo 20:20-28. ¿Se te ocurre algunas razones por las que esta "madre helicóptero" (sobreprotectora y controladora) querría que sus hijos obtuvieran las posiciones más altas?

_____

_____

_____

_____

autoridad y sumisión

Como dijimos antes, una de las razones por la que las personas tienen tantos problemas con la sumisión es porque intentan entenderla fuera de su contexto y significado fundamentales. La sumisión es un concepto que va de la mano con la autoridad. Como las dos caras de una moneda, ambas son inseparables. Ambos conceptos hallan su origen y significado en la Divinidad, en la relación entre Dios Padre y Dios Hijo. Los conceptos no pueden comprenderse correctamente separados entre sí ni tampoco fuera de este concepto divino de relación.

Salomé actuaba bajo la premisa equivocada de que una posición de autoridad era superior y más deseable. En su mente, el poder implicaba asegurar mayor posición, poder, privilegio y prestigio para usarlo en su propio beneficio; quien dirige gana y los tontos subalternos pierden. Sus ideas eran del todo erróneas. La Escritura nos describe una imagen radicalmente diferente de la verdadera naturaleza de la autoridad. Nos enseña que:

- La autoridad no se autoproclama; es delegada por Dios.
- La autoridad no es una posesión personal. Solo administra y maneja lo que le pertenece a Dios.
- La autoridad no tiene que ver con derechos, sino con la responsabilidad.
- La autoridad no consiste en buscar protagonismo, sino en dar importancia.
- La autoridad no es dominante ni dictatorial; es humilde, amable.
- La autoridad no es tomar, sino dar.
- La autoridad no es obtener egoístamente, sino un sacrificio desinteresado.
- Toda autoridad debe rendir cuentas a otra superior y todas a Dios el Padre, quien es la máxima autoridad.

Lee Marcos 10:42-43 al margen. Describe qué hay de malo en la forma de gobernar de los "gentiles" (los que no conocen a Dios):

_____

_____

_____

Marca la respuesta correcta. Jesús quería que sus discípulos:

☐ rechazaran las estructuras de la autoridad
☐ derribaran al gobierno
☐ se tomaran de las manos, cantaran "Kumbaya" e hicieran turnos para estar a cargo
☐ que ejercieran la autoridad y el liderazgo de la manera correcta

La manera de servicio autoritario, egoísta y el poder con el que los gobernantes de ese tiempo ejercían la autoridad era un marcado contraste con la forma en que la autoridad funciona en la Divinidad y la manera en que Dios gobierna amorosamente a los ciudadanos de Su reino. Jesús no dijo que las estructuras de autoridad no debían existir, sino que retó a las ideas populares acerca de la verdadera naturaleza de la autoridad y aclaró lo que en realidad significa el liderazgo.

"Y llamándolos junto a sí, Jesús les dijo: Sabéis que los que son reconocidos como gobernantes de los gentiles se enseñorean de ellos, y que sus grandes ejercen autoridad sobre ellos· Pero entre vosotros no es así, sino que cualquiera de vosotros que desee llegar a ser grande será vuestro servidor".

Marcos 10:42-43 (LBLA)

Busca los siguientes versículos. Traza líneas para relacionar cada referencia con el enunciado que refleja lo que enseña sobre la verdadera naturaleza de la autoridad.

2 Corintios 1:24	Una autoridad piadosa está motivada por el amor y el compromiso.
Proverbios 20:28	Una autoridad piadosa fortalece, no destruye.
Romanos 13:4	Una autoridad piadosa sirve de canal para la protección y bendición de Dios (los gobernantes son siervos de Dios para tu bien).
Hebreos 13:17	Una autoridad piadosa se preocupa por tu bienestar.
2 Corintios 13:10	Una autoridad piadosa trabaja contigo para tu gozo.
Juan 7:18	Una autoridad piadosa no se glorifica a sí misma; glorifica a Dios. Manifiesta Su carácter.

¿Aceptarías estar bajo esta clase de autoridad? Explica por qué sí o por qué no.

_____

_____

_____

Una comprensión adecuada de la autoridad es fundamental para nuestra relación con Dios y con los demás. Aunque los impíos suelen entenderlo mal, Jesús quiere que sus discípulos comprendan el verdadero significado y lo capten bien.

→ **Termina con una oración**. Pídele al Señor que te muestre Su perspectiva sobre la autoridad y te ayude a vencer cualquier malentendido al respecto.

Con un hogar lleno de jovencitos (y su padre) que disfrutaban jugando a luchar, era común para mí (Mary) ver a uno de mis muchachos intentar dominar al otro haciéndole una llave de cabeza, retorcerle las extremidades al máximo o, como fuera, sujetarlo contra el piso. Los combates siempre iban acompañados de muchísimos gruñidos, carcajadas, exagerados comentarios deportivos y el ocasional sonido de una lámpara volcada y rota.

"¡Oh, no!", gritaba uno, proporcionándole a la audiencia imaginaria su propio comentario jadeante y colorido. "¡Lo tiene en el 'ala de pollo!" (nombre de una de sus llaves favoritas). Entre ellas, el estrangulamiento de la anaconda, el abrelatas, el francotirador y el cangrejo de Boston. Todos estos ataques eran llaves de sumisión, término deportivo de combate para una posición de agarre aplicada para someter al adversario por la fuerza, es decir, obligarlo a rendirse, a darse por vencido.

> *"Que enseñen a las mujeres jóvenes... a ser prudentes, castas, cuidadosas de su casa, buenas, sujetas a sus maridos, para que la palabra de Dios no sea blasfemada".*
>
> **Tito 2:4-5**

En un deporte de combate, el oponente que domina y vence al candidato más débil es el ganador. El encuentro determina quién es el luchador superior... y, finalmente, quién se lleva los aplausos y la medalla. El oponente que se "somete" pierde la fama y el premio, y recibe la mayor parte del maltrato físico en el transcurso de la pelea.

Sumisión es, sin duda, una palabra de connotaciones negativas. Suele considerarse una posición indeseable que implica conquista, subyugación, inferioridad y opresión. Esta idea es tan común que cuesta desarraigarla de nuestra forma de pensar. Las ideas equivocadas, aun en la comunidad cristiana, son muy profundas. Son pocas personas las que entienden el verdadero significado de la sumisión y la ven como la bendición que realmente es.

Rodea con un círculo la palabra *sujetas* en Tito 2:4-5 al margen. ¿Cómo reaccionas ante la idea de ser sumisa? Subraya las frases que describan tu sentir:

- Me siento enojada y resentida de que las mujeres hayan sido elegidas para esto.
- Estoy cansada de la palabra. Me provoca ganas de vomitar.
- No estoy contenta con ello, pero las cosas son como son.

- Intelectualmente lo entiendo, pero en lo emocional me apena que haya versículos como este en la Biblia.
- Estoy en paz con ello.
- Creo que la sumisión es un privilegio y una bendición.
- Otra (explica): _____

_____

alinearse bajo

L a palabra griega traducida "sujetas" ("sumisas", NVI) es la palabra *jupotásso* de "bajo, por debajo de" y *tásso* "poner en orden, arreglar, alinear". La palabra es un antiguo término militar. Significa colocarse debajo de una manera ordenada, en la posición apropiada bajo un rango. En este caso, indica que el Señor quiere que la esposa se alinee voluntariamente bajo el liderazgo de su esposo.

Es importante notar que el término para sumisión usado para la actitud deseada en las esposas difiere del que se utiliza en referencia al comportamiento de los hijos hacia los padres y la respuesta del siervo a su amo. En el caso de niños y siervos, la palabra es *jupakoúo*, de *jupó* "bajo, por debajo de" y *akoúo* "poner atención, obedecer." *Jupakoúo* significa someterse a una orden o fuerza superior sin desearlo necesariamente, mientras que Pablo emplea el vocablo *jupotásso* para las esposas, que significa situarse en la posición adecuada voluntariamente.[3]

> "Mientras voluntariamente me someto a mi marido, lo estoy completando. Lo estoy ayudando a llevar a cabo sus responsabilidades y a convertirse en el hombre, el marido y el líder que Dios pretendió que fuera".[4]
>
> **Barbara Rainey**

Este es un punto muy significativo. A diferencia de la relación entre un padre y un hijo, donde el pequeño es inmaduro y necesita ser guiado y corregido, la relación entre esposo y esposa es como una relación entre socios e iguales. Los padres tienen la responsabilidad de tener a su hijo bajo sumisión, aunque este no lo desee. A veces las autoridades gubernamentales deben, del mismo modo, obligar a los ciudadanos a obedecer sin que estos lo deseen. Pero estos patrones no se aplican a la relación matrimonial. Según la Biblia, la sumisión de la esposa es por elección propia. Un esposo no tiene derecho a exigirle o de obtener obediencia de parte de ella. Su única responsabilidad es amarla, atraerla y humildemente sacrificarse por ella como Cristo lo hizo por su iglesia.

La sumisión voluntaria de una esposa a la autoridad amorosa de su esposo refleja la sumisión voluntaria de Jesucristo a la autoridad de Dios Padre.

Lee los versículos al margen de esta y la siguiente página (Jn. 10:30; Fil. 2:6-9; Jn. 10:17-18; Mt. 26:53; 26:39; Jn. 14:31—15:1; Sal. 40:7-8; Jn. 5:20). Basados en la relación de autoridad-sumisión de la Divinidad, indica qué enunciados son verdaderos (V) o falsos (F).

_____ La equidad, la sociedad y el amor verdaderos pueden surgir dentro de una estructura de relación de autoridad-sumisión.

_____ La sumisión implica una obediencia mecánica, tipo robot. Significa no hacer preguntas ni expresar dudas u opiniones.

_____ Un rol sumiso impide a la persona tomar decisiones propias y elegir.

_____ Los que ostentan autoridad deberían estar atentos y escuchar cuidadosamente las peticiones y solicitudes de las personas sujetas a su autoridad.

_____ Los que ostentan autoridad y los que están sujetos a esa autoridad pueden experimentar una profunda unidad, armonía, comunicación, cooperación, trabajo en equipo y gozo.

¿La sumisión de Cristo a Dios encaja con la definición de sumisión en un deporte de combate? Explica por qué sí o por qué no.

_____

_____

_____

_____

Basándote en lo aprendido en la lección de hoy, elabora tu propia definición de *sumisión*.

_____

_____

_____

_____

_____

"Yo y el Padre uno somos".

Juan 10:30

"[Jesús] no estimó el ser igual a Dios como cosa a que aferrarse… se humilló a sí mismo, haciéndose obediente… Por lo cual Dios también le exaltó hasta lo sumo, y le dio un nombre que es sobre todo nombre.

Filipenses 2:6-9

"Yo pongo mi vida… Nadie me la quita, sino que yo de mí mismo la pongo… Este mandamiento recibí de mi Padre".

Juan 10:17-18

"¿Acaso piensas que no puedo ahora orar a mi Padre, y que él no me daría más de doce legiones de ángeles?".

Mateo 26:53

> "Se postró sobre su rostro, orando y diciendo: Padre mío, si es posible, pase de mí esta copa; pero no sea como yo quiero, sino como tú".
>
> **Mateo 26:39**

> "Mas para que el mundo conozca que amo al Padre, y como el Padre me mandó, así hago... Yo soy la vid verdadera, y mi Padre es el labrador".
>
> **Juan 14:31—15:1**

> "En el rollo del libro está escrito de mí; el hacer tu voluntad, Dios mío, me ha agradado".
>
> **Salmos 40:7-8**

> "Porque el Padre ama al Hijo, y le muestra todas las cosas que él hace; y mayores obras que estas le mostrará, de modo que vosotros os maravilléis".
>
> **Juan 5:20**

En el espacio inferior, dibuja de nuevo el diagrama de la página 61 que ilustra el patrón paralelo entre la relación esposo-esposa y la de Cristo con Dios y con la Iglesia:

Si una amiga te preguntara por qué la Biblia les dice a las esposas que se sometan a sus maridos, ¿qué le dirías?

_____

_____

_____

_____

Si le preguntáramos a Jesús cómo se siente respecto a la idea de la sumisión, sin duda Él nos respondería: "La sumisión es un privilegio y una bendición". Cristo modela el verdadero significado de autoridad y sumisión. En su relación con Dios el Padre, Él es el modelo perfecto de sumisión. En su relación con la Iglesia, Él es el modelo perfecto de autoridad. La relación esposo y esposa es el símbolo terrenal, físico, creado para destacar la naturaleza de estas relaciones.

→ **Termina con una oración**. Pídele a Dios que te dé la mente de Cristo y te ayude a valorar y apreciar el rasgo de sumisión como Él lo hace.

*L*as relaciones de autoridad y sumisión deberían desplegar la gloria de Dios y del evangelio. Deberían ser el medio de la protección y bendición de Dios. El matrimonio debería ser la relación que refleje la más profunda bondad, unidad, amor y deleite. Pero seamos sinceras. Ni el mejor matrimonio está a la altura del ideal.

Aunque, en general, es un gozo para las esposas respetar y someterse a sus maridos que procuran seguir a Cristo y las tratan con amor sacrificial y ternura, puede ser extremadamente difícil vivir bajo la autoridad de un hombre difícil y pecador. No es fácil mantener el tipo adecuado de actitud en esta situación, y saber cómo resistir y afrontar el mal con piedad y respeto.

Con frecuencia recibo (Nancy) cartas de mujeres casadas con hombres poco bondadosos, rudos y francamente malos. Cartas como estas, que te rompen el corazón:

¿Una esposa sumisa? ¿Cómo puedes serlo cuando tu esposo bebe, fuma, ve pornografía; cuando todo lo malo es culpa mía; cuando quiere que yo lo disponga todo para que él tenga sexo con dos mujeres a la vez, y cuando no lo hago me echa en cara que no me preocupo por sus necesidades? Algunos dicen que solo debo limitarme a estar de acuerdo con lo que él dice, no discutir ni opinar; solo aceptarlo.

Yo quiero perdonar, pero no quiero ser un felpudo ni negar la realidad. ¿Debo ignorar estos asuntos y hacer como que no existen? ¿No debería opinar sobre asuntos críticos, como pagar las cuentas, ayudar o pedir ayuda por una adicción? Llevo tres años inmersa en este ciclo y me ha robado el gozo y la paz. Hemos ido a consejería y mi marido afirma

"Así ha dicho Jehová el Señor: ¡Ay de los pastores de Israel, que se apacientan a sí mismos! ¿No apacientan los pastores a los rebaños?... No fortalecisteis las débiles, ni curasteis la enferma; no vendasteis la perniquebrada, no volvisteis al redil la descarriada, ni buscasteis la perdida, sino que os habéis enseñoreado de ellas con dureza y con violencia".

Ezequiel 34:1-4

"Por tanto, así ha dicho Jehová Dios de Israel a los pastores que apacientan mi pueblo: Vosotros dispersasteis mis ovejas, y las espantasteis, y no las habéis cuidado. He aquí que yo castigo la maldad de vuestras obras, dice Jehová".

Jeremías 23:2

211

rotundamente que no le importan mis sentimientos. He orado durante tres años, pero ahora parece que solo queda la separación o el divorcio. Mi matrimonio ha sido como un infierno, y eso que solo hemos estado casados por tres años. (Sin esperanza)

Pienso (Mary) en la conversación telefónica que entre sollozos tuve con una amiga cuyo esposo, crítico y humillante, le cita constantemente las Escrituras reclamándole su obligación de someterse y su derecho a imponerse sobre ella. Pienso en la mujer cuyo marido alegaba que su autoridad le daba el derecho a castigarla y encerrarla en el armario. Recuerdo una conocida que vino a la iglesia con gafas oscuras, para esconder su ojo morado. Numerosas veces Brent y yo hemos intervenido en circunstancias como estas, llamando a la policía y a protección legal, ofreciendo ayuda económica y ayudando a mujeres y sus hijos a huir. Situaciones como estas me hacen hervir la sangre. La opresión y el maltrato que ocurren en nombre de la autoridad y sumisión "bíblicas" son horribles, deplorables y profundamente perversas. ¡Y, definitivamente, NO son "bíblicas"!

Algunas de las condenaciones bíblicas más terribles van dirigidas a los líderes que no ejercen la autoridad de manera piadosa. El Señor dice: "*Mi ira se enciende contra sus pastores y castigaré a esos líderes. Pues el Señor de los Ejércitos Celestiales ha llegado para cuidar... su rebaño*" (Zac. 10:3, NTV).

Lee los versículos al margen en la página anterior (Ez. 34:1-4; Jer. 23:2). ¿Por qué crees que Dios se enoja tanto con los líderes que no tratan con amor a quienes están bajo su autoridad?

_____

_____

_____

_____

Dios se enoja muchísimo con los líderes egoístas, dominantes y rudos. Este tipo de comportamiento es un abuso impío y detestable de la autoridad dada por Dios (ya que toda autoridad le pertenece a Dios) y una seria tergiversación de Su carácter. El Señor es el Rey que cuida su rebaño como un pastor, reúne a las ovejas entre sus brazos, las lleva en su seno y las guía con delicadeza (Is. 40:11).

Ya hemos visto malentendidos sobre la autoridad y la sumisión, pero queremos reforzar algunos puntos antes de seguir adelante:

- El abuso de la autoridad es abominación para Dios (Jer. 23:2; Ez. 34:1-4; Zac. 11:17). Él quiere que los líderes sean pastores según Su propio corazón.
- Los que están en posiciones de autoridad tendrán que rendirle cuentas a Dios por su forma de ejercerla (He. 13:17; 1 Co. 4:1-5; Ez. 34:1). Serán juzgados con mayor severidad (Stg. 3:1).
- Cuando las autoridades son rudas o abusivas, podemos confrontarlas humildemente, pedirles cuentas o apelar a una autoridad superior para que intervenga (Hch. 16:37-38; 25:8-11; 1 P. 2:23; Ec. 5:8).
- Nuestra máxima obligación es para con Dios, nuestra autoridad suprema. No estamos obligadas a obedecer a las autoridades cuando nos demandan sumisión de forma claramente apartada de la verdad bíblica. En tales situaciones, debemos obedecer a Dios en vez de al hombre (Hch. 5:29).

Queremos ser muy claras respecto a que someterte a tu marido no significa que cedas al maltrato ni que te resignes con pasividad a hacer lo malo y renunciar a tu responsabilidad de confrontar el mal diciendo la verdad en amor. La sumisión no es obedecer por obedecer, sino estar dispuesta a ser liderada de forma dócil, deseando honrar la autoridad dada por Dios, y respetando Sus estructuras humanas de autoridad. Es tener la sabiduría para discernir la mejor acción a seguir y la valentía de hacer lo correcto.

> El liderazgo egoísta, dominante y duro es un abuso impío y detestable de la autoridad dada por Dios y una grave tergiversación de Su carácter.

Es importante considerar la responsabilidad de una persona para guiar y/o someterse en el contexto de otras obligaciones bíblicas.

Lee los siguientes versículos de la Epístola a los Efesios. Resume la enseñanza de cada pasaje sobre las obligaciones hacia los demás.

4:1-3 _____

4:15-16 _____

4:25-27 _____

4:29 _____

4:31-32 _____

5:11 _____

5:18-21 _____

Efesios 5:21 nos instruye a someternos unos a otros en reverencia a Cristo. El pasaje identifica, a continuación, tres relaciones específicas que requieren una postura de sumisión: las esposas a sus esposos, los hijos a los padres y los siervos a sus amos. El concepto de autoridad y sumisión se extiende a todo tipo de relaciones en las cadenas de mando, como los gobiernos y ciudadanos, jefes y empleados, ancianos de la iglesia y las congregaciones.

El término *sumisión mutua* es popular en los círculos cristianos, pero "someterse los unos a los otros" no significa que ambas partes de una cadena de mando tengan que someterse mutuamente, sino que debemos tener una disposición de respeto que nos lleve a someternos en todas las relaciones que requieran sumisión. En algunas relaciones tendrás la responsabilidad de dirigir y en otras la de someterte.

Durante el resto de esta semana exploraremos cómo un espíritu sumiso contribuye a una disposición singularmente femenina.

En el 2012, el nombre de niña más popular fue "Arya", tomado de una de las series de televisión más famosas del canal HBO, llamada *Juego de tronos*.[5] Este programa es famoso por su gráfico contenido y brutalidad sexuales. Nosotras no hemos visto el programa y tampoco nos gustaría que tú lo vieras. Pero pensamos que el fenómeno de escoger el nombre de Arya para las recién nacidas es sumamente revelador. El personaje de Arya es la hija luchadora y ruda preadolescente de un Lord del Norte. Es una chica insolente y poco femenina, con un aire fuertemente independiente y una lengua tan afilada como su espada.

El cabello corto de Arya y su comportamiento rudo y aventurero marcan un claro contraste con su hermana mayor, Sansa, quien disfruta de los pasatiempos tradicionales de la nobleza femenina y es refinada, elegante y ridículamente ingenua. Sansa ejemplifica el antiguo estereotipo tradicional de la feminidad, mientras que Arya representa el ideal cultural actual. El problema no es que ella prefiera los pasatiempos tradicionales masculinos de arquería, el manejo de la espada y las aventuras explorando los alrededores más que bailar, cantar y bordar. El problema es su actitud. Es ruda, atrevida, impetuosa y rebelde.

En nuestra época, muchas mujeres ven la rudeza, el ímpetu, el atrevimiento, la agresividad y la independencia como rasgos de carácter deseables. Aunque, sin duda, algunas elijan el nombre de Arya simplemente porque les gusta, sospechamos que muchas la ven como un modelo positivo a seguir para sus hijas.

> "[La mujer necia es] alborotadora y rebelde, sus pies no permanecen en casa; está ya en las calles, ya en las plazas, y acecha por todas las esquinas".
>
> **Proverbios 7:11-12** (LBLA)
>
> "La mujer insensata es alborotadora; es simple [ingenua] e ignorante".
>
> **Proverbios 9:13**

Lee Proverbios 7:11-12 al margen. ¿Cuáles son los dos adjetivos que utiliza la Escritura para describir a la mujer insensata?

Ella es _____ y _____.

¿Qué dice Proverbios 9:13 sobre la mujer que adopta este tipo de actitud escandalosa?

_____

_____

¡tiene actitud!

Proverbios 7 describe a la mujer insensata como alborotadora y rebelde. La frase describe su comportamiento, pero además resume el estado de su mente. Es impetuosa, el tipo de chica de "como yo digo... o te largas". Hoy día la podríamos describir con un, "¡tiene actitud!".

> "He aquí esta fue la iniquidad de Sodoma tu hermana: soberbia... tuvieron ella y sus hijas... y se llenaron de soberbia".
>
> **Ezequiel 16:49-50**

La palabra hebrea traducida "alborotadora" significa violenta o escandalosa; que se queja, refunfuña o grita. La descripción alude a una bestia indomable que rehúsa someterse al yugo. "Terco como novilla indómita" es la ilustración del profeta Oseas para este estado de mente (Os. 4:16, LBLA). Este tipo de mujer *grita*. Y no es tanto el volumen de su voz —aunque también lo puede incluir—, sino su insolencia.

Sinónimos para este tipo de actitud alborotadora son atrevida, impertinente, descarada, frívola, habladora, sabelotodo, impetuosa o prepotente. Es una actitud que nuestra cultura fomenta y hasta admira. Es probable que te vengan a la mente personajes de películas, programas de televisión o algunas famosas locutoras o presentadoras de programas televisivos que encajan con esta descripción. "Chica, ¡tienes actitud!" se considera más un cumplido que un insulto.

El segundo adjetivo se traduce "rebelde" (LBLA) o "descarada" (NVI). El término hebreo significa "ser necio y rebelde". Refleja un estado de ánimo terco, obstinado, del tipo "a mí nadie me dice lo que debo hacer". Es alguien imposible de liderar. Según la Biblia, una actitud de rebeldía hacia las personas suele reflejar una actitud subyacente de rebeldía hacia el Señor (Ez. 20:38). Nuestra generación es "obstinada y rebelde", de corazón fluctuante, cuyo espíritu no se mantiene fiel a Dios (Sal. 78:8, NVI).

Alborotadora y rebelde son como las dos caras de una moneda. La *alborotadora* insiste: "¡Más te vale hacer las cosas a mi manera!" y la rebelde insiste: "¡No voy a hacer las cosas a tu manera!".

La "señora estupidez" equivale a cómo define la Biblia a la mujer que adopta este tipo de actitud. La traducción parafraseada *The Message* la llama "cabeza hueca". Es insensata, ingenua y no sabe nada.

La Biblia advierte específicamente a las mujeres contra esta actitud desafiante. No es liberador y maravilloso, como el mundo quiere hacernos creer. Es francamente insensato. "Profesando ser sabios, se volvieron necios" (Ro. 1:22, LBLA). Janet da fe de los efectos negativos que puede tener una actitud rebelde en una relación:

> Si yo pudiera seleccionar una palabra para describir mi comportamiento hacia mi marido, sería "resistente". Siempre me resistía a él. Si él tenía una idea, yo sugería una diferente y mejor. Si él quería que yo hiciera algo, yo lo rechazaba. Si él trataba de tomar una decisión, me oponía. Si me pedía que lo considerara, me negaba. Continuamente lo corregía y lo menospreciaba. Y yo siempre tenía una respuesta mordaz en la punta de la lengua.
>
> Tienes que entender que mi esposo no era un hombre exigente. Era muy amable. Pero como yo pensaba que la sumisión era un signo de debilidad y que las mujeres no debían someterse JAMÁS a los hombres, constantemente lo estaba minando. No quería dejarle liderar. Hasta en los asuntos más pequeños e insignificantes me negaba rotundamente a seguirle.
>
> Mirando en retrospectiva, puedo ver tristemente cómo mi constante resistencia fue socavando su masculinidad y debilitó nuestra relación. Me resistí y me resistí hasta que se dio por vencido y se fue.[7]

"Vuestro atavío... sea... el interno, el del corazón, en el incorruptible ornato de un espíritu afable y apacible, que es de grande estima delante de Dios".

I Pedro 3:3-4

"La mujer necia quiere controlar e insiste en hacer las cosas a su manera. Por otro lado, una mujer sabia tiene esa disposición dócil que respeta a los demás. Ella tiene un espíritu afable y apacible".[6]

Mary

El mundo piensa que una actitud desafiante, rebelde es la personificación de una feminidad poderosa. Nos rompe el corazón ver a mujeres cristianas que creen esta mentira. El Maligno nos ha engañado. Una actitud rebelde no fortalece a la mujer ni sus relaciones. En realidad es todo lo contrario. Como descubrió Janet y un sinnúmero de mujeres, el espíritu rebelde menoscaba en lugar de reforzar.

¿Te ha afectado la idea popular de que un espíritu rebelde y resistente es preferible a uno respetuoso y sumiso? Explica cómo y por qué.

_____

_____

Los siguientes comportamientos pueden ser sintomáticos de un espíritu alborotador y rebelde. Tacha en cada columna el comportamiento que no pertenece. El primero ya lo hicimos por ti.

regañar	burlarse de	reprimir	mofarse de
acosar	explicar	renegar	rechazar
criticar	menospreciar	comentar	criticar
insultar	quejarse	hablar con desprecio	solicitar
~~analizar~~	ridiculizar	minar	desacreditar

¿Se te ocurren otros comportamientos sintomáticos de rebeldía? Añádelos a la lista de arriba. Después señala con una "X" los comportamientos que sueles manifestar.

El mundo anima a las mujeres a cultivar un espíritu alborotador y rebelde. Pero nuestro Padre celestial quiere que tengamos un espíritu tierno, una disposición sensible, "el incorruptible ornato de un espíritu afable y apacible" (1 P. 3:4). Este tipo de disposición "es de grande estima delante de Dios".

¿Por qué crees que un espíritu afable y apacible es de gran estima para Dios Padre?

_____

_____

_____

_____

→ **Termina con una oración**. Confiésale al Señor cualquier forma en que hayas mostrado un espíritu rebelde, desafiante. Busca Su perdón y pídele que te ayude a tener un carácter respetuoso y sumiso como Cristo.

abigail, la magnolia de acero

¿**R**ecuerdas la metáfora de la "magnolia de acero" de *Mujer Verdadera 101*? La imagen fusiona belleza con perseverancia, delicadeza con resistencia, dulzura con vigor y gentileza con iniciativa. Según 1 Pedro 3, la disposición de una mujer realmente bella es ser gentil, afable y apacible (que está de acuerdo, se somete y honra a la autoridad). Es la parte, suave, delicada.

Al mismo tiempo, la mujer verdadera está determinada a hacer lo correcto y no ceder ante el miedo. No está influenciada por la opinión popular ni intimidada por lo que otros puedan decir o hacer. Esa es la parte de la resistencia de acero. La reacción delicada de una mujer piadosa va acoplada a una determinación absoluta de responder apropiadamente, decir con todo entusiasmo "sí" a las cosas correctas y respetuosamente "no" a las que no lo son.

> "Y aquel varón se llamaba Nabal, y su mujer, Abigail. Era aquella mujer de buen entendimiento y de hermosa apariencia, pero el hombre era duro y de malas obras".
>
> **1 Samuel 25:3**

En la lección de hoy estudiaremos la historia de Abigail, una de las magnolias de acero más destacadas de la Biblia. Verás que la sumisión no es para las cobardes. Implica tener un corazón blando, una mente perspicaz y una firme resistencia.

Abigail desmiente muchos conceptos erróneos sobre la sumisión. Su conversación con David es uno de los diálogos más largos y extraordinarios iniciados por una mujer en la Biblia. La historia de Abigail demuestra que es posible que una mujer mantenga una conducta respetuosa y pura, incluso cuando tenga que decir "no" y ponerse firme en contra de la maldad.

Lee en tu Biblia 1 Samuel 25:1-42.
¿Cómo era Nabal?

_____

_____

_____

¿Cómo era Abigail?

_____

_____

_____

casada con un hombre difícil

Todos en la región conocían a David. Era el famoso general del ejército de Saúl y el yerno real. El profeta Samuel había ungido a David como siguiente rey de Israel. Pero Saúl, el monarca del momento, tenía celos de él. Saúl le repudió, entregó su esposa Mical (hija de Saúl) a otro hombre y trató de matar al popular general. Por ello, David y sus hombres se escondían en el desierto y en las colinas vecinas de Carmel. Se rumoreaba que David no había matado a Saúl cuando tuvo la oportunidad, y que esperaba pacientemente el momento en que Dios lo estableciera como rey. Mientras tanto, él y sus hombres protegían a los pastores de Nabal, un granjero muy rico, de los matones y ladrones.

Al final de la esquila anual de las ovejas, Nabal fue el anfitrión de una extravagante fiesta para celebrar sus ganancias. Cuando David escogió esa ocasión para que, de algún modo, Nabal le devolviera el favor dándole comida en pago por su protección a los pastores, Nabal se negó. Además, insultó rudamente y menospreció al futuro rey y a los hombres que habían mostrado tanta bondad hacia él. De no haber sido por la rapidez de Abigail y su eficaz apelación, David se habría vengado y matado a Nabal y a todos sus hombres.

¿Qué indica que Abigail tuvo un espíritu humilde y sumiso, en contraste con el espíritu arrogante y desafiante de Nabal?

_____

_____

¿Por qué crees que fue eficaz la apelación de Abigail ante David?

_____

_____

En los versículos 21 al 31, ¿cuántas veces se refiere Abigail hacia David como "mi señor"? _____veces

¿Cuántas veces se refiere a ella misma como su "sierva"? _____veces

¿En qué te basas para afirmar que Abigail tenía una fe sólida en el Señor y creía en Sus promesas?

_____

_____

_____

_____

Basándote en el pasaje, señala qué enunciados son verdaderos (V) o falsos (F):

_____ Abigail ignoró y cubrió el pecado de su esposo.

_____ Ella actuó en ayuda de su esposo.

_____ El propósito de sus acciones fue beneficiar a Nabal, no perjudicarlo.

_____ Cuando fue amenazada por el comportamiento pecaminoso de su esposo, ella apeló a una autoridad superior.

_____ Ella respaldó sus argumentos con la Escritura y teología.

_____ Ella actuó de manera rebelde e irrespetuosa.

_____ Ella habló con verdad.

_____ Ella esperó el momento adecuado para tratar el asunto con su esposo.

_____ Ella se responsabilizó de sus propias acciones y respuestas.

_____ Ella confió en que Dios se ocuparía de Nabal.

Suponemos que la razón por la que Abigail fue capaz de apelar con eficacia ante David fue que tenía un espíritu genuinamente delicado y sumiso. A lo largo de los años junto a un hombre difícil, ella había logrado evitar convertirse en una mujer dura y amargada, y había aprendido a hablar la verdad de manera respetuosa y encantadora. Todos reconocían que era inteligente, honorable y una mujer piadosa aun estando casada con un hombre insensato, deshonroso y grosero.

David quedó cautivado por esta magnolia de acero. Vio que era excepcional. Abigail tenía un espíritu tierno, afable y apacible. Era inteligente, determinada y tenía sentido común. Su fe en Dios era profunda y su compromiso inquebrantable. Se conducía con dignidad y honor. Era femenina y hermosa, por dentro y por fuera.

> *"Asimismo vosotras, mujeres, estad sujetas a vuestros maridos; para que también los que no creen a la palabra, sean ganados sin palabra por la conducta de sus esposas, considerando vuestra conducta casta y respetuosa".*
>
> **1 Pedro 3:1-2**

¿Por qué crees que la Escritura enfatiza la delicadeza, la afabilidad y la apacibilidad como rasgos particularmente importantes para las mujeres?

_____

_____

_____

_____

La delicadeza, y un espíritu afable y apacible son rasgos que deben cultivar hombres y mujeres. Sin embargo, la Escritura identifica estas tres características como de vital importancia para el carácter femenino piadoso. Las mujeres son "delicadas". Esto no significa que seamos débiles o frágiles, sino que Dios nos creó para ser especiales testigos de la bondad y la belleza de un espíritu suave y sumiso, de un modo en que los hombres no pueden.

→ **Ve a la sección de "Personalízalo" en la página 225.** Utilízala para resumir lo aprendido esta semana. ¿Eres una mujer a quien se puede liderar? ¿Tienes un carácter delicado, femenino, de magnolia de acero? ¿Cómo aplicarás estas lecciones a tu vida?

de la teoría a la práctica...

renovación interior

para asimilar:

El video de la semana ocho te ayudará a asimilar las lecciones de esta semana. Encontrarás este video, la guía del líder y otros recursos más en el sitio web TrueWoman201.com (disponible solo en inglés). También hay otros recursos disponibles en www.avivanuestroscorazones.com.

para reflexionar:

Piensa en las siguientes preguntas, debátelas con tus amigas, tu familia o en un grupo pequeño:

1. ¿Por qué muchas mujeres desprecian o temen a la sumisión en el matrimonio? Describe de qué forma han remodelado las lecciones de esta semana tu entendimiento respecto a la sumisión en el matrimonio.
2. ¿Qué es lo que Salomé no entendía sobre la autoridad? Describe lo que es y lo que no es la autoridad.
3. ¿Cuál es la diferencia entre sumisión y obediencia? Da ejemplos concretos.
4. Revisa Filipenses 2:5-10. ¿Cómo manifestó Jesús su sumisión? ¿De qué manera refleja la sumisión en el matrimonio la relación entre Dios Padre y Dios Hijo?
5. Describe qué no incluye o requiere la sumisión bíblica.
6. Efesios 5:21 nos instruye a someternos unos a otros. ¿En qué difiere de lo que hoy se llama "sumisión mutua" y es tan popular?
7. ¿Por qué la mujer atrevida y rebelde se presenta como ideal en el mundo hoy, en vez de la mujer delicada y con disposición receptiva? ¿Cuál es el concepto equivocado respecto a la sumisión bíblica que ha dado forma a este nuevo ideal?
8. ¿Cómo pinta la historia de Abigail una imagen de sumisión que glorifica a Dios? ¿De qué manera hace frente a la creencia de que una mujer sumisa es un felpudo? ¿En qué aspectos te gustaría llegar a ser más como Abigail?

personalízalo

Utiliza esta hoja en blanco para escribir tus notas.
Escribe lo que aprendiste esta semana. Anota tus
comentarios, tu versículo favorito, un concepto o una
cita particularmente útil o importante para ti. Redacta
una oración, una carta o un poema. Toma apuntes sobre el
video o la sesión de tu grupo pequeño. Expresa la respuesta de tu
corazón a lo que aprendiste. Personaliza las lecciones de esta semana como
más te ayude a poner en práctica lo que aprendiste.

↓
de la teoría
a la práctica…

legado

*L*a cestería es una de las artes más antiguas conocidas de los nativos americanos. Durante miles de años, la habilidad se transmitió de generación en generación, de madre a hija. Las cestas se tejían con materiales disponibles en el entorno natural de la patria ancestral de cada tribu.

Las mujeres cheroqui cosechaban caña de río, una hierba tipo bambú que crecía en la ribera de los arroyos. Separaban y pelaban la caña y la despojaban de la superficie brillante exterior. Esto requería una considerable habilidad y fuerza. Los extremos se recortaban en una anchura uniforme y la superficie interior se raspaba para reducir su espesor y hacerlos más flexibles. A continuación, las piezas se secaban en tiras llamadas "pajas".

> *Una mujer verdadera es una madre espiritual... "enseña lo que es bueno".*

Tras dar color a las tiras de caña con tintes naturales, las mujeres tejían con destreza la caña para crear coloridos recipientes de almacenamiento, de diferentes formas y tamaños. La técnica de doble puntada era particularmente difícil. La cesta se comienza por la parte inferior y se teje hacia arriba. En el borde, se vuelve hacia afuera y se vuelve a tejer hasta la base. El resultado es una cesta duradera y hermosa, de doble pared.[1]

Con el tiempo, las personas nativas fueron desplazadas de sus tierras y de sus modos tradicionales de vida. Además, los contenedores de almacenamiento disponibles en el mercado y la invención del plástico hicieron que las cestas hechas a mano quedaran obsoletas. Hacia la década de los cuarentas, solo había un puñado de tejedoras expertas en la técnica de doble puntada. El arte corría peligro de extinción. Pero Lottie Stamper —una mujer cheroqui, descendiente de una larga dinastía de tejedoras de cestas— ayudó a provocar un renacimiento de la técnica.

Lottie empezó a enseñar cestería en un internado cheroqui. Entre sus estudiantes estaba su sobrina, Eva Wolfe, junto con varias otras mujeres jóvenes, quienes hicieron carrera como tejedoras de cestas. Eva Wolfe revivió patrones históricos de doble tejido y se convirtió en una de las cesteras más reconocidas de los Estados Unidos. Además, este grupo de mujeres transmitió deliberadamente la herencia, para que este arte antiguo continuara a través de las generaciones venideras.[2]

La feminidad bíblica es un "arte antiguo" que se ha transmitido de generación en generación. Tito capítulo 2 indica que la mujer verdadera pasa el legado a través de la maternidad espiritual. Toma bajo sus alas a mujeres jóvenes, menos maduras, las nutre y les enseña lo que es bueno. Las mujeres mayores enseñan a las más jóvenes, y estas enseñan a sus hijas; así se va transfiriendo el testigo de la verdad de una generación a la siguiente.

En *Mujer Verdadera 101* aprendimos que la maternidad piadosa e intencional es parte integral de la feminidad. La capacidad física de la mujer para dar a luz apunta a nuestro propósito y llamado espirituales. Dar a luz y criar vidas es la capacitación que Dios nos dio.

Ciertamente, no todas las mujeres están destinadas o capacitadas para hacer uso de su equipo biológico. Pero, en un sentido más profundo, la maternidad está en el corazón de la feminidad. El nombre de la primera mujer afirma y celebra esta verdad: Eva significa "dadora de vida". El propósito de Dios es que toda mujer —casada o soltera, fértil o infértil— produzca vida. Independientemente de su estado civil, su ocupación o su edad, el mayor objetivo de la mujer debe ser glorificar a Dios y promover Su reino mediante la reproducción, dando fruto espiritual. Una manera crucial de hacerlo es de una vida a otra, educando una a una y discipulando a mujeres más jóvenes.

A lo largo de este libro hemos estudiado los elementos que Pablo identificó como componentes esenciales de una feminidad piadosa: discernimiento, honor, afecto familiar, disciplina, virtud, responsabilidad, benevolencia y disposición. Pablo le dijo a su joven amigo y pastor, Tito, que era fundamental que las mujeres de su congregación aprendieran estas cosas. No obstante, indica que no le correspondía a Tito guiar directamente a las mujeres en estos elementos esenciales. Pablo encomendó a las mujeres la responsabilidad de enseñar y transmitir el legado de la feminidad piadosa de mujer a mujer, de las mayores a las más jóvenes.

En el transcurso de las últimas décadas, el movimiento feminista ha reconstruido muchas ideas sobre la feminidad. A las mujeres cristianas también las afecta. La mayoría de nosotras hemos basado nuestras ideas sobre la feminidad en normas culturales y no en la verdad eterna. A menudo se difama y desprecia la feminidad genuina. Con frecuencia, nuestras "madres" no tienen el conocimiento, el tiempo o la voluntad de enseñar y nuestras "hijas" tampoco tienen tiempo ni voluntad de aprender. La luz del antiguo arte de la feminidad bíblica se ha ido apagando. Pocas artesanas permanecen.

Es nuestra oración que *Mujer Verdadera 101* y *201* cambien todo esto. Esperamos que tu corazón se haya conmovido por la hermosa y noble visión de la Escritura sobre la feminidad y que en las lecciones de esta semana aceptes el reto de tomar parte activa en la transmisión de esta herencia.

*U*n estudio reciente de la revista *Human Reproduction* indica que la infertilidad está en incremento aquí en Canadá, donde yo (Mary) vivo.[4] En 1984, cerca del 5.4% de las parejas que estaban tratando de tener hijos eran infértiles. Para 1992, esa estadística se incrementó al 8.5%. En el 2012, el número se ha disparado al 16%, y esto a pesar de los avances en los tratamientos de fertilidad y otras técnicas asistidas de reproducción.

Esto significa que, asombrosamente, una de cada seis parejas se enfrenta a la infertilidad. El porcentaje es bastante mayor en mujeres que superan los treinta y cinco años. A los cuarenta años, solo dos de cada cinco mujeres que desean tener un bebe podrán hacerlo.[5]

Pocas circunstancias son tan difíciles en potencia para una mujer como querer tener un hijo y no poder concebir. Los investigadores han comparado este dolor emocional al de un enfermo terminal. Quienes no se han enfrentado a la infertilidad difícilmente pueden entender los profundos sentimientos de añoranza, estrés, frustración, ira, tristeza, soledad, envidia, fracaso, dolor y desesperación.

> "El reto de todo padre cristiano es formar hijos que amen a Dios con todo su corazón, con toda su mente y con todas sus fuerzas".[3]
>
> *Nancy*

Yo (Mary) oré una vez con una mujer cuyos problemas de infertilidad la habían paralizado. Estaba tan deprimida por su incapacidad de procrear que había dejado de ir a la iglesia. Apenas salía de su casa, por miedo a ver a una madre empujando el carrito de su bebé y romper a llorar sin consuelo. Su desesperación era como la de Raquel, la esposa de Jacob, quien envidiaba la fertilidad de su hermana y le exigía a Jacob: "Dame hijos, o si no, me muero" (Gn. 30:1).

¿Por qué crees que la mayoría de las mujeres desean, en algún momento de su vida, ser madres?

_____

_____

_____

Existen numerosas razones por las que las mujeres desean hijos, desde el egoísmo al altruismo y la idealización. Pero la explicación más simple para este deseo es que Dios nos ha hecho así. El deseo de ser fructífero forma parte de lo que significa ser mujer. Esto no significa que cada mujer sea consciente del deseo, o que lo perciba a cualquier edad o etapa de la vida, o del mismo modo que otras mujeres.

La cultura popular alienta a las mujeres a valorar una buena carrera por encima de la maternidad. A menudo se ve a los niños como una carga. Tener un hijo se presenta como algo opcional: lo puedes elegir, siempre y cuando encaje en la carrera general de la mujer y en el plan de vida financiero. Cuando decimos que el deseo de ser fructífera va de la mano con lo que significa ser mujer, somos muy conscientes de que la sociedad nos presiona para suprimir o negar este deseo. No obstante, está ahí.

A menudo, solo en retrospectiva y con la perspectiva que aporta la edad, las mujeres reconocen que no hay inversión de vida más preciada, valiosa y duradera que la de ser madre. Tomemos, por ejemplo, a Barbara Walters. Fue la primera copresentadora de un programa nocturno de noticias en los Estados Unidos, una figura de la televisión durante más de cincuenta años, con tres premios Emmy en su repisa. Durante una entrevista que celebraba su jubilación y su extraordinario éxito profesional se le pidió a la Walters, de 83 años, que reflexionara en el momento de su carrera que le produjo mayor emoción y satisfacción. Se puso muy emocional y preguntó si, en vez de ello, podía expresar su mayor pesar. Con lágrimas en los ojos, Walters respondió: "Me arrepiento de no haber tenido más hijos. Me habría encantado tener una familia más grande".[6]

El deseo de la "maternidad" existe, se pueda concebir o no. Aunque yo (Nancy) no he tenido el privilegio de dar a luz hijos biológicos, una de mis mayores alegrías ha sido criar espiritualmente a varias hijas, mujeres y parejas jóvenes que el Señor ha puesto en mi vida. Me encanta que me llamen "Mama Nancy" y recibir cartas de felicitación en el "Día de la madre", de las mujeres más jóvenes. En los últimos días he tenido la oportunidad de animar y orar con dos chicas que están a punto de casarse, una joven madre a punto de dar a luz a su tercer hijo, y otra que comienza un nuevo trabajo.

Lee los versículos al margen (Is. 54:1; Sal. 113:9; Jn. 15:16; Ro. 7:4). ¿Cuál es el máximo objetivo tanto de la maternidad biológica como de la espiritual?

_____

_____

_____

Identifica a alguien que no tenga hijos físicos, pero que tenga "la dicha de ser madre" (Sal. 113:9). ¿Quiénes son sus hijos y cómo es su maternidad?

_____

_____

_____

_____

¿Recuerdas a Débora en el libro de los Jueces? El tiempo de los jueces fue un momento precario en la historia de Israel. Josué había muerto y había un vacío de liderazgo a nivel nacional. Las doce tribus experimentaban invasiones y ataques de varios enemigos y estaban en constante peligro de invasión. Durante este tiempo inestable, el Señor levantó "jueces" para liberar a su pueblo de sus enemigos, de la anarquía civil y la apostasía espiritual.

Débora fue una mujer de la tribu de Efraín, que caminó con Dios. Su sabiduría y visión profética eran tan reconocidas que la gente venía de todas partes de la campiña a buscar su consejo y ayuda para resolver desacuerdos. Vinieron tantos a ella que estableció su oficina bajo "la palmera de Débora", en el campo.

Bajo la dirección de Dios, Débora dio instrucciones al general Barac para que reuniera un ejército de hombres para luchar contra el rey de Canaán. Barac insistió en que ella viajara con él para reunir a las tropas y después al campamento base en el Monte Tabor, desde donde él y su ejército lanzaron su ataque victorioso.

Débora tenía una larga e impresionante lista de credenciales. La Escritura no nos dice qué edad tenía o si tuvo hijos biológicos. Lo que sí sabemos es que ella estaba casada, tenía el don de la profecía y que proporcionaba juicio y consejos piadosos en una nación caótica y desorientada. Débora podría haberse identificado como dirigente, juez, profeta o líder. Pero escogió una descripción diferente.

> *"Regocíjate, oh estéril, la que no daba a luz; levanta canción y da voces de júbilo; porque más son los hijos de la desamparada que los de la casada, ha dicho Jehová".*
>
> **Isaías 54:1**
>
> *"A la mujer estéril le da un hogar y le concede la dicha de ser madre. ¡Aleluya!".*
>
> **Salmos 113:9 (NVI)**
>
> *"No me elegisteis vosotros a mí, sino que yo os elegí a vosotros, y os he puesto para que vayáis y llevéis fruto, y vuestro fruto permanezca".*
>
> **Juan 15:16**
>
> *"... a fin de pertenecer al que fue levantado de entre los muertos. De este modo daremos fruto para Dios".*
>
> **Romanos 7:4**

Busca Jueces 5:6-7. ¿Cómo se describió Débora a sí misma?

_____

_____

Débora había recibido de Dios el instinto de crianza que le daba valor y compasión. Su impulso no era el de muchas mujeres modernas —el poder, el control, la posición o el reconocimiento—, sino su corazón de madre. Se veía a sí misma como una "madre en Israel". Cuando juzgaba disputas y retaba a Barac para que asumiera el liderazgo, era como una madre que criaba a sus hijos. Era una mujer fuerte y capaz, que nunca perdió de vista su llamado femenino a la maternidad.

Puedes leer la historia de Débora en Jueces 4 y 5.

Obviamente, si tienes hijos, estás llamada a criarlos bien. Sin embargo, podría haber otros ámbitos en los que el Señor quiera usarte como madre.

Escribe el nombre de tu iglesia, lugar de trabajo, la escuela y/o comunidad en el espacio siguiente:
Soy una madre en:

_____

_____

¿Qué diferencia puede marcar un corazón de madre en estos entornos?

_____

_____

_____

→ **Dios nos ha formado y nos ha equipado a las mujeres para ser "madres", para traer frutos piadosos para Su gloria.** Si eres una mujer mayor, pídele un corazón de madre hacia quienes se encuentran en tu esfera de influencia. Si eres una mujer más joven, exprésale tu deseo de crecer en ese papel a medida que te vas haciendo mayor.

*C*uando mis (Mary) hijos eran pequeños, me rogaron que les leyera y releyera una historia adorable llamada *El suéter de Amós*, de Janet Lunn. Debo haber leído la historia un millón de veces. Amós es una oveja vieja y cascarrabias, de "ojos furiosos" que planea recuperar su lana, a pesar de que ya se ha tejido con ella un suéter de brillantes colores.

Han transcurrido décadas desde que vi ese libro y no tengo ni idea de lo que pasó con él, pero cada vez que alguien de nuestra familia esta de mal humor y reacia a la comunicación o a ponerse a trabajar y contribuir, burlonamente citamos las primeras líneas: "Amós era *viejo*, y tenía *frío*. Y estaba *cansado* de regalar toda su lana".

La triste realidad es que, para muchas personas, el envejecimiento va de la mano con tener "más frío" y ser más reacios a dar. Y no solo eso, sino que la sociedad fomenta la idea de que a medida que se envejece, menos tienes que ofrecer. Envejecer significa menos vitalidad y productividad.

¿Has intentado alguna vez encontrar una tarjeta de cumpleaños que presente el envejecimiento como algo realmente positivo y deseable? Cuando estás llegando a los 50, 60, 70 y 80, no tiendes a considerar que tu vida es más brillante y completa. Se tiende a pensar que va cuesta abajo; así habla hoy la gente sobre el envejecimiento. Pero esa no es la perspectiva de Dios al respecto.

> "El justo florecerá como la palmera; crecerá como cedro en el Líbano. Plantados en la casa de Jehová, en los atrios de nuestro Dios florecerán. Aun en la vejez fructificarán; estarán vigorosos y verdes, para anunciar que Jehová mi fortaleza es recto, y que en él no hay injusticia".
>
> **Salmos 92:12-15**

> "Mas la senda de los justos es como la luz de la aurora, que va en aumento hasta que el día es perfecto".
>
> **Proverbios 4:18**

Lee los versículos al margen (Sal. 92:12-15; Pr. 4:18).

Busca la palabra *florecer* en un diccionario y escribe la definición correspondiente a continuación:

_____

_____

En los cuadros siguientes, dibuja cómo es una persona mayor y piadosa, según los dos pasajes.

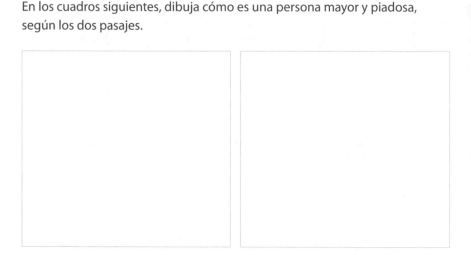

En la semana 2 también te pedimos que hicieras un dibujo del Salmo 92. Pero el cedro y la palma son metáforas tan poderosas que querríamos ampliarlas y aplicarlas aquí de una manera diferente.

llena de savia y verde

El Líbano es famoso por sus extensos bosques de cedros, que fueron llamados "la gloria" del Líbano (Is. 35:2). El cedro es un magnífico árbol de profundas raíces que crece durante 2000 años. Puede alcanzar grandes diámetros y alturas (hasta unos 37 m). Su madera fragante es rojiza y especialmente duradera y resistente a los insectos y a la decadencia. La madera es muy apreciada por su belleza y durabilidad. A través del Antiguo Testamento, el cedro simboliza la grandeza y majestad (2 R. 14:9; Ez. 31:3). El salmista utiliza la imagen del cedro para indicar que, desde un punto de vista espiritual, las personas piadosas crecen fuertes y más hermosas a medida que envejecen.

La imagen de la palmera indica que también son más fructíferas a medida que crecen. En Tierra Santa, las palmeras de dátiles eran tan abundantes que los griegos y los romanos la llamaron "la tierra de las palmeras". Crecen hasta alcanzar los doce, quince, y hasta veinticinco metros de altura. Las fibras del tronco son extremadamente elásticas. Una palmera se dobla pero no se rompe con la fuerza del viento. Hojas verdes en forma de plumas coronan el tronco. Las hojas de palma son un símbolo de la victoria (Ap. 7:9). Las multitudes agitaban hojas de palmas ante Jesús en Su entrada triunfal a Jerusalén (Jn. 12:13).

La palmera datilera es hermosa y útil a la vez. En la antigüedad, las fibras de la base de las hojas se tejían para hacer cuerdas y aparejos. Las hojas se utilizaban para hacer cepillos, tapetes, bolsos, sofás y cestas. Una palmera datilera comienza a dar sus frutos cerca de seis años después de ser plantada y produce más de 300 libras (136 kg) de dátiles al año. Y sigue siendo productiva durante más de un siglo y, a medida que el árbol crece, el fruto se vuelve más dulce.

Usa Salmos 92:12-15, Proverbios 4:18 y la explicación sobre los cedros y palmeras para compilar una lista que describa a una mujer mayor piadosa. (Hemos incluido dos puntos para empezar).

Cuanto más grande de edad, más brilla.

A medida que pasan los años, ella gana más sabiduría, entendimiento y claridad.

¿En qué difieren la perspectiva de Dios y la de la sociedad sobre las personas mayores?

_____

_____

_____

_____

_____

Mientras vas avanzando en edad y en sabiduría, debes madurar espiritualmente y dar más fruto. A mí (Nancy) me encanta Proverbios 4:18 y a menudo lo incluyo en felicitaciones de cumpleaños. La perspec-

"¿Qué quieres que tus hijos y tus amigos recuerden de ti cuando te hayas ido con Jesús?".[7]

Fern Nichols

tiva de Dios es que si tú eres una persona justa, tu vida es como la luz de la aurora, que comienza como un pequeño rayo de luz y a medida que el día avanza y se acerca más al mediodía, el sol se hace mayor y está más alto en el cielo, hasta alcanzar su punto más brillante. Así es como debemos pensar en el envejecimiento.

No debería haber jamás un momento en tu vida, independientemente de la edad que tengas, en que dejes de florecer, de crecer y de ser fructífera. Nunca hay un momento para retirarse ni para estar en un estante. Espiritualmente, una mujer mayor piadosa florece. Está llena de vitalidad espiritual. Su cuerpo físico puede perder fuerzas; forma parte de la maldición de la caída. No obstante, su ser interior se renueva de día en día. Nunca deja de crecer ni de ser fructífera. Nunca deja de formar a mujeres más jóvenes ni de proclamar a los demás la bondad y las maravillas de Cristo y de su evangelio.

¿Conoces a una mujer mayor piadosa que siga dando frutos y que, como el cedro, está "vigorosa y verde"? ¿Quién es ella y qué es lo que admiras de ella?

_____

_____

¿Qué tal tú? ¿Estás floreciendo y creciendo? ¿Eres hoy espiritualmente más madura y fructífera de lo que eras hace cinco años o estás envejeciendo fría y cansada de regalar tu lana? Explica.

_____

_____

¿Qué crees que puede ayudarte a seguir siendo fructífera y florecer en la vejez?

_____

_____

Las mujeres mayores son un componente clave en la fórmula de la feminidad bíblica en Tito 2. Es importante que respetemos a los mayores y que, conforme envejezcamos, sigamos pareciéndonos cada vez más a Jesús, hasta "que el día sea perfecto" y le veamos cara a cara.

*L*a educación formal en la antigua China solo era para los ricos y una extravagancia reservada para los hombres. Las mujeres estaban excluidas de aprender a leer y escribir. La mayoría tenían los pies atados y no se les permitía trabajar al aire libre. Así, mientras que los hombres iban a la escuela o trabajaban, las mujeres pasaban sus días en el interior, en la cámara de las mujeres, con otros parientes femeninos, amigas y vecinas. Juntas cocinaban, hacían zapatos y artesanía, hilaban, cosían, bordaban y recamaban. Cantaban canciones populares, recitaban poemas y componían sus propias canciones y poesías para pasar el tiempo. Y en una región particular de China inventaron una manera de escribirlo todo.

> *"Las ancianas asimismo sean… maestras del bien; que enseñen a las mujeres jóvenes…".*
>
> **Tito 2:3-4**

El lenguaje se llamó *nüshu*, que significa literalmente "escritura de la mujer". La fina escritura cursiva se utilizaba en secreto por las mujeres locales. Ningún hombre la aprendió. Ellas plasmaban su elegante escritura en los abanicos, bordaban los caracteres sobre tela y pañuelos, y tejían las letras en las colchas. Un fuerte lazo de hermandad se desarrolló entre ellas. Algunas se convirtieron en "hermanas de juramento", es decir, no vinculadas por sangre, sino por votos de lealtad.

Fue en estos grupos de mujeres donde crecieron las niñas en su feminidad, ofreciéndose apoyo una a otra durante el vendado de pies, el aprendizaje de las artes femeninas y el *nüshu* de sus madres, abuelas y tías.

Cuando llegaba el momento de casarse, la novia abandonaba la comunidad femenina que conocía y amaba, y se mudaba a la casa de su marido. Para aliviar el escozor de la separación, las mujeres y hermanas de juramento hacían, cuidadosamente, a mano un libro encuadernado en tela, conocido como "Libro del Tercer Día" para que ella lo abriera y lo leyera en su tercer día de matrimonio. El libro contenía mensajes bordados en *nüshu* que expresaban la esperanza y los sueños de las mujeres para la novia, así como su tristeza por la pérdida de su amiga, hermana e hija. Varias páginas se dejaban en blanco para que la novia las utilizara como diario para bordar sus propios pensamientos.

El *nüshu* se utilizaba a menudo para escribir cartas de madres a hijas o entre hermanas de juramento. Era una forma privada y apreciada por las mujeres para mantenerse en contacto. Les permitió apoyarse mutuamente y compartir libremente sus alegrías, luchas y angustias, que eran muchas. Por más de mil años se pasó la lengua secreta de las mujeres de generación en generación, de mujer a mujer, de mayor a menor, de madre a hija, de hermana a hermana. Es verdaderamente notable que este lenguaje secreto, escrito por mujeres y para las mujeres, se impartiera y preservara con tanto éxito.

¿Sabías que Dios nos ha confiado la transmisión de un "lenguaje especial de la mujer"? A diferencia del *nüshu*, no es una escritura secreta. Sin embargo, también es únicamente femenino. Es el lenguaje de la feminidad bíblica, que es el arte femenino de vivir el diseño divino de Dios para las mujeres. Cada generación tiene el reto de difundir el legado, de mujer a mujer, de una generación a la siguiente.

de mujer a mujer

Tito 2:3-4 indica que toda mujer mayor debe ser una (marca todo lo que creas que corresponda):

☐ golfista	☐ maestra	☐ *coach*
☐ jubilada	☐ entrenadora	☐ madre
☐ directora de una empresa	☐ ejemplo	☐ mentora

"Enseñen" es la traducción del término griego *sofronízo* y "mujeres jóvenes" de *neos*. ¿Observaste la palabra *sōfron* en *sofronízo*? Estudiamos *sōfron* ampliamente en la Semana Cuatro de este estudio (ver página 97). Recordarás que significa tener una *mente sana*. Es una persona que actúa como si estuviera en su sano juicio, espiritualmente hablando. La palabra traducida "enseñen" significa literalmente "hacer que tenga la mente sana", instruir o entrenar a alguien para comportarse sabia y correctamente.[8]

En Tito 2:3-4 al margen de la página anterior, rodea con un círculo en la frase "maestras del bien".

La frase "maestras del bien" es la traducción de una larga palabra griega: *kalodidáskalos*, de *kalós* (bondad o virtud) y *didáskalos* (maestro). Indica que todas las mujeres mayores deben ser "maestras de la virtud".[9] Una mujer mayor piadosa es una maestra de la virtud, entrenadora, mentora, y un ejemplo…. Es una madre espiritual.

Si te preguntáramos: "¿Eres una mujer mayor o joven?, probablemente dirías que eres mayor que algunas y más joven que otras. Es cierto. Para una chica de trece años, una joven de veinticinco años es una "mujer mayor". Cada mujer es más joven que algunas y mayor que otras.

Cuando Pablo dio instrucciones a las mujeres mayores para que enseñaran a las más jóvenes, es probable que las que él tenía en mente eran principalmente las que habían pasado su edad fértil. Sin embargo, el uso de la palabra *neos* indica que sus categorías de mayores y jóvenes tenían más que ver con la experiencia, la etapa de la vida, y la madurez espiritual que la edad cronológica. Un *neos* es un novato, un novato sin experiencia. Es una mujer nueva en las circunstancias en que está.

El punto es, si quieres ser el tipo de mujer que brinda gloria a Dios, deberías aprender activamente de la vida de las mujeres que han recorrido el camino antes que tú y enseñar activamente a las que vienen detrás. Independientemente de tu edad, el Señor quiere que seas aprendiza y maestra.

Basándote en Job 12:12, ¿qué consejo le darías a las mujeres más jóvenes?

_____

_____

_____

_____

_____

> *"La sabiduría pertenece a los ancianos, y el entendimiento a los mayores".*
>
> **Job 12:12 (NTV)**
>
> *"Aun en la vejez y las canas, oh Dios, no me desampares, hasta que anuncie tu poder a la posteridad, y tu potencia a todos los que han de venir".*
>
> **Salmos 71:18**
>
> *"Por tanto, guárdate, y guarda tu alma con diligencia, para que no te olvides de las cosas que tus ojos han visto, ni se aparten de tu corazón todos los días de tu vida; antes bien, las enseñarás a tus hijos, y a los hijos de tus hijos".*
>
> **Deuteronomio 4:9**

Basándote en Salmos 71:18 y Deuteronomio 4:9, ¿qué consejo le darías a las mujeres mayores?

_____

_____

_____

El consejo que nosotras le daríamos a las **mujeres jóvenes** es el siguiente: puedes ser joven y sabia, pero hay algunos aspectos de la sabiduría y el entendimiento que solo se obtienen con la experiencia de la vida. Recuerda esto. Y luego recuerda que a Dios le importa cómo tratemos a los creyentes mayores. Deben ser tratados con honor y respeto (Lv. 19:32). La forma de tratar a las personas mayores es una evidencia de cómo tratas al Señor. Valora la experiencia de vida de las mujeres de edad avanzada que te rodean. Solicita su consejo. Recibe instrucción y corrección con humildad. Haz preguntas. Escucha.

Mujeres mayores, se supone que ustedes son un modelo. Ustedes deben ser un ejemplo. Su carácter y su estilo de vida deben ser dignos de respeto. Tú debes tener una vida que las más jóvenes señalen y digan: "Así quiero ser cuando tenga su edad". Pero Dios quiere que seas más que un *modelo*; desea que seas una *mentora*. ¿Te parece que esto supera lo que has estudiado? Escucha, solo consiste en que compartas tu experiencia de vida, en el contexto de la vida cotidiana, para alentar y exhortar a las más jóvenes. Si permaneces comprometida con la generación más joven, seguirás dando fruto y tus relaciones con ellas te ayudarán a mantenerte "vigorosa y verde".

Para criar niñas en la verdadera feminidad, se requiere una hermandad piadosa donde cada mujer aprenda de otra más mayor y sea mentora de otra más joven. Ese es el plan de Dios para la preservación del lenguaje de la feminidad bíblica.

▶ **Termina con una oración**, pidiendo al Señor que te ayude a participar en "la hermandad", aprendiendo de la vida de las mujeres que han recorrido el camino antes que tú y enseñando a las que vienen detrás.

*E*l poema épico de Homero, ***La Odisea,*** narra la historia de Ulises, rey de Ítaca, que dejó a su esposa Penélope y su pequeño hijo Telémaco para luchar con la alianza griega en la guerra de Troya. Antes de irse, encomendó la responsabilidad de la supervisión de su reino y el cuidado de su hijo a su viejo amigo de confianza, Mentor. Sabiendo que pasarían años antes de que volviera, Ulises le pidió a Mentor que supervisara el crecimiento y el desarrollo de Telémaco y se asegurara de que fuera educado, capacitado y preparado para cumplir su derecho de nacimiento real.

Es la historia de Homero, de la relación entre el viejo Mentor y el joven Telémaco, que primero dio lugar al concepto de tutoría. A finales del siglo XVIII, la palabra *mentor* se convirtió en un sustantivo en el idioma inglés que significa "consejero sabio". En el uso moderno, un mentor es una persona más experimentada (y generalmente más mayor) que actúa como amigo de confianza, maestro y guía.

Un sitio web popular define la tutoría como "una relación de desarrollo personal en la que una persona con más experiencia o mejor informada ayuda a guiar a otra de menos experiencia o peor informado".[10] Señala que la verdadera tutoría es más que difundir información. Se trata de una relación permanente de aprendizaje, diálogo y el reto que tiene por objetivo desarrollar a la persona completa.

La tutoría se ha vuelto extremadamente popular en los últimos años. Se está pagando cientos de dólares por hora a los entrenadores de negocios, *coaches* ejecutivos, entrenadores profesionales, de salud, de gestión del tiempo, de citas y del ciclo de vida. El *Life Coaching Institute* informa que el entrenamiento de vida es la segunda industria de más rápido crecimiento del mundo.[11] Más de treinta universidades de los Estados Unidos han implementado programas de entrenamiento, incluidas Harvard, Yale, Duke, la Universidad Estatal de Pensilvania

"Retén la forma de las sanas palabras que de mí oíste, en la fe y amor que es en Cristo Jesús".

2 Timoteo 1:13

"Pero tú has seguido mi doctrina, conducta, propósito, fe, longanimidad, amor, paciencia".

2 Timoteo 3:10

"Acordaos de vuestros pastores, que os hablaron la palabra de Dios; considerad cuál haya sido el resultado de su conducta, e imitad su fe".

Hebreos 13:7

y la Universidad de California en Berkeley. Además, existen cursos en línea que ofrecen el certificado de *coach* de vida por tan solo $69.99.[12] Muchos de estos *coaches* tienen alrededor de los veinte años, lo que provocó la pregunta del New York Times: "¿Un coach de vida debería tener primero una vida?".[13]

De este fenómeno de *coaching* de vida podemos sacar dos conclusiones. En primer lugar, hoy se tiene hambre de aportación de ideas. Se anhela tener un mentor que pueda proporcionar consejo y guía sabios. En segundo lugar, la antigua práctica bíblica de la tutoría es un poderoso método para el crecimiento y desarrollo personal. Si el *coaching* de vida funciona en contextos seculares, imagínense cuánto más eficaz sería si lo saturáramos con la verdad de las Escrituras y el poder del Espíritu Santo.

> *"Sed imitadores de mí, así como yo de Cristo".*
>
> **I Corintios I I:I**
>
> *"Por tanto, os ruego que me imitéis".*
>
> **I Corintios 4:16**
>
> *"Ustedes mismos saben cómo deben seguir nuestro ejemplo. Nosotros no vivimos como ociosos entre ustedes... Al contrario, día y noche trabajamos arduamente y sin descanso... para darles buen ejemplo".*
>
> **2 Tesalonicenses 3:7-9 (NVI)**

Pablo era grande como mentor. Tito fue uno de sus principales protegidos. Lea los versículos al margen en las páginas 237, 239, 241 y 242 (Tit. 2:3-4; Job 12:12; Sal. 71:18; Dt. 4:9 2 Ti. 1:13; 3:10; He. 13:7; 1 Co. 11:1; 4:16; 2 Ts. 3:7-9), y responde a las siguientes preguntas.

¿Cuál es la principal responsabilidad de una mentora piadosa?

_____

_____

_____

_____

¿Cuál es la principal responsabilidad de alguien que tiene una mentora?

_____

_____

_____

_____

Usando los versículos, haz una lista de los tipos de cosas que una mujer más joven puede aprender de una mentora piadosa de mayor edad:

_____

_____

Enumera los diez elementos de *coaching* de vida que son una parte del currículo de Tito 2 para las mujeres, incluida una frase que resuma cada uno de ellos. (Sugerencia: puedes encontrar un resumen en el índice de contenido o la sinopsis de las lecciones al principio del libro).

1. _____

2. _____

3. _____

4. _____

5. _____

6. _____

7. _____

8. _____

9. _____

10. _____

¿Alguna vez te has beneficiado del ejemplo, el consejo y/o la enseñanza de una mujer mayor piadosa? ¿Quién era ella y qué aprendiste de ella?

_____

_____

_____

Nuestras vidas (Mary y Nancy) son mucho más ricas hoy gracias a las personas mayores, modelos de piedad que, a través de los años, la han derramado en nosotras y han sido nuestras mentoras en Sus caminos. Queremos desafiarlas, mujeres mayores, a que tomen la iniciativa y lleguen a las personas más jóvenes de su comunidad de fe. Una de las cosas que escuchamos de las más jóvenes sobre las mayores es: "Ellas no quieren ser nuestras mentoras". Pero también escuchamos a mujeres mayores que protestan alegando que, sencillamente, las más jóvenes no quieren recibir su consejo.

¿Sabes una cosa? Seas joven o mayor, toma la iniciativa. Acércate. Si ya tienes una edad, acércate y comprométete con las más jóvenes. No necesitas un doctorado en teología ni haber asistido a un seminario. No tienes que ser una gran maestra de la Biblia. Basta con abrir tu vida y la Palabra de Dios, estar junto a algunas de estas mujeres más jóvenes con la disposición de compartir con ellas, de tu vida y de Su palabra.

> "Abre su boca con sabiduría, y la ley de clemencia está en su lengua".
>
> **Proverbios 31:26**

Podrías replicar: "He errado en gran parte de mi vida. He tomado tantas decisiones equivocadas. He fallado de tantas maneras". Cuanto mayores nos hacemos mayor es la lista de fracasos que Satanás puede echarnos en cara. Tal vez pienses: "No tengo nada que ofrecer". Pero tú puedes enseñar *a partir de tus fracasos y tus éxitos*. Puedes alertar a las mujeres más jóvenes en cuanto a las áreas donde tú fallaste, cuando no confiaste en el Señor, tus adicciones, las maneras como fallaste. Enseñar basándote en tus fracasos puede ayudar a que quienes vengan detrás de ti tengan cuidado y precaución en sus pasos.

→ **Tu meta como mujer mayor** (por mayor que seas), consiste en que seas capaz de decirle a una mujer más joven: "[Imítame], como también yo imito a Cristo" (1 Co. 11:1, NVI).

*L*as pruebas de relevos en pista y campo están entre las modalidades más rápidas, enérgicas y emocionantes de los Juegos Olímpicos. Un paso en falso puede significar la diferencia entre una medalla de oro y no obtener medalla alguna. Las carreras de relevos comprenden equipos de cuatro corredores, cada uno en una carrera independiente conocida como "tramo". Los corredores llevan una barra de metal (el testigo o la estafeta) y cuando cada corredor completa su tramo, se la pasa al siguiente corredor, lo que significa el final de su carrera y el comienzo de la de su compañero de equipo.

El intercambio del testigo es crítico. Se realiza en una zona de intercambio especialmente marcada. Es el único lugar en el que se puede pasar el testigo de un corredor a otro. Es la parte más crítica de la carrera y la más difícil de ejecutar. El intercambio es donde la mayoría de los equipos pierde tiempo y posición. Hacerlo con torpeza o dejar caer la barra durante el intercambio hace que un equipo se retrase y, en algunos casos, sea descalificado. Un equipo de cuatro corredores respetables puede, con frecuencia, ganarle la carrera a otro más rápido o talentoso, solo por pasar mejor el testigo.

Durante muchos años he (Nancy) desafiado a las mujeres con la importancia de transmitir el "testigo de la verdad". Una carrera de relevos es una buena metáfora para describir cómo el Señor quiere que se transmita la verdad de una generación a la siguiente. Las creyentes de más edad pasan el testigo a las más jóvenes, que lo pasan al siguiente grupo de creyentes. Cada generación es responsable de transmitir la verdad a la próxima.

La carrera de relevos es particularmente significativa para mí (Mary), ya que mi marido Brent fue medallista de oro canadiense en los relevos de 4x400

> *"Y diligentemente las enseñarás a tus hijos, y hablarás de ellas cuando te sientes en tu casa y cuando andes por el camino, cuando te acuestes y cuando te levantes".*
>
> **Deuteronomio 6:7**

> *"Por tanto, guárdate, y guarda tu alma con diligencia, para que no te olvides de las cosas que tus ojos han visto, ni se aparten de tu corazón todos los días de tu vida; antes bien, las enseñarás a tus hijos, y a los hijos de tus hijos".*
>
> **Deuteronomio 4:9**

> *"Toda la Escritura es inspirada por Dios, y útil para enseñar, para redargüir, para corregir, para instruir en justicia".*
>
> **2 Timoteo 3:16**

metros y 4x800 metros en la universidad. Me encantaba verle practicar y competir. Su equipo pasó mucho tiempo trabajando en el cambio de testigo y tenían el mejor tiempo y ejecución que cualquier otro equipo. Como resultado, mantuvieron el récord nacional de 4x800 metros de Canadá durante más de veinte años.

Sin embargo, Brent nunca olvidará el intercambio fallido que le costó una medalla de oro. Era un acontecimiento especial, con prestigiosas estrellas atléticas olímpicas y campeones internacionales de atletismo, celebrado en el coliseo local frente a una audiencia masiva. En lugar de la carrera habitual de 4x400 para terminar las competencias, el comité organizador estableció un relevo con 1x100, 1x200, 1x300 y 1x400 metros. Puesto que nadie en el equipo de relevos de Brent era un buen velocista, su corredor más lento fue sustituido y se reclutó al mejor velocista de 100 metros que pudieron encontrar.

El corredor que seleccionaron era extremadamente talentoso, pero no estaba acostumbrado a correr en una prueba por equipos. Además, tenía un gran ego y pensaba que no necesitaba practicar el intercambio de testigo. El día de la carrera, el nuevo miembro del equipo demostró su talento con un arranque explosivo. Sin embargo, su cambio no salió bien y retrasó de forma sustancial al equipo. En la última etapa, Brent vino de atrás para lograr lo que parecía ser un final electrizante para obtener la medalla de oro. Pero, por desgracia, no lo consiguieron. Resultó que el velocista con exceso de confianza había fallado en el intercambio de testigo, y dio un paso fuera de la zona de intercambio, así que el equipo fue descalificado.

Lee los versículos al margen de la página anterior (Dt. 6:7; 4:9; 2 Ti. 3:16) ¿Por qué piensas que el plan de Dios es que pasemos cuidadosamente el testigo de la verdad de generación en generación?

Rodea en un círculo las palabras *diligentemente* y *con diligencia* en los versículos al margen de la página 245. ¿En qué requiere diligencia el pase de testigo para que sea un éxito?

_____

_____

_____

El patrón de transmitir la verdad de generación en generación es evidente en todo el Antiguo Testamento. *"No las encubriremos a sus hijos, contando a la generación venidera las alabanzas de Jehová, y su potencia, y las maravillas que hizo"* (Sal. 78.4). Pero el Nuevo Testamento indica que hay un aspecto específico de género para esta transmisión. Hay verdades específicas de género que se deben transmitir de hombre a hombre y de mujer a mujer.

mujeres de influencia

Un ejemplo de la influencia de una mujer sobre otra se encuentra en la historia de Noemí y Rut. La familia de la primera se mudó a Moab a causa de una grave hambruna en Judá. Allí, su hijo se casó con Rut, quien era extranjera y adoraba a dioses extranjeros. Pero después de la muerte de su marido, ella acompañó a su suegra de regreso a Judá, adoptando tanto la nación de Noemí como a su Dios.

Lee Rut 1:15-17. ¿Qué dicen estos versículos sobre la relación entre Noemí y Rut? ¿Por qué crees que Rut siguió a Noemí?

_____

_____

_____

_____

_____

Por la influencia de Noemí, Rut acabó casándose con Booz. Su hijo Obed fue el padre de Isaí y el abuelo

> "La riqueza del conocimiento espiritual y de la sabiduría terrenal que se debe aprender de mujeres que han caminado por experiencias de la vida, se está perdiendo en un momento en que, más que nunca, las jóvenes necesitan que alguien camine a su lado".[14]
>
> **Donna Otto**

del rey David (1 Cr. 2:12), haciendo que, en última instancia, Rut formara parte de la genealogía de Jesús (Mt. 1:5). ¡Qué gran legado para estas dos mujeres!

Compara el legado de Noemí con el de estas dos mujeres: Jezabel y su hija Atalía. Jezabel era la esposa extranjera de Acab, rey de Israel, el reino del norte. Jezabel mantuvo a grandes grupos de profetas de Baal y trató de exterminar a los profetas de Dios (1 R. 18:4). Jezabel era una influencia tan maligna que su nombre se convirtió en el apodo para las mujeres malas (Ap. 2:20). Su influencia corrupta se extendió al reino del sur a través de su hija Atalía, que se casó con Joram, rey de Judá, y dio a luz al rey Ocozías.

Lee sobre la herencia de la abuela Jezabel y la madre Atalía en 2 Crónicas 22:2-4. Encierra en un círculo la frase que indica que Atalía fue una influencia negativa en la vida de su hijo.

Todas nosotras dejaremos un legado de un tipo u otro. Es importante que seamos diligentes y transmitamos uno piadoso. Nos encanta este reto de Susan Hunt:

Debemos recuperar el legado de la feminidad bíblica y pasarlo, cuida-dosa e intencionalmente, a la siguiente generación. Si una generación es descuidada, la próxima generación sufrirá. Renunciar al diseño de Dios para la feminidad tiene efectos devastadores en el hogar, la iglesia y la cultura.

Esta batalla por la feminidad bíblica no es nada nuevo. Es simple-mente la reivindicación de lo que ha sido y será siempre. Y debemos hacerlo para la gloria de nuestro soberano Rey y el avance de Su reino.[15]

¿Qué parte de la cita de Susan Hunt te parece significativa o destacada? ¿Por qué?

_____

_____

_____

¿Eres cuidadosa e intencionalmente "diligente" en la transmisión del legado de la feminidad bíblica? La capacidad de reproducirse espiritual-mente, el de testificar de la verdad con las demás, es un signo de madurez espiritual. Si has conocido al Señor por muchos años y no te encuentras en un lugar donde puedas empezar a pasar el testigo, algo anda mal. Es lo que afirma el autor de Hebreos: "A estas alturas, ya deberían de ser maestros" (5:12, NVI). En otras palabras, has caminado con el Señor y se te ha alimentado lo suficiente. Has aprendido bastante. ¡Es hora de comenzar a transmitirlo!

Puedes pensar que la enseñanza no es lo tuyo, que no es tu don. ¿Pero has considerado que siempre estas enseñando? Tu vida es siempre una enseñanza, como lo son tu ejemplo, tus palabras, tus conversaciones. La pregunta es: ¿Estás enseñando lo bueno? ¿Estás siendo deliberada en la formación de las mujeres más jóvenes en los caminos del Señor y en lo fundamental de una feminidad piadosa?

→ **¿Estás pasando diligentemente Su verdad a la siguiente generación?** ¿Cómo puedes ser más intencional para dejar un legado piadoso?

de la teoría
a la práctica…

renovación interior

para asimilar:

El video de la semana nueve te ayudará a asimilar las lecciones de esta semana. Encontrarás este video, la guía del líder y otros recursos más en el sitio web TrueWoman201.com (disponible solo en inglés). También hay otros recursos disponibles en www.avivanuestroscorazones.com.

para reflexionar:

Piensa en las siguientes preguntas, debátelas con tus amigas, tu familia o en un grupo pequeño:

1. ¿Es el propósito de Dios que toda mujer sea dadora de vida? ¿Cómo puede esta verdad alentar a las mujeres sin hijos? ¿Qué perspectiva es esencial para aquellas que están buscando cumplir el diseño de Dios para la mujer?
2. ¿En qué difiere la manera bíblica de ver a las mujeres mayores de cómo las ve nuestra cultura?
3. ¿Qué diferencia a una mujer mayor de una joven? ¿En qué categoría te colocarías tú en este momento?
4. Debate lo que Nancy y Mary quieren decir con "para criar niñas en la verdadera feminidad, se requiere una hermandad piadosa".
5. ¿Por qué se ha apoderado el *coaching* de vida" de nuestra sociedad? ¿Cómo puede esta tendencia alentarnos en nuestro llamado a ser mentoras de mujeres jóvenes?
6. ¡Qué maravilloso que nuestros errores no nos descalifiquen para ser mentoras de mujeres jóvenes! ¿Cómo pueden tus errores del pasado ser usados de forma redentora para guiar y animar a otras?
7. ¿Qué verdades se pueden transmitir mejor (o solamente) de mujer a mujer?
8. ¿De qué maneras estamos siempre enseñando, aun sin intención? ¿Esta verdad hace que quieras redireccionar algunas de tus actividades actuales o tu manera de hablar? De ser así, ¿cuáles serían?

Utiliza esta hoja en blanco para escribir tus notas.
Escribe lo que aprendiste esta semana. Anota tus comentarios, tu versículo favorito, un concepto o una cita particularmente útil o importante para ti. Redacta una oración, una carta o un poema. Toma apuntes sobre el video o la sesión de tu grupo pequeño. Expresa la respuesta de tu corazón a lo que aprendiste. Personaliza las lecciones de esta semana como más te ayude a poner en práctica lo que aprendiste.

de la teoría
a la práctica…

belleza

Si contratas a una diseñadora de interiores para remodelar tu casa, ella escogerá un estilo y una gama de colores, seleccionará el piso, las cortinas y la iluminación apropiadas, el mobiliario, el arte y toda la decoración perfecta. Reunirá todos los elementos adecuados para transformar un lugar *aburrido* en algo *hermoso*. No estarías contenta si el resultado final fuera un espacio menos funcional y poco atractivo, ¿verdad? Esto se debe a que todo el propósito de embarcarse en un proyecto de renovación es para mejorar la funcionalidad y aumentar la belleza del hogar.

En *Mujer Verdadera 201: Diseño Interior,* hemos estudiado los elementos esenciales de la feminidad bíblica descritos en Tito capítulo 2. El Gran Diseñador quiere realizar una asombrosa renovación interior en tu vida. No tienes que preocuparte de que lo haga mal o de que no te vaya a gustar el resultado final. Aceptar y celebrar el diseño de Dios para tu feminidad te ayudará a florecer. Todas las cosas que te hacen ser como eres: tu personalidad, tus talentos, tus dones, tus intereses, tu intelecto, tus emociones y hasta tu aspecto concordarán con quien Dios quiso que fueras.

> *Una mujer verdadera manifiesta el atractivo del evangelio… "para que la Palabra de Dios no sea blasfemada".*

Cuando invitas al Gran Diseñador a renovar tu vida, puedes estar segura de dos cosas. Primero, que su diseño es funcional y práctico. ¡Funciona! Él tomará ese armario loco y desordenado, lleno de basura —ese que temes abrir, no sea que se te caigan encima todos los trastos acumulados—, lo organizará y lo limpiará. Lo convertirá en un espacio ordenado y brillante con ganchos, repisas y cajones y un hueco para cada par de zapatos. Es una buena ilustración. Vivir la feminidad al estilo de Dios hará tu vida más práctica y mejorará el funcionamiento general.

Segundo, la renovación será hermosa. ¡Llegarás a amar la transformación¡ Y los demás también. El Gran Diseñador tiene la habilidad de hacer las cosas asombrosamente bellas. No tienes más que ver su ingenio creativo en cada copo de nieve. Entre los billones y billones de copos de nieve caídos (al menos donde vivimos)… no hay dos exactamente iguales. Cada copo de nieve es una obra exquisita de belleza. En las lecciones de esta última semana, estudiaremos el elemento de diseño de la belleza. La mujer verdadera muestra lo atractivo del evangelio. Conforme madura y crece espiritualmente, su vida se va volviendo más convincente. Ha sido transformada a la imagen de Jesús, a niveles superiores, de gloria en gloria (2 Co. 3:18).

El diccionario define la "belleza" como una de las cualidades de la persona o cosa que da placer a los sentidos o a la mente. Las mujeres aman las cosas bellas y también tienen un deseo innato de SER bellas, agradables a la vista. Nosotras creemos que este deseo es un aspecto natural y precioso de la feminidad.

Dios nos creó a nosotras la mujeres con un deseo interior de embellecernos y ser consideradas hermosas. Este deseo femenino señala el anhelo de una novia de lucir todo lo bella que pueda para su novio. Y, finalmente, esto apunta al deseo de la Iglesia-novia de presentarse lo más hermosa posible para Cristo, ataviada de esplendidas vestiduras blancas de justicia (Is. 61:10; Jer. 2:32; Ap. 19:7; 21:2).

Sin embargo, con frecuencia nos obsesionamos con el tipo de belleza que se desvanece y descuidamos ese otro tipo que perdura, la incorruptible hermosura del corazón que es de gran valor a los ojos de Dios (1 P. 3:4).

El currículo de Tito muestra aquello que embellece de verdad a una mujer. Una mujer bella cultiva los elementos de discernimiento, honor, afecto, disciplina, virtud, responsabilidad, benevolencia y disposición a la sumisión y procura dejar un legado de piedad. Ella "adorna" el evangelio (Tit. 2:10). Su vida exhibe la fascinante belleza de la redención, hace creíble la historia y atrae a las personas a Jesús.

¿Te has fijado en los transformadores de luz, esas grandes cajas cuadradas sobre una plataforma de hormigón al nivel del suelo? Suelen encontrarse cerca de las aceras, los caminos y los callejones, y generalmente están pintadas de verde o gris mate. Como las superficies metálicas son de un solo tono liso y de fácil acceso, estas cajas son a menudo objeto de vandalismo. Los vándalos usan estas superficies como lienzos blancos y plasman mensajes de grafiti, nombres y blasfemias. A la comunidad le cuesta tiempo, esfuerzo y dinero considerables para mantenerse libre de grafiti.

Algunas comunidades han encontrado formas de combatir este problema. Han contratado a artistas que pinten las cajas de los transformadores y las cubran de arte colorido y complejo. El bello arte cubre cada superficie y no deja espacio para el grafiti. Esto disuade a los vándalos de escribir en las cajas, porque sus mensajes resultarían ilegibles. El modelo de arte contratado predominaría. Las ciudades que contratan a artistas para pintar las cajas de los transformadores, como Fort Collins, en Colorado, estiman que el ahorro en costes de limpieza a lo largo de los años por cada caja ha sido de hasta 130,000 dólares.[1]

En un sentido, nuestra vida se parece a esas cajas de transformadores. Podemos optar por cubrirlas de una bella obra de arte o dejar que sean desfiguradas por cosas ofensivas, groseras y profanas.

A lo largo de la carta a Tito, Pablo identifica dos tipos de personas: las que eligen embellecer sus vidas viviendo al estilo de Dios y aquellas que no lo hacen. Los primeros son "sana en la fe", mientras que los últimos "se apartan de la verdad" (1:13-14). Los primeros son "puros"; los segundos son "corrompidos e incrédulos" (1:15).

> *"Todas las cosas son puras para los puros, mas para los corrompidos e incrédulos nada les es puro; pues hasta su mente y su conciencia están corrompidas. Profesan conocer a Dios, pero con los hechos lo niegan, siendo abominables y rebeldes, reprobados en cuanto a toda obra buena".*
>
> **Tito 1:15-16**

Lee Tito 1:15-16 al margen. ¿Cuáles son las características primarias observables de quienes son corrompidos e incrédulos? Haz una lista en el espacio siguiente:

_____

_____

_____

_____

_____

_____

negarle con las obras

*L*o interesante de estas categorías es que ambos grupos de personas, en la época de Tito, profesaban conocer a Dios. En términos contemporáneos, ambos grupos asistían a la iglesia, escuchaban los mensajes, cantaban en el grupo de alabanza, enseñaban en la escuela dominical e iban a estudios bíblicos. Pero lo que los diferenciaba era el deseo de aplicar obedientemente la verdad en sus vidas.

El grupo de corruptos e incrédulos no estaba dispuesto a hacer frente a sus faltas. Se sentían bastante satisfechos siendo arrogantes, irascibles, violentos, codiciosos, envidiosos, indisciplinados, insubordinados, rebeldes, deshonestos, flojos, glotones, calumniadores, pendencieros, impuros, inmoderados y esclavos de todas clase de adicciones. Básicamente, sus vidas no se diferenciaban de los de fuera de la iglesia. Y no se preocupaban por cambiar.

Se supone que es obvio para cualquier observador que existen grandes diferencias entre quienes creen en Jesús y los que no lo hacen. La diferencia debería ser tan clara como el agua. Desdichadamente, ese no siempre es el caso.

Yo (Nancy) vi recientemente una encuesta de jóvenes entre 16 y 29 años, que no asisten a la iglesia, y que no han hecho profesión de fe alguna. El 84% de ellos respondió: "No soy cristiano, pero conozco a alguien que lo es". Sin embargo, de ese 84% que conocían a un cristiano, solo el 15% afirmó ver diferencia entre su forma de vivir y la de esos cristianos.[2]

Algo va mal en esa imagen. La diferencia debería ser obvia. El evangelio es poderoso, transformador. Pero nuestra cultura, las nuevas generaciones, tus hijos, tus vecinos o tus compañeros de trabajo no escucharán el evangelio si no pueden verlo en las vidas de quienes profesamos creer en Él.

En Tito, capítulo 2, Pablo da instrucciones a los creyentes en diversas circunstancias de la vida: hombres, mujeres, creyentes ancianos y jóvenes, y empleados. En cada caso, el apóstol dice en esencia: "Así es como debe verse el evangelio en su vida". Él también proporciona varios propósitos para justificar la importancia de que se vea así.

Ve a la carta a Tito. Para cada uno de los versículos siguientes, escribe el propósito que Pablo cita como la razón por la cual los creyentes deben comportarse de cierta manera. (Instrucciones: las clausulas suelen comenzar con las palabras "de modo que" o "para que").

Tito 2:5 _____

Tito 2:8 _____

Tito 2:10 _____

Pablo da instrucciones similares en su carta a Timoteo. Escribe "las cláusulas de instrucción" que él cita en los siguientes versículos:

1 Timoteo 5:14 _____

1 Timoteo 6:1 _____

Resume por qué quería Pablo que los diversos grupos de creyentes pusieran atención a su manera de vivir. ¿Cuál era su principal preocupación?

_____

_____

_____

_____

Como cristianas, debemos cultivar los elementos de la feminidad bíblica en nuestras vidas, "para que la Palabra de Dios no sea blasfemada" (Tit. 2:5). *Blasfemada* es *blasféméo* en griego y significa exactamente eso, blasfemar, deshonrar o hablar mal de algo.

Cuando proclamamos seguir a Cristo y creer en la Biblia, pero no vivimos lo que implica la Palabra de Dios, hacemos que la Palabra de Dios sea injuriada. Vemos ese concepto en Romanos 2, donde Pablo afirma: "Porque como está escrito, el nombre de Dios es blasfemado entre los gentiles por causa de vosotros" (v. 24). ¿Pero qué habían hecho para que se blasfemara el nombre de Dios? Si lees todo el pasaje de Romanos 2, desde el versículo 17, verás que eran unos hipócritas. Profesaban saber algo, y hasta se lo enseñaban a otros, pero ellos mismos no lo vivían. No había habido cambio alguno en su manera de hablar o de comportarse.

La vida de una mujer cristiana que no testifica del poder transformador del evangelio hace que este sea blasfemado, difamado y deshonrado. Es como si invitara a los vándalos a desfigurarlo con un sucio grafiti.

Por otra parte, si coopera con Dios y permite que Él la cambie, se convierte en un "adorno" del evangelio. Adornar significa embellecer y hacerlo atractivo. Los incrédulos verán su vida y dirán: "¡Vaya!, ¡Su vida me hace pensar que la Biblia es verdad!". No podemos limitarnos a decirles que es verdad; a través de nuestras vidas necesitan ver, sentir y experimentar que es realmente verdad.

> "La pregunta con la que necesitamos luchar es esta: si me despojaran de mis adornos y quedara expuesto lo escondido, lo interno de mi corazón, ¿me vería más hermosa o menos?".[3]
>
> _Mary_

¿Puedes identificar algún área en tu vida en la que la belleza de Cristo haya sido deshonrada por el pecado o la hipocresía?

_____

_____

_____

➔ **Si esto refleja el deseo de tu corazón**, ora y pídele al Señor que te perdone y te limpie para que puedas adornar el evangelio.

En 2012, Israel aprobó una ley para combatir el aumento de la anorexia y la bulimia, especialmente entre las jovencitas. La primera parte de la ley declara ilegales a las modelos que pesen menos de lo debido. En la actualidad, para autorizarlas a posar profesionalmente para fotografías, se les requiere que un médico del estado certifique su índice de masa corporal, que en ningún caso debe ser inferior al 18%.

"Porque ¡cuánta es su bondad, y cuánta su hermosura!".

Zacarías 9:17

"Gloria y majestad están delante de Él; poder y hermosura en su santuario".

Salmos 96:6 (LBLA)

"¡Adoren al Señor en la hermosura de la santidad! ¡Tiemblen ante él todos en la tierra!".

Salmos 96:9 (RVC)

"Le he pedido al Señor, y sólo esto busco: habitar en su casa todos los días de mi vida, para contemplar su hermosura y solazarme en su templo".

Salmos 27:4 (RVC)

Adi Barkan, reconocido agente de modelos que ayudó a escribir la ley, dijo que las modelos ultradelgadas parecen "niñas muertas". Barkan estimó que cerca de la mitad de las 300 modelos profesionales del país tendrán que ganar peso para poder trabajar.[4] Bajo las condiciones de la nueva ley, una modelo que mida 1.72 m, deberá pesar por lo menos 54 kg. Aunque esto sigue siendo superdelgada, al menos sus órganos tendrán el mínimo de grasa corporal necesaria para funcionar adecuadamente.

La segunda parte de la nueva legislación israelí se ha denominado la "ley Photoshop". Los políticos argumentaron que no bastaba con regular a las modelos ultradelgadas, cuando los editores fotográficos poseen esta varita mágica llamada Photoshop que borra manchas, alarga un escote, adelgaza la cintura o elimina la mitad de un muslo.

Por tanto, la segunda parte de la ley considera limitaciones estrictas respecto a cuánto se pueden editar las fotos de las modelos para los anuncios publicitarios. Ahora cualquier publicidad que presente a la modelo más delgada, tendrá que indicar claramente "retocada con Photoshop" o "fotografía mejorada". Como las etiquetas de advertencia en las cajetillas de cigarrillos, las etiquetas de las fotografías retocadas con Photoshop en los anuncios dan a entender que el consumo de estas imágenes es perjudicial para la autoimagen y la salud emocional de la mujer.

Puede resultar peligroso basar nuestras ideas respecto a la belleza en un modelo erróneo. Pero, desdichadamente, la mayoría de nosotras recurrimos a Hollywood y a las revistas de moda para definir ese concepto y sacar conclusiones para parecer más bellas.

Como dijimos en la introducción a las lecciones de esta semana, la *belleza* se define como una cualidad en la persona o cosa que da placer a los sentidos o la mente. Esta definición coloca la belleza directamente en los ojos del que mira. Algo es bello tan solo en la medida en que complazca a *mi* mente o a *mis* sentidos. Por tanto, si la opinión popular no considera que algo es bello, muy probablemente tampoco me lo parecerá a mí.

La Biblia nos brinda un modelo de belleza mucho más objetivo. Nos dice quién define la belleza, de dónde viene la belleza y exactamente qué es lo que hace que una persona sea bella.

Basándote en los versículos al margen (Zac. 9:17; Sal. 96:6; 96:9; 27:4; Ec. 3:11; Sal. 149:4; Pr. 31:30; Is. 52:7), escribe una definición bíblica de *la belleza.*

La Biblia enseña que la belleza es:

_____

_____

_____

_____

_____

_____

"Todo lo hizo hermoso en su tiempo".

Eclesiastés 3:11

"Porque el Señor se agrada de su pueblo, a los humildes adornará con salvación".

Salmos 149:4 (RVA-2015)

"La belleza es engañosa, y hueca la hermosura, pero la mujer que teme al Señor será alabada".

Proverbios 31:30 (RVC)

"¡Cuán hermosos son sobre los montes los pies del que trae alegres nuevas, del que anuncia la paz, del que trae nuevas del bien, del que publica salvación, del que dice a Sion: ¡Tu Dios reina!".

Isaías 52:7

declaración de moda

Como muchas mujeres de hoy, las del Israel antiguo eran *fashionistas*. Usaban cosméticos, perfumes, peinados, joyería y los últimos diseños de moda y accesorios para embellecerse. Delineaban sus ojos con negro mediante sulfuro de plomo. Se pintaban sombras en los ojos usando una pasta verde hecha del mineral malaquita (Jer. 4:30; Ez. 23:40). Se oscurecían las cejas aplicando una pasta negra. El ocre rojo les servía de rubor para colorear sus mejillas y como base labial. Se aplicaban dibujos de *henna* en sus manos y pies, y se pintaban las uñas. También usaban la *henna* para teñirse el cabello. Por lo general, usaban aceites perfumados en el cabello y en la piel.[5]

"Vuestro atavío no sea el externo de peinados ostentosos, de adornos de oro o de vestidos lujosos, sino el interno, el del corazón, en el incorruptible ornato de un espíritu afable y apacible, que es de grande estima delante de Dios. Porque así también se ataviaban en otro tiempo aquellas santas mujeres que esperaban en Dios, estando sujetas a sus maridos".

I Pedro 3:3-5

En Mesopotamia, los sumerios y babilonios introdujeron el uso del ocre rojo y amarillo para empolvarse la cara y cubrir las imperfecciones. Los descubrimientos arqueológicos corroboran la importancia de los cosméticos en su vida diaria. Han descubierto paletas cosméticas antiguas, tubos de kohl, palitos, cucharas, varas, ollas, broches para el cabello, peines, platos cosméticos, pinzas de depilar, pinceles, palillos y espejos.[6] En una excavación se descubrió algo que parecía ser un rizador y data aproximadamente del año 1400 a.C.[7]

Las coquetas hebreas mencionadas en Isaías 3:18-24 aprendieron, sin duda, estas y otras modas. Acudían al mercado a descubrir la última moda en ropa y cosméticos como acuden las mujeres de hoy a Pinterest o a los centros comerciales.

¿Qué limitaciones y problemas podrían resultar de confiar en cosas como estas para parecer más bellas?

_____

_____

_____

Usa 1 Pedro 3:3-5, Isaías 3:18-24 y los versículos al margen en la lección de hoy para realizar una lista de las cosas que contribuyen a cada tipo de belleza:

Cosas que contribuyen al tipo de belleza temporal	Cosas que contribuyen al tipo de belleza que perdura

¿A qué columna prestas más atención en tu vida diaria y por qué?

_____

_____

_____

_____

cautivados por su belleza

El Salmo 45 es un salmo mesiánico que presagia la relación entre el Rey Jesús y su Iglesia-novia. El versículo 11 declara: "Y deseará el rey tu hermosura".

El Señor está cautivado por tu belleza, pero no de la belleza de tu juventud ni de tu piel sin arrugas ni de una figura esbelta y bien proporcionada. Tampoco es la belleza pasajera proporcionada por los cosméticos o el último estilo de moda, sino esa que perdura en quien cree en Dios de verdad… en quien se viste de espectaculares ropas de salvación, santidad, humildad, fe, sumisión, nobleza y quietud. Es el tipo de belleza que adorna el evangelio haciéndolo atractivo y creíble a quienes no lo conocen. Y, más importante aún, es la que le agrada al Señor.

Una novia es meticulosa respecto a su apariencia. Para el gran día, quiere verse tan encantadora como sea posible para su novio. ¿Deseas tú también ser bella para Jesús? Explícalo.

_____

_____

 **¿A qué aspecto** de tu "apariencia" le prestas más atención? Acaba en oración y pídele al Señor que te dé la perspectiva correcta de la belleza y aumente el deseo de tu corazón de ser hermosa para Él.

_____

_____

prender sobre la feminidad bíblica ha sido un viaje para nosotras. Afortunadamente hemos crecido y ambas estamos en un lugar de nuestro entendimiento distinto al de hace diez, veinte o treinta años.

Yo (Mary) crecí en una familia alemana inmigrante con cinco hermanos y, en cierto modo, era una chica poco femenina. Estaba determinada a demostrar que cualquier cosa que mis hermanos hicieran, yo podría hacerlo mejor. La primera y única pelea en la que me vi involucrada fue cuando uno de mis hermanos mayores me ridiculizó diciendo: "¡Solo eres una niña!". Cuando todas las chicas de mi escuela tomaban clases de economía del hogar, yo tomaba clases de artes industriales. Cuando estudiaban cosmetología, yo estudiaba dibujo técnico. Cuando participaban en el club de baile, yo lideraba el club cristiano. Se me daba bien liderar, me gustaban los deportes y sentía profunda aversión por cualquier cosa rosa o de chicas.

Tras acabar la escuela secundaria, a la edad de 16 años, fui la primera mujer de mi región, contratada como conserje nocturno por Hudson's Bay, unos grandes almacenes canadienses del estilo de Macy's. Superé a colegas masculinos mayores que yo y demostré que podía manejar el trabajo y el equipo más pesado. Ganaba cuatro veces más que cualquier otro de mi edad. Inicié mi propio negocio y mi propia banda de rock. Era la única de todos mis hermanos que había ido a la universidad y había obtenido un título universitario. No obstante, en algún punto tuve que reconciliar mi porte masculino, mi independencia guerrera y mi deseo de superar a los chicos, con lo que la Biblia afirma sobre la feminidad.

Yo (Nancy) soy la primogénita, hija tipo A de dos padres primogénitos tipo A. Yo siempre he tenido firmes opiniones, toneladas de visión e impulso. Era una niña formal que amaba la escuela y temía al recreo, a los fines de semana y a las vacaciones. (Es raro, ¡lo sé!). También

> *"Una voz dijo: «¡Grita!». Y yo pregunté: «¿Qué debo gritar?». «Grita que los seres humanos son como la hierba. Su belleza se desvanece tan rápido como las flores en un campo… La hierba se seca y las flores se marchitan, pero la palabra de nuestro Dios permanece para siempre»".*
>
> **Isaías 40:6-8 (NTV)**

> *"Adorno de gracia dará a tu cabeza; corona de hermosura te entregará".*
>
> **Proverbios 4:9**

quería controlarlo todo. Las dos únicas cosas que quería jugar con mis hermanos más pequeños era a "la escuela" o a "la iglesia", e invariablemente yo quería ser la maestra o quien predicara.

Amaba al Señor y quería complacerle y servirle. Desde la escuela elemental en adelante, siempre estuve deseosa de aprovechar las oportunidades que ofrecía el ministerio. Pero luchaba con reconciliar mi personalidad fuerte, franca y controladora, con lo que a mi parecer era la perspectiva bíblica de la feminidad. ¿Un espíritu manso y humilde? Pensaba que necesitaría un trasplante de personalidad para que eso fuera posible.

Si a nuestros veinte años nos hubieran dicho a cualquiera de las dos que un día escribiríamos sobre la feminidad bíblica y que esto ayudaría a dirigir una contrarrevolución para recuperarla, probablemente nos habríamos reído ante tal idea.

En nuestro deseo de comprender el diseño de Dios para nosotras, como mujeres, ambas empezamos con la premisa de que lo que Dios dice es lo "correcto". Después de todo, Él es Dios y no nosotras. Pero nos llevó años comprender que su diseño para las mujeres no solo es *correcto*, sino *bueno*… y nos costó aún más disfrutar verdaderamente de la magnificencia y belleza del mismo. Aun así, reconocemos que hay momentos en que seguimos luchando con algunos conceptos. Sin embargo, cuanto más comprendemos y asentimos a Sus caminos, más los amamos.

verdades buenas y bellas

A lo largo de este estudio de *Mujer Verdadera 201*, hemos visto las cosas según "la sana doctrina" (Tit. 2:1). Los elementos de la feminidad que hemos estudiado son verdaderos. Son correctos. Y hay una frase en nuestro pasaje de Tito que indica que estas cosas no solo son verdaderas y correctas, sino también bellas.

La frase está al final del versículo 3, donde dice que las mujeres mayores han de ser "maestras del bien". En la lección de la semana pasada aprendimos que esta frase es la traducción de una larga palabra griega: *kalodidáskalos*, de *kalós*, bondad o virtud y *didaskalos*, maestro. Esto indica que las mujeres mayores deberán ser maestras de la virtud. Pero esa palabra contiene otro matiz y es la idea de belleza. La palabra *kalós* alude a algo bueno, a cosas virtuosas, **beneficiosas** y también increíblemente **bellas**.[8] *Kalodidáskalos* puede

traducirse "maestras del bien y de cosas bellas".[9] Hemos dedicado las nueve lecciones anteriores hablando de cosas buenas y bellas:

Discernimiento: *aprender a pensar correctamente sobre la feminidad, según la sana doctrina, es algo bueno y bello.*

Honor: *exaltar reverentemente a Cristo y vivir siempre como si estuvieras en su templo es algo bueno y bello.*

Afecto: *amar a esposos e hijos (sobre todo a los propios) y estimar el plan de Dios para la familia es algo bueno y bello.*

Disciplina: *hacer elecciones sabias e intencionadas de dominio propio es algo bueno y bello.*

Virtud: *cultivar la bondad y pureza en cada área de tu vida es algo bueno y bello.*

Responsabilidad: *mantener las prioridades correctas del trabajo y dar prioridad a las tareas del hogar es algo bueno y bello.*

Benevolencia: *ser amable y caritativa con los demás es algo bueno y bello.*

Disposición: *cultivar un espíritu suave, dócil y sumiso es algo bueno y bello.*

Legado: *enseñar y nutrir espiritualmente a mujeres jóvenes es algo bueno y bello.*

> *"… les dará una corona de belleza en lugar de cenizas, una gozosa bendición en lugar de luto, una festiva alabanza en lugar de desesperación. Ellos, en su justicia, serán como grandes robles que el Señor ha plantado para su propia gloria".*
>
> **Isaías 61:3 (NTV)**
>
> *"De Sion, perfección de hermosura, Dios ha resplandecido".*
>
> **Salmos 50:2**
>
> *"Toda tú eres bella, amada mía; no hay en ti defecto alguno".*
>
> **Cantares 4:7 (NVI)**

¿Estás convencida de que alguno de los elementos anteriores de la feminidad es bueno, pero no lo percibes aún como algo bueno y bello? ¿Cuál? Explica por qué.

_____

_____

_____

_____

Ve a la página 260 y rodea la palabra *incorruptible* en 1 Pedro 3:3-5

Lee todos los versículos al margen de esta lección. ¿Por qué la belleza de la feminidad bíblica es incorruptible? (Marca todas las que correspondan).

☐ Porque está basada en la sabiduría de Dios
☐ Porque está basada en la Palabra de Dios
☐ Porque está basada en el carácter de Dios
☐ Porque este tipo de belleza es otorgada por Dios
☐ Porque todo lo bello de la tierra será eclipsado algún día por la belleza eterna a la que apunta

De acuerdo con Isaías 61:3, ¿Por qué obra Dios en nuestras vidas para hacernos bellas? ¿Cuál es la razón principal?

_____

_____

¡Son tantas las mujeres que luchan con cuestiones de apariencia personal y autoestima! Se miran al espejo y lo que ven no les parece bello, según sea la norma del mundo. Lo único que ven son imperfecciones físicas: una nariz muy grande, los ojos torcidos, la piel llena de imperfecciones, hoyos o granos, la piel flácida, protuberancias y arrugas.

La Biblia presenta una visión empapada en gracia y espectacular de la belleza femenina. Insiste en que el Rey está cautivado, ¡CAUTIVADO!, con la hermosura de cada mujer que deposita su fe en Él. Hemos hablado mucho sobre lo que hace que una mujer esté radiante con la belleza de Cristo. Te hemos desafiado a examinar varios ámbitos de tu vida, y a que te esfuerces en cambiar. No obstante, es importante que tengas en cuenta que cultivar la belleza espiritual no pretende ser una carga que induzca a la culpa en tu lista infinita de quehaceres. No. El tipo de belleza que Dios quiere ver en ti es aquella que *Él* te concederá a medida que permitas que Su Espíritu te conforme a la imagen de Jesús. Es un don de gracia.

→ **Ora y agradécele al Señor que el Rey esté cautivado por tu belleza**. Pídele que convierta tu vida en un reflejo de Su belleza y gracia.

ientras estaba editando (Nancy) partes de este libro, tenía de fondo en la pantalla del televisor las Olimpiadas de Invierno (en Sochi). Me detuve a observar la intervención de la "reina" del patinaje, la coreana Yuna Kim, la atleta mejor pagada del mundo. Quedé hipnotizada por su gracia y belleza. Al parecer, no era yo la única. El comentarista indicó que su "dulzura y su ternura" habían hecho que se ganara a todo el mundo.

¡Qué bella ilustración del poder de la verdadera feminidad! Desconozco si Yuna Kim es seguidora de Cristo, pero sé que la dulzura y la ternura son rasgos que la Escritura identifica como bellos aspectos de la feminidad. Estas características femeninas son "de gran estima" a los ojos del Señor (1 P. 3:4). A pesar de que el mundo suela rechazarlas, son atractivas.

> "La mujer centrada en Dios vive para reflejar la belleza y las maravillas de Sus caminos y unirse a cada cosa creada en el cielo y en la tierra para glorificar y alabar a Dios por la eternidad".[10]
>
> *Nancy*

Revisa los diez elementos de la verdadera feminidad. Resume lo que la Escritura enseña sobre cada elemento. Después, considera la forma en que nuestra cultura comunica un mensaje diferente. Mientras realizas este ejercicio, te sugerimos que vuelvas a la sección del libro que hable de cada elemento para que te ayude a recordar lo que hemos aprendido.

Elemento de Diseño Uno: Discernimiento (páginas 18-45)

Una mujer verdadera se caracteriza por su buen juicio… Sabe *"lo que está de acuerdo con la sana doctrina"*.

Lo que enseñan las Escrituras al respecto:	Lo que la cultura popular enseña:

Elemento de Diseño Dos: Honor (páginas 46-69)

Una mujer verdadera honra a Cristo... Es *"reverente en su conducta"*.

Lo que enseñan las Escrituras al respecto:	Lo que la cultura popular enseña:

Elemento de Diseño Tres: Afecto (páginas 70-95)

Una mujer verdadera valora a la familia... *"[Ama a su marido] y a sus hijos"*.

Lo que enseñan las Escrituras al respecto:	Lo que la cultura popular enseña:

Elemento de Diseño Cuatro: Disciplina (páginas 96-120)

Una mujer verdadera toma decisiones sabias y premeditadas... Tiene *"dominio propio"*.

Lo que enseñan las Escrituras al respecto:	Lo que la cultura popular enseña:

Elemento de Diseño Cinco: Virtud (páginas 122-147)

Una mujer verdadera cultiva el bien... Es *"pura"*.

Lo que enseñan las Escrituras al respecto:	Lo que la cultura popular enseña:

Elemento de Diseño Seis: Responsabilidad (páginas 148-173)

Una mujer verdadera mantiene las prioridades de trabajo en el lugar correcto... Valora *"el trabajo en el hogar"*.

Lo que enseñan las Escrituras al respecto:	Lo que la cultura popular enseña:

"¿Qué elementos de diseño representan un reto para ti, y por qué?".

¿Hasta qué grado piensas que la cultura popular influye en tus ideas acerca de la feminidad?

¿Cómo puedes asegurarte de que tus ideas están fundamentadas en las Escrituras?

Elemento de Diseño Siete: Benevolencia (páginas 174-199)

Una mujer verdadera es caritativa hacia los demás… Es *"bondadosa"*.

Lo que enseñan las Escrituras al respecto:	Lo que la cultura popular enseña:

Elemento de Diseño Ocho: Disposición (páginas 200-225)

Una mujer verdadera cultiva un espíritu afable y apacible… Es *"sumisa"*.

Lo que enseñan las Escrituras al respecto:	Lo que la cultura popular enseña:

Elemento de Diseño Nueve: Legado (páginas 226-251)

Una mujer verdadera es una madre espiritual… *"Enseña lo que es bueno"*.

Lo que enseñan las Escrituras al respecto:	Lo que la cultura popular enseña:

Elemento de Diseño Diez: Belleza (páginas 252-277)

Una mujer verdadera manifiesta el atractivo del evangelio... *"para que la Palabra de Dios no sea blasfemada".*

Lo que enseñan las Escrituras al respecto:	Lo que la cultura popular enseña:

*H*emos llegado a la última lección de ***Mujer Verdadera 201***. Hemos reservado para el final nuestra metáfora bíblica favorita de la verdadera feminidad. La imagen viene del Salmo 144.

En este salmo, David mezcla oración y alabanza. Comienza pidiéndole al Señor confiadamente que le otorgue la victoria y libere a Israel de sus enemigos (vv. 1-11). Después, imagina cómo sería el tiempo de bendición y paz.

Los hijos e hijas del pueblo crecerían como mujeres y hombres, la nación prosperaría económicamente y el crimen prácticamente no existiría (vv. 12-14). Al final del salmo, David reconoce que tal paraíso solamente podría venir de Dios y lo podrían experimentar aquellos para quienes Dios es su Señor (v. 15).

Lee el Salmo 144 y pon especial atención al lenguaje que utiliza David para describir a los hijos e hijas de Israel. ¿Cómo imagina él a los hijos de Israel una vez que crezcan (v. 12)?

> "La mujer centrada en Dios acepta el propósito supremo para el que fue creada. Vive para reflejar la belleza y la maravilla de Sus caminos y unirse a toda cosa creada en el cielo y en la tierra para glorificar y alabar a Dios por la eternidad".[11]
>
> *Nancy*

_____

_____

_____

_____

_____

¿Cómo imagina él a las hijas de Israel una vez que crezcan?

_____

_____

El rey David pudo visualizar que la bendición de Dios haría crecer a los hijos del pueblo como plantas maduras, fuertes, estables. Imaginaba que sus hijas serían "como columnas esculpidas para adornar un palacio" (NVI). ¿Pero qué significa esta imagen?

David se refiere aquí a las columnas cariátides, comunes en la arqui-tectura egipcia. Su apariencia era sin duda familiar para los hebreos.[12] Una cariátide es una estatua de mármol labrada en forma de mujer alta y bella, usada como pilar, como soporte arquitectónico. Esta estatua femenina solía estar sobre un pequeño pedestal y elegantemente vestida con una túnica hasta el suelo. Llevaba la larga cabellera trenzada y estilizada; una corona reposaba sobre su cabeza y sobre esta recaía el peso de la estructura. Era típico que los palacios tuvieran varias cariátides en fila. El ejemplo más cono-cido está en la antigua Grecia, El *Pórtico de las Cariátides Religiosas de Erecteón*, que ha sido preservado en la Acrópolis de Atenas.

Pero las metafóricas "columnas" mostradas en este salmo no hacen una fila ni sostienen el pórtico de un palacio. Están de pie en las esquinas de las casas y sostienen la estructura de la nación.[13]

Dibuja la metáfora de David sobre la feminidad en el recuadro siguiente:

La metáfora presenta una poderosa imagen de la belleza, la dignidad, la fuerza y la influencia de una feminidad piadosa, ¿no es así? Nos recuerda la frase citada en *Mujer Verdadera 101*, del pastor británico del siglo XIX, John Angell James. Aquí tienes una porción de esa cita:

Cada mujer, ya sea por su virtud o su inmoralidad, por su insensatez o su sabiduría, por su liviandad o su dignidad, añade algo para nuestro encumbramiento o degradación como nación… No se puede derrumbar una comunidad donde las mujeres cumplen su misión, pues por el poder de su noble corazón sobre el corazón de los demás, ella levantará a esa comunidad de sus ruinas y la restaurará a la prosperidad y el gozo.[15]

El pastor James creía que la verdadera feminidad era tan importante que la fuerza y el éxito de una nación dependía de ello. Sin la piadosa influencia femenina, el tejido moral se enredaría, las familias fracasarían y se hundirían en la degradación y la ruina. El Salmo 144 da a entender que el rey David estaría de acuerdo con ello.

> "Que yo sea mujer no me convierte en un tipo de cristiano diferente, pero ser cristiana sí me hace ser un tipo de mujer diferente, porque he aceptado la idea de Dios respecto a mí y toda mi vida es una ofrenda para Él de todo lo que soy y todo lo que Él quiere que sea".[14]
>
> **Elisabeth Elliot**

Nos sentimos tan estimuladas por los informes que recibimos de todo el mundo sobre la manera en que Dios está usando el movimiento Mujer Verdadera para levantar a mujeres como pilares en sus casas y sus comunidades. Este es el testimonio de una joven esposa austríaca, cuyo matrimonio ha cambiado radicalmente al descubrir ella a Cristo y deleitarse en Él y Su buen plan para su vida.

En un momento dado nuestra relación estaba tan destruida que mi esposo no tenía fuerza para seguir adelante, porque yo lo despedazaba con mis palabras. Por fin Dios abrió mis ojos y comenzó a cambiarme. Mi esposo afirma que este mensaje me ha transformado a mí y nuestra relación. Donde había disputas y gritos, ahora hay paz. ¡Ustedes han inculcado en mí el deseo ardiente de ser una mujer verdadera de Dios y de enseñar lo que he aprendido de Su Palabra a otras mujeres y a la siguiente generación!

Y otro informe de una hermana de habla hispana en la República Dominicana:

Él me llevó de ser una joven mujer feminista, egoísta y con deseos mundanos a ser una nueva mujer. Yo no deseaba casarme y tener hijos. Estudiaba medicina con la intención de ser rica y económicamente poderosa. Estaba realmente en contra del designio de Dios para mí. Tras profundizar en Su Palabra, todo comenzó a cambiar. Mis deseos, metas y propósito de vida, todo cambió. Ahora Él ha hecho que lo ame y no puedo quedarme callada ante otras mujeres. He dejado la medicina para estudiar la Biblia. Todos consideran que es una locura, pero yo sé en Quién creo.

Cualquiera que sea tu pasado, tus limitaciones, tus necesidades o la etapa de la vida en la que estés; puedes ser un hermoso pilar que adorne y defienda tu matrimonio, tu familia, tu iglesia, tu lugar de trabajo y tu comunidad. ¡Que así sea por Su gracia y para su gloria!

Lee la cita de Elisabeth Elliot al margen. Explica de qué manera el conocer a Cristo puede convertirte en un "tipo de mujer diferente".

_____

_____

_____

Estamos enormemente agradecidas de que te hayas unido a nosotras en este viaje. Esperamos que este estudio te haya ayudado a entender mejor el plan de Dios y su llamado para nosotras como mujeres cristianas. Le pedimos al Señor que continúe cambiándote desde el interior, mientras descubres y aceptas Su diseño divino, y que Él use tu vida para señalarles la belleza de Cristo a las personas de tu alrededor.

→ **Tómate un tiempo para reflexionar en todo lo que has aprendido en** *Mujer Verdadera 201.* Usa la sección "Personalízalo" en la página 277 para escribir sobre el efecto que ha tenido tu vida.

de la teoría a la práctica…

renovación interior

para asimilar:

El video de la semana diez te ayudará a asimilar las lecciones de esta semana. Encontrarás este video, la guía del líder y otros recursos más en el sitio web TrueWoman201.com (disponible solo en inglés). También hay otros recursos disponibles en www.avivanuestroscorazones.com.

para reflexionar:

Piensa en las siguientes preguntas, debátelas con tus amigas, tu familia o en un grupo pequeño:

1. ¿De qué manera te ha permitido este estudio de diez semanas deshacerte de tus ideas preconcebidas en lo que respecta a la feminidad bíblica?
2. ¿Por qué no tenemos nada que temer cuando dejamos que Dios se encargue de la obra renovadora en nuestra vida y nuestro corazón?
3. Considera la variedad de formas en que la mujer verdadera puede manifestar lo atractivo del evangelio.
4. ¿Cómo puede cumplirse mejor el deseo que Dios nos ha dado por la belleza? ¿Qué verdades has aprendido en este estudio que te inspiran a buscar la verdadera belleza espiritual?
5. ¿Cuáles son las características de quienes eligen embellecerse al estilo de Dios y las que no? Fundamenta tu respuesta en Tito 1:13-15.
6. ¿Por qué es vital que nuestras vidas reflejen nuestra profesión de fe? ¿Cuál sería el resultado si el efecto transformador del evangelio no se viera en la vida de las mujeres cristianas?
7. Comenten las distintas formas en que las mujeres visten su persona interior y exterior ¿Qué tipo de adornos complacen al Señor? ¿Agradarle a Dios te motiva a "vestirte" bíblicamente? ¿Si es así, explica por qué?
8. ¿Por qué es tan atractiva la feminidad bíblica descrita en Tito 2? ¿De qué manera se glorifica a Dios y cómo avanza Su Reino, cuando mostramos Su belleza?

personalízalo

Utiliza esta hoja en blanco para escribir tus notas. Escribe lo que aprendiste esta semana. Anota tus comentarios, tu versículo favorito, un concepto o una cita particularmente útil o importante para ti. Redacta una oración, una carta o un poema. Toma apuntes sobre el video o la sesión de tu grupo pequeño. Expresa la respuesta de tu corazón a lo que aprendiste. Personaliza las lecciones de esta semana como más te ayude a poner en práctica lo que aprendiste.

↓

de la teoría
a la práctica…

*E*speramos que este estudio te haya ayudado a entender más sobre tu misión y llamado como mujer. Como mencionamos al principio, nuestra intención ha sido presentar los principios bíblicos atemporales, que se pueden aplicar a mujeres de todas las culturas, personalidades, edades y etapas de la vida. Conforme permitimos que Dios haga una remodelación en nuestro interior, es muy importante que nuestra feminidad esté basada en roca sólida. Si todavía no has tenido la oportunidad de estudiar *Mujer Verdadera 101: Diseño Divino*, te animamos a que lo hagas. En ese estudio de ocho semanas analizamos el hecho de que Dios creara a las mujeres según un diseño divino que difiere del hombre. Él también nos creó distintas unas de otras. Somos diferentes por diseño.

deshazte del molde

La Biblia no nos da un conjunto de reglas simplistas y obligatorias para la feminidad. No nos dice, por ejemplo, cuán larga debe ser nuestra falda, o si debemos perseguir o no una educación avanzada, o que las mujeres deban ser las que limpien los baños y cocinen todas las comidas, o que nunca debemos trabajar fuera de casa, o que todas las mujeres deben casarse, o que debemos educar a nuestros hijos de cierta manera. La Biblia no contiene listas de este tipo.

No estamos diciendo que nuestras decisiones no importen. En Su Palabra, Dios nos da principios claros acerca de la feminidad. Es importante buscar la dirección del Espíritu Santo para que nos ayude a saber cómo aplicarlos en nuestra situación particular. Sin embargo, debemos evitar la mentalidad de "molde". Todas somos únicas; las circunstancias de cada mujer son distintas. Cada una necesita discernir cuidadosamente cómo aplicar los principios de Dios en su propia vida. Podemos alentar también a otras en ese proceso, pero no está en nosotras determinar cómo deben aplicarse estos principios en la vida de otras mujeres.

Te animamos a deleitarte en la diversidad y evitar la tentación de compararte con las demás. Aférrate con firmeza a las convicciones bíblicas centrales. Agárrate menos a las cuestiones de aplicación y preferencia. En ambas cosas, actúa con gracia y humildad. Permite que Dios exprese su maravillosa gracia por medio de los diversos dones y las sensibilidades que Él ha dado a diferentes mujeres que le aman y desean honrarle.

También es importante recordar que la verdadera feminidad es un proceso. Ciertamente, lo ha sido para nosotras dos. El Señor nos ha retado y ha cambiado nuestro pensamiento y comportamiento a lo largo del tiempo. Ahora nos encontramos en un punto distinto de comprensión y aplicación de la verdadera feminidad que hace veinte o treinta años.

Además, es importante saber que aunque nuestro objetivo sea llegar al ideal, vivimos en un mundo que no lo es en absoluto. Debido a la realidad del pecado, experimentar y expresar el ideal bíblico de la feminidad resultará excepcionalmente difícil en algunas circunstancias. Somos pecadoras. Los hombres también lo son. La gracia de Dios puede ayudarnos a caminar con Él y agradarle en cada situación; pero necesitamos más sabiduría para discernir cómo reflejar el corazón y los caminos de Dios en un mundo perdido.

La mujer verdadera no es engreída, petulante ni censuradora. Alienta en vez de criticar. Sabe que no tiene remedio ni esperanza sin la gracia de Dios. Es generosa y extiende gracia a otras personas. Extiende gracia a aquellas que no tienen las mismas convicciones sobre lo que la Biblia enseña acerca de la feminidad. Extiende gracia a aquellas que toman decisiones alternativas sobre cómo implementar los principios bíblicos. Extienden gracia a aquellas que están en diferentes etapas de su proceso. Extienden gracia a aquellas que están lidiando con circunstancias trágicas y terribles. Extiende a otras personas la misma gracia que recibió de Dios.

maravíllate del significado

Para terminar, queremos recordarte que, por importante que sean los elementos de la feminidad bíblica, su mayor relevancia está en aquello a lo que apunta. La verdadera feminidad no es un fin en sí misma. Nuestra feminidad existe para exhibir la historia de Jesucristo. Su propósito es llamar la atención hacia la belleza y la maravilla del evangelio.

No hay nada tan inspirador como un romance verdaderamente bueno, ¿no es así? Todas estamos familiarizadas con la historia. El apuesto héroe pelea para rescatar del mal a la encantadora princesa; ella cae a sus pies, enamorada. Él le declara su amor. Juntos cabalgan hacia la puesta de sol y viven felices para siempre.

¿Te has preguntado alguna vez por qué tantas historias siguen este argumento básico?, o ¿por qué participar en una versión de la vida real es el sueño de tantas mujeres? No es porque Hollywood creara un guión fantástico ni porque las estrellas de cine hagan parecer tan atractivo el romance. No; esto se debe a que Dios quería que las personas conocieran y vivieran la mejor historia de amor de todos los tiempos: el asombroso y perseverante amor de Cristo por pecadores que no lo merecen.

Nuestro Padre Dios creó al hombre y a la mujer, el sexo y el matrimonio, para darnos una figura física de la relación espiritual con Jesús. Jesucristo, el hijo de Dios sin pecado, vino a la tierra a rescatar a su novia (la Iglesia) de la terrible consecuencia del pecado: la separación de Dios, la muerte física y espiritual. Cristo amó tanto a su novia que murió en la cruz para recibir el castigo del pecado, en lugar de ella. La rescató del mal e hizo un pacto de compromiso con ella. En respuesta a su iniciativa, ella no puede más que amarlo y corresponder a su invitación.

Espiritualmente, ella se compromete en matrimonio con Él. Se guarda para Él y se prepara para el día en que se unirán para siempre. Es una historia de amor como ninguna otra. Es la historia del evangelio. La historia de Cristo es la historia que el romance terrenal debe contar; para ello fue creado.

Confiamos que, por la gracia de Dios, te hayas convertido en parte de esta gran historia. La realidad es que es imposible ser una mujer verdadera sin tener una relación personal con Cristo y la presencia de Su Espíritu dentro de ti. Separada de Él podrás luchar y esforzarte por alcanzar o recibir Su favor, podrás conformarte a alguna norma externa o impresionar a otros con lo "buena" que eres; pero nunca obtendrás la gracia y el poder necesarios para ser la mujer que Él diseñó que fueras en lo profundo de tu ser.

Esperamos que hayas respondido al llamado de Jesús, que te hayas arrepentido de gobernar tu propia vida, seguir tu propio camino, y que hayas aceptado el regalo del perdón y la salvación de Dios. Si no lo has hecho, puedes hacerlo en este momento orando y diciéndole al Señor que reconoces Su derecho de gobernar tu vida; que estás acudiendo a Él para entregarle tu pecado y tu rebelión contra Él; que recibes por fe la salvación por Su muerte en la cruz, y que quieres tener una relación eterna con Él.

Finalmente, la verdadera feminidad consiste en decirle "sí" a Jesús. Esperamos que este estudio te haya inspirado a maravillarte, aceptar y deleitarte en el plan espectacular de Dios, y que hayas comenzado a descubrir la belleza, el gozo y la satisfacción de ser exactamente quien Él diseñó que fueras. Él quiere que seas mucho más de lo que el mundo defiende como el ideal. ¡Quiere que seas una mujer verdadera!: una mujer que le diga: "¡Sí, Señor!"; una mujer que, por la gracia de Dios, conforme su vida a Su *diseño interior.*

proponte marcar la diferencia

Conviértelo en un movimiento

En los años setenta hubo una campaña publicitaria cuyos comerciales estaban protagonizados por una joven mujer que alegremente cantaba que "les habló a dos amigas acerca del champú orgánico Fabergé, y estas se lo comentaron a otras dos amigas, quienes, a su vez, se lo contaron a otras dos, y así sucesivamente", mientras su imagen se iba multiplicando en la pantalla. El potencial de expandir exponencialmente un mensaje de boca en boca es sorprendente. Hicimos los números: si le hablas a dos amigas cada semana, y ellas a su vez se lo comentan a otras dos cada semana, ¡el mensaje llegará a medio millón de personas en tres meses!

Si cada mujer que realiza este estudio invita a otras dos mujeres y estas invitan a sus amigas y todas comenzamos a vivir el llamado de la feminidad verdadera, por la gracia de Dios podríamos ser usadas para cambiar las cosas y ejercer una gran influencia en la vida de la siguiente generación.

Como vimos en la introducción, el objetivo del movimiento Mujer Verdadera es ayudar a las mujeres a:

* *descubrir y aceptar* el diseño y la misión de Dios para sus vidas;
* *reflejar* la belleza y el corazón de Jesucristo al mundo;
* *pasar expresamente* el testigo de la Verdad a la siguiente generación;
* *orar fervientemente* por un derramamiento del Espíritu de Dios en sus familias, sus iglesias, su nación y el mundo.

Si te parece que podrías tomar parte —o aunque solo sientas curiosidad por aprender un poco más—, te alentamos a dar el siguiente paso y considerar de qué manera puedes participar.

Para saber más acerca del movimiento de Mujer Verdadera, visítanos en la Internet en www.avivanuestroscorazones.com. También puedes visitar nuestro sitio web en inglés www.reviveourhearts.com. Encontrarás enlaces con recursos de gran ayuda.

A continuación, diez maneras adicionales de permanecer involucradas y marcar la diferencia:

1. **Crece e interactúa con otras en el Blog de Mujer Verdadera.** Regístrate para acceder a este y otros contenidos excelentes y diarios en www.avivanuestroscorazones.com.
2. **Acepta el reto del cambio de imagen de Mujer Verdadera en 30 días.** Descubre este y otros retos en www.reviveourhearts.com/Challenges (disponible solo en inglés).
3. **Firma, comparte y estudia el Manifiesto de la Mujer Verdadera.** Estamos tratando de reunir el apoyo de 100.000 mujeres que, de manera personal o corporativa, declaren que creen en lo que la Biblia enseña acerca de la feminidad. Encontrarás una copia de este Manifiesto al final de este estudio.
4. **Dirige un estudio bíblico de *Mujer Verdadera 101 o 201*.** Estudia esta serie con alguna de tus hermanas, hijas, compañeras de trabajo, vecinas, familiares y amigas.
5. **Realiza un evento de Mujer Verdadera.** Encontrarás todo lo necesario para realizar un buen acontecimiento efectivo de Mujer Verdadera en la página web TrueWomanEventKit.com (disponible solo en inglés).
6. **Recomienda el Movimiento Mujer Verdadera a tus amigas y seguidoras.** "Y ella se lo comentó a dos amigas, y estas a otras dos amigas, y así sucesivamente…". ¡Corre la voz; estamos en Facebook, Twitter, Instagram y Pinterest!
7. **Regala un libro de Mujer Verdadera a una amiga.** Tenemos muchos recursos recomendables disponibles en las librerías y las tiendas en línea. Incluyen:
   * *Mentiras que las mujeres creen* de Nancy DeMoss Wolgemuth
   * *Mentiras que las jóvenes creen* de Nancy DeMoss Wolgemuth y Dannah Gresh
   * *Atrévete a ser una mujer conforme al plan de Dios* de Nancy DeMoss Wolgemuth

- *Chicas sabias en un mundo salvaje* de Mary Kassian
- *Radical Womanhood* de Carolyn McCulley (disponible solo en inglés)

8. **Haz un donativo**—Cada dólar cuenta. Tu donativo ayuda a mantener el blog y la página web, y a continuar con las conferencias de True Woman.

9. **Asiste a una conferencia de Mujer Verdadera**. Revisa las fechas disponibles para las siguientes conferencias. Planea asistir y anima a tus amigas a que te acompañen.

10. **Realiza otro estudio bíblico o el estudio de algún otro libro**. Visita ReviveOurHearts.com/RecommendedStudies (disponible solo en inglés).

conviértete en una mujer verdadera de Dios

Esperamos que este estudio haya marcado una diferencia en tu vida y que prosigas el viaje hacia la verdadera feminidad. Sobre todo, oramos para que sigas conociendo a Aquel hacia quien apunta la historia de la verdadera feminidad: nuestro Salvador y amigo, Jesucristo. Si le dices que "sí", tu vida reflejará la hermosa obra de arte de Dios y otros serán atraídos a Él.

El manifiesto de la Mujer Verdadera

Una declaración personal y corporativa de nuestra creencia, consagración y propósito piadoso; con el fin de que Jesucristo sea exaltado y que la gloria y el poder redentor del amor de Dios puedan ser manifestados hasta el último rincón de la tierra.

SCHAUMBURG, IL
11 DE OCTUBRE DE 2008

Creemos que Dios es el soberano Señor del universo y Creador de la vida, y que toda cosa creada existe para Su deleite y para darle gloria.[1]

Creemos que la creación de la humanidad—con el hombre y la mujer como máximos representantes—fue una decisión intencionada y maravillosa del plan sabio de Dios, y que ambos fueron creados para reflejar la imagen de Dios en forma complementaria, pero distinta a la vez.[2]

Creemos que el pecado es lo que separa a los seres humanos de Dios y nos hace incapaces de reflejar Su imagen tal y como fue la intención original de la creación. Nuestra única esperanza de restauración y salvación la encontramos mediante el arrepentimiento de nuestros pecados y nuestra confianza en Cristo—quien vivió una vida perfecta y sin pecado, quien murió por nosotros y resucitó de los muertos.[3]

Reconocemos que vivimos en una cultura que no reconoce la autoridad de Dios de gobernar nuestras vidas, que no acepta las Sagradas Escrituras como una norma de vida y que está sufriendo las consecuencias causadas por el abandono del plan de Dios para el hombre y la mujer.[4]

Creemos que Jesucristo está redimiendo este mundo pecaminoso y está haciendo todas las cosas nuevas; y que Sus seguidores están siendo llamados a ser parte de Sus propósitos redentores mediante el poder que Él otorga para transformar aquellos aspectos de la vida que han sido desfigurados y alterados por el pecado.[5]

Como mujeres cristianas, *deseamos honrar a Dios* con una vida diametralmente opuesta a la cultura mundana actual, que refleje al mundo la belleza de Jesucristo y Su Evangelio.

Para tal propósito, declaramos que...

Las Escrituras son el medio autorizado de Dios para instruirnos y revelarnos el propósito sacrosanto de nuestra feminidad, nuestro carácter, nuestras prioridades, nuestros roles, nuestras responsabilidades y relaciones.[6]

Glorificamos a Dios y gozamos de Sus bendiciones cuando aceptamos y adoptamos gozosamente sus designios, su función y ley para nuestras vidas.[7]

Como pecadoras redimidas, no podemos vivir la belleza de nuestra feminidad bíblica, sin la obra santificadora del Evangelio y el poder del Espíritu Santo que mora en nosotras.[8]

Tanto el hombre como la mujer fueron creados a semejanza de Dios y son iguales en valor y dignidad, pero sus deberes y funciones son distintos en el hogar y en la Iglesia.[9]

Estamos llamadas, como mujeres, a afirmar y alentar a los hombres en su búsqueda de expresar una masculinidad piadosa, y a honrarlos y apoyarlos en el liderazgo cristiano dentro del hogar y la Iglesia.[10]

El matrimonio, tal y como fue decretado por Dios, es la relación sagrada, vinculante y duradera entre un hombre y una mujer.[11]

Cuando respondemos en forma humilde al liderazgo masculino, tanto en el hogar como en la Iglesia, estamos demostrando una noble sumisión a la autoridad, que refleja la subordinación de Jesucristo a la autoridad del Dios Padre.[12]

La insistencia egoísta de hacer prevalecer nuestros derechos personales es contraria al espíritu de Jesucristo, que se humilló y sirvió sin esperar nada a cambio y ofrendó Su vida para salvarnos.[13]

La vida humana es preciosa para Dios y debe ser apreciada y protegida desde el momento de la concepción hasta su culminación.[14]

Los niños son una bendición de Dios; y las mujeres fueron diseñadas especialmente para dar a luz y criar hijos; ya sean hijos biológicos o adoptados, u otros niños que estén dentro de su esfera de influencia.[15]

El plan de Dios para el género es más amplio que el matrimonio. Todas las mujeres, ya sean casadas o solteras, deben ser modelos de feminidad en sus diversas interrelaciones y hacer gala de especial modestia, sensibilidad y afabilidad.[16]

El sufrimiento es una realidad inevitable en un mundo caído; en ocasiones seremos llamadas a sufrir por hacer lo que es bueno—con nuestros ojos puestos en la recompensa celestial más que en la indulgencia terrenal—, todo por el bien del Evangelio y el avance del Reino de Cristo.[17]

Las mujeres cristianas maduras tienen la responsabilidad de dejar un legado de fe al instruir a las más jóvenes en la Palabra y los caminos de Dios y ser ejemplo a las futuras generaciones de una vida femenina fructífera.[18]

Creyendo en lo anterior, declaramos nuestra intención y deseo de convertirnos en "Mujeres Verdaderas" de Dios. *Nos consagramos* a fin de cumplir Su llamado y propósito para nuestra vida. *Por medio de Su gracia y en humilde dependencia en Su poder:*

1. Buscamos amar a Dios, nuestro Señor, con todo nuestro corazón, con toda nuestra alma, con toda nuestra mente y con todas nuestras fuerzas.[19]

2. Con alegría le cedemos el control de nuestra vida a Jesucristo nuestro Señor; decimos "Sí, Señor" a la Palabra y a la voluntad de Dios.[20]

3. Seremos mujeres de la Palabra, buscaremos constantemente crecer en nuestro conocimiento de las Sagradas Escrituras y vivir de acuerdo a la sana doctrina en todos los aspectos de nuestra vida.[21]

4. Cultivaremos nuestra relación y comunión con Dios a través de la oración: en alabanza, acción de gracias, confesión de pecados, intercesión y súplica.[22]

5. Aceptaremos y expresaremos nuestro diseño y llamado exclusivo como mujeres con humildad, fe y gozo.[23]

6. Buscaremos glorificar a Dios al cultivar virtudes como la modestia, la abnegación, la mansedumbre y el amor.[24]

7. Mostraremos respeto a hombres y mujeres en general—creados a la imagen de Dios— al considerar a otros como mejores que nosotras mismas y trataremos de edificarlos y dejar de lado las amarguras, los odios y las malas expresiones.[25]

8. Mostraremos un compromiso fiel con nuestra iglesia, al sujetarnos a nuestros líderes espirituales en el contexto de la comunidad de fe, al usar las dotes que Dios nos ha dado para servir a otros, al edificar el Cuerpo de Cristo y al cumplir con Sus propósitos redentores en el mundo.[26]

9. Buscaremos establecer hogares cristianos que manifiesten el amor, la gracia, la belleza y el orden de Dios; que provean un clima favorable a la existencia, y que brinden hospitalidad cristiana a aquellos que lo necesitan.[27]

10. Honraremos la santidad, la pureza y la estabilidad del compromiso matrimonial—ya sea el nuestro o el de otros.[28]

11. Recibiremos el regalo de los hijos como una bendición de Dios y los instruiremos en el amor y los caminos de Dios, y les enseñaremos a consagrar sus vidas a la propagación del evangelio y la extensión del Reino de Dios.[29]

12. Viviremos el precepto bíblico de Tito 2; como mujeres maduras, que son ejemplo de santidad y que instruyen a las más jóvenes para que agraden a Dios en todos los aspectos de la vida; y como mujeres jóvenes, que reciben la instrucción cristiana con mansedumbre y humildad, y que aspiran a ser mujeres maduras para Dios, que a su vez instruirán a las siguientes generaciones.[30]

13. Buscaremos oportunidades de predicar el evangelio de Jesucristo a los incrédulos.[31]

14. Reflejaremos el amor de Cristo a los pobres, enfermos, oprimidos, huérfanos, presos y a las viudas, por medio del ministerio de la Palabra de Jesucristo y la provisión de las necesidades prácticas y espirituales.[32]

15. Oraremos por la reforma y el avivamiento del pueblo de Dios, que redunde en la propagación del evangelio y la extensión del Reino de Jesucristo a todas las naciones del mundo.[33]

¿Y quién sabe si para esta hora has llegado al reino?

Ester 4:14

Pasajes bíblicos de apoyo:

1. 1 Co. 8:6; Col. 1:16; Ap. 4:11
2. Gn. 1:26-27; 2:18; 1 Co. 11:8
3. Gn. 3:1-7, 15-16; Mc. 1:15; 1 Co. 15:1-4
4. Pr. 14:12; Jer. 17:9; Ro. 3:18; 8:6-7; 2 Ti. 3:16
5. Ef. 4:22-24; Col. 3:12-14; Ti. 2:14
6. Jos. 1:8; 2 Ti. 3:16; 2 P. 1:20-21; 3:15-16
7. 1 Ti. 2:9; Ti. 2:3-5; 1 P. 3:3-6
8. Jn. 15:1-5; 1 Co. 15:10; Ef. 2:8-10; Fil. 2:12-13
9. Gn. 1:26-28; 2:18; Gá. 3:26-28; Ef. 5:22-33
10. Mr. 9:35; 10:42-45; Gn. 2:18; 1 P. 5:1-4; 1 Co. 14:34; 1 Ti. 2:12-3:7
11. Gn. 2:24; Mr. 10:7-9
12. Ef. 5:22-33; 1 Co. 11:3
13. Lc. 13:30; Jn. 15:13; Ef. 4:32; Fil. 2:5-8
14. Sal. 139:13-16
15. Gn. 1:28; 9:1; Sal. 127; Tit. 2:4-5
16. 1 Co. 11:2-16; 1 Ti. 2:9-13
17. Mt. 5:10-12; 2 Co. 4:17; Stg. 1:12; 1 P. 2:21-23; 3:14-17; 4:14
18. Tit. 2:3-5
19. Dt. 6:4-5; Mr. 12:29-30
20. Sal. 25:4-5; Ro. 6:11-13, 16-18; Ef. 5:15-17
21. Hch. 17:11; 1 P. 1:15; 2 P. 3:17-18; Tit. 2:1, 3-5, 7
22. Sal. 5:2; Fil. 4:6; 1 Ti. 2:1-2
23. Pr. 31:10-31; Col. 3:18; Ef. 5:22-24, 33b
24. Ro. 12:9-21; 1 P. 3:1-6; 1 Ti. 2:9-14
25. Ef. 4:29-32; Fil. 2:1-4; Stg. 3:7-10; 4:11
26. Ro. 12:6-8; 14:19; Ef. 4:15, 29; He. 13:17
27. Pr. 31:10-31; 1 Ti. 5:10; 1 Jn. 3:17-18
28. Mt. 5:27-28; Mr. 10:5-9; 1 Co. 6:15-20; He. 13:4
29. Sal. 127:3; Pr. 4:1-23; 22:6
30. Tit. 2:3-5
31. Mt. 28:19-20; Col. 4:3-6
32. Mt. 25:36; Lc. 10:25-37; Stg. 1:27; 1 Ti. 6:17-19
33. 2 Cr. 7:14; Sal. 51:1-10; 85:6; 2 P. 3:9

¡Hoy es el momento!

Deseo ser parte de la revolución espiritual contracultural entre las mujeres cristianas de hoy.

He leído y afirmo en forma personal el Manifiesto de la Mujer Verdadera, y por la presente expreso mi deseo de unirme a otras mujeres para vivir y reproducir este mensaje, con la finalidad de que Cristo sea exaltado y que la gloria y amor redentor de Dios sea manifestado en toda la tierra.

_____   _____
NOMBRE   FECHA

Ve a www.TrueWoman.com/Manifiesto para añadir tu firma al Manifiesto de la Mujer Verdadera

NOTAS

Introducción: Elementos de diseño

1. Susan Hunt, *By Design: God's Distinctive Calling for Women* (Franklin, TN: Legacy Communications, 1994), p. 17. Publicado en español por Unilit con el título *Por Diseño: El llamado distintivo de Dios para la mujer.*

2. John Piper, "God Created Man Male and Female: What Does it Meant to Be Complementarian?", sermón, acceso 29 de marzo 2014, http://www.desiringgod.org/sermons /god-created-man-and-female-what-does-ti-meant-to-be-complementarian.

3. Mary Kassian, *The Feminist Mistake: The Radical Impact of Feminism on Church and Culture*, ed. rev., (Wheaton, IL: Crossway, 2005), p. 299.

4. Citado en Donna Tersiisky, "The Elements and Principles of Visual Design", acceso 27 de noviembre, 2012, http://nwrain.net/~tersiisky/design/design.html.

Elemento uno: Discernimiento

1. "Interior Design Element: Five Elements of Interior Design", sitio web de Imago Interiors, acceso 28 de noviembre 2012, http://www.imagointeriors.com.au/pages/interior-design -elements-html.

2. Theodoree J. Passon, "Sick-building syndrome and building-related illness", sitio web de Environmental Expert, acceso 30 de noviembre 2012, http://www.environmental-expert .com/articles/sick-building-syndrome-and-building-related-illness-51823.

3. Richard Dawkins, "Richard Dawkins Quotes", sitio web de Brainy Quote, acceso 4 de diciembre 2012, http://brainyquote.com/quotes/authors/r/richard_dawkins_3.html.

4. Tim Challies, *The Discipline of Spiritual Discernment* (Wheaton, IL: Crossway, 2007), p. 16. Publicado en español por Unilit con el título *Discernimiento: Una disciplina práctica y spiritual.*

5. *Ibíd.*, p. 61.

6. Nancy DeMoss Wolgemuth, *Mentiras que las mujeres creen, y la verdad que las hace libres* (Grand Rapids, MI: Editorial Portavoz, 2004), p. 36.

7. "Know Your Money", United States Secret Service, acceso 11 de diciembre 2012, http:// www.secretservice.gov/know_your_money.shtml.

8. Wolgemuth, *Mentiras que las mujeres creen*, p. 34.

9. Challies, *Discipline of Spiritual Discernment*, p. 61.

Elemento dos: Honor

1. Ver http://architecture.about.com/odd/greatbuildings/ig/Monuments-and-Memorials /The-USS-Arizona-Memorial-.htm y http://www.nps.gov/valr/upload/press_hit.pdf.

2. Clemente de Alejandría, en *The Letters to Timothy, Titus, and Philemon*, ed. W. Barclay, The Daily Study Bible Series (Filadelfia, Westminster: 1975), p. 249. Publicado en español por Editorial Clie con el título *Comentario al Nuevo Testamento.*

3. Richard Eden, "The Queen Tells the Duchess of Cambridge to Curtsy to the 'Blood Princesses'", *Telegraph*, 24 de junio 2012, http://telegraph.co.uk/news/theroyalfamily /9351571/The-Queen-tells-the-Dutchess-of-Cambridge-to-curtsy-to-the-blood -princesses.html.

4. Kenneth S. Wuest, *Word Studies from the Greek New Testament*, 3 vols. (Grand Rapids, MI: Eerdmans, 1980), "Tit. 2:3". Ver también H. D. M. Spence, ed. *Titus*, The Pulpit Commentary, vol. 24 (Londres: Funk & Wagnalls, 1909).

5. Jane Taber, "Tory MP's Bills Gets Tough with War-Memorial Vandals", *Globe and Mail*, 9 de septiembre 2012, http://m.theglobeandmail.com/news/politics/ottawa-notebook /tory-mps-bill-gets-tough-with-war-memorial-vandals/article619271/?service=mobile;

Jenny Yeun, "Vandalizing War Memorials Won't Be Tolerated: Feds", *Ottawa Sun*, 13 de septiembre 2012, http://www.ottawasun.com/2012/11/13/vandalizing-war-memorials -wont-be-tolerated-feds-2.

6. Mary A. Kassian, "A True Woman Chooses Wisdom", el blog de *True Woman*, acceso 16 de mayo 2013, http://www.truewoman.com/?id=1339.

7. Amos Bronson Alcott, "Reverent Quotations", sitio web de *Brainy Quote*, acceso 1 de agosto 2013, http://www.brainyquote.com/words/re/reverent213057.html.

Elemento tres: Afecto

1. W. Hendriksen y S. J. Kistemaker, *Exposition of Ephesians*, vol. 7, New Testament Commentary (Grand Rapids, MI: Maker, 1953-2001), pp. 167-69. Publicado en español por Libros Desafío con el título *Efesios*.

2. Ver Mary A. Kassian, *Girls Gone Wise* (Chicago: Moody, 2010), pp. 138-44. Publicado en español por Editorial Portavoz con el título *Chicas sabias en un mundo salvaje*.

3. El Dr. D. A. Carson señala que hay más superposición en el uso de estas palabras de lo que se piensa. Ver su segunda edición de *Exegetical Fallacies* (Grand Rapids, MI: Baker Academic, 1996).

4. J. Strong, *Enhanced Strong's Lexicon* (Bellingham, WA: Logos Bible Software, 2001).

5. "Macmillan Changes Marriage Definition to Include Gay Couples", *Business Standard*, 23 de agosto 2013, http://business-standard.com/article/pti-stories/macmillan-changes -marriage-definition-to-include-gay-couples-11082300952_1.html.

6. *Ibíd.*

7. John Piper, "Let Marriage Be Held in Honor: Thinking Biblically about So-Called Same-Sex Marriage", blog de Desiring God, acceso 26 de agosto 2013, http://www.desiringgod. org/sermons/let-marriage-be-held-in-honor-thinking-biblically-about-so-called-same -sex-marriage.

8. W. Hendriksen y S. J. Kistemaker, *Exposition of the Pastoral Epistles*, vol. 4, New Testament Commentary (Grand Rapids, MI: Baker, 1953-2001), p. 147. Publicado en español por Libros Desafío con el título *1 y 2 Timoteo y Tito*.

9. G. W. Knight, *The Pastoral Epistles: A Commentary on the Greek Text, New International Greek Testament Commentary* (Grand Rapids, MI: Eerdmans, 1992), p. 297.

10. Lauren Sandler, "Having It All Without Having Children", *Time*, 13 de agosto 2013, http:// content.time.com/time/magazine/article/0,9171,2148636,00.html.

11. Corrine Maier, *No Kids: 40 Good Reasons Not to Have Children* (Ontario: McClelland & Stewart, 2009), edición Kindle, Loc. 1345. Publicado en español por Editorial Península con el título *No Kids: 40 buenas razones para no tener hijos*.

12. *Ibíd.*, loc. 1346.

13. Debi Martin, "On Being Christian and Child free", blog, acceso 13 de agosto 2013, http:// twiga92.wordpress.com/on-being-christian-and-childfree/.

14. Stan Guthrie, "The Childfree Life: A. Christian and Personal Response", Crosswalk.com, acceso 4 de septiembre 2013, http://www.crosswalk.com/faith/spiritual-life/the-childfree -life-a-christian-and-personal-response.html.

15. Sandler, "Having It All".

16. *Ibíd.*

17. *Ibíd.*

18. John Piper, "The Ultimate Meaning of True Womanhood", mensaje predicado en True Woman 2008, http://www.truewoman.com/?id=221.

19. Mary. A Kassian, "The ABC's of True Womanhood", mensaje dada en la conferencia True Woman 2012, http://www.truewoman.com/?id=221.

20. Simone de Beauvoir, *The Second Sex: The Classic Manifesto of the Liberated Woman* (repr.

Nueva York: Vintage, 1974); "La opresión de la mujer tiene su causa en la voluntad de perpetuar la familia y, para mantener el patrimonio intacto, la mujer escapa de la completa dependencia hasta el grado de escapar de la familia" (p. 100); "Todas las formas de socialismo que desliguen a la mujer de la familia favorece su liberación" (p. 126); "La revolución es impotente mientras la noción de la familia y de las relaciones familiares sigan existiendo" (p. 143).

21. Betty Friedan, *The Feminine Mystique* (Nueva York: Norton, 1997), pp. 423-28. Publicado en español por Ediciones Cátedra con el título *La mística de la feminidad.*

22. Betty Friedan, *The Feminine Mystique,* ed. del vigésimo aniversario (New York: Norton, 1983), pp. 337, 385.

Elemento cuatro: Disciplina

1. Dietrich Bonhoeffer, citado en "Quotes About Self Control", sitio web de Goodreads, acceso 18 de septiembre 2013, http://www.goodreads.com/quotes/tag/self-control?.

2. Maia Szalavitz, "The Secrets of Self Control: The Marshmallow Test 40 Years Later", *Time,* 6 de septiembre 2011, http://healthland.time.com/2011/09/06/the-secrets-of-self-control -the-marshmallow-test-40-years-later/#ixzz2eQwVpA19.

3. Jonah Lehrer, "Don't! The Secret of Self-Control", *New Yorker,* 18 de mayo 2009, http:// www.newyorker.com/reporting/2009/05/18/090518fa_fact_lehrer.

4. Nancy DeMoss Wolgemuth, *Mentiras que las mujeres creen y la verdad que las hace libres,* (Grand Rapids, MI: Editorial Portavoz, 2004), p. 88.

5. Kelly McGonigal, *The Willpower Instinct: How Self-Control Works, Why It Matters, and What You Can Do To Get More of It* (Nueva York: Penguin, 2012), edición Kindle, locs. 54-55. Publicado en español por Ediciones Urano con el título *Autocontrol.*

6. "What percentage of people fail the resolutions they make on New Year's Day?", Answers. com, acceso 12 de septiembre 2013, http://wiki.answers.com/Q/What_percentage_of _people_fail_the_resolutions_they_make_on_New_Year's_Day.

7. W. E. Vine; John R. Kohlenberger III, ed., *The Expanded Vine's Expository Dictionary of New Testament Words* (Minneapolis, MN: Bethany House, 1984).

8. Spiros Zodhiates, *The Complete Word Study New Testament* (Chattanooga, TN: AMG Publishers, 1991), p. 947.

9. Tim Challies, entrada de blog: "The Lost Virtue of Self-Control" (29 de agosto 2014) http://www.challies.com/christian-living/the-lost-virtue-of-self-control.

10. Brent Jang, "The Equation of a Disaster: What Went Wrong in Lac-Mégantic", *Globe and Mail,* 14 de julio 2013, http://www.theglobeandmail.com/news/national/the-equation -of-a-disaster-what-went-wrong-in-lac-megantic/article13214911/.

11. Don W. King, "Narnia and the Seven Deadly Sins", http://cslewis.drzeus.net/papers/7sins. html, Dr. Don W. King, Department of English, Montreat College ©1984 Don W. King. Una versión de este estudio apareció por primera vez en *Mythlore* 10 (primavera de 1984): pp. 14-19. Reeditado con permiso del autor.

12. J. P. Louw y E. A. Nida, *Greek-English Lexicon of the New Testament: based on semantic domains* (Nueva York: United Bible Societies, 1996). B. M. Newman, Jr., *A Concise Greek-English Dictionary of the New Testament* (Stuttgart, Alemania: Deutsche Bibelgesellschaft, United Bible Societies, 1993).

13. Michel de Montaigne, citado en "Quotes about Self Control", sitio web de Goodreads, acceso 18 de septiembre 2013, http://www.goodreads.com/quotes/tag/self-control?.

Elemento cinco: Virtud

1. C. Brand, C. Draper, et al., eds. *Holman Illustrated Bible Dictionary* (Nashville, TN: Holman Bible Publishers, 2003), s.v. "Lye".

2. Becca Rawson, "It Floats! The Rise of Ivory Soap as an Enduring Consumer Brand, Exhibi-

tion Concept Prospectus Submitted to Dean Cloke and Professor Johnson, Georgetown University" (blog), acceso 18 de octubre 2013, https://blogs.commons.georgetown.edu /rlr32-amst/files/2009/06/beccarawson_ivorysoap_finalproject1.pdf.

3. G. Kittel, G. Friedrich, y G. W. Bromiley, *Diccionario teológico del Nuevo Testamento* (Grand Rapids, MI: Libros Desafío, 2002). Ver también J. Strong, *Diccionario Strong de Palabras Originales del Antiguo y Nuevo Testamento* (Nashville: Thomas Nelson, 2002).

4. Alexander Nazaryan, "Love Canal's Toxic Legacy", *Newsweek*, 20 de octubre 2013, http:// www.newsweek.com/love-canals-toxic-legacy-589. Randy Alfred, "Love Canal Calamity Surfaces", *Wired*, 21 de noviembre, 2008, http://www.wired.com/2008/11/nov-21-1968-love -canal-calamity-surfaces/; http://en.wikipedia.org/wiki/Love_Canal; http://www.nytimes. com/1988/08/05/nyregion/after-10-years-the-trauma-of-love-canal-continues.html.

5. *Voices of the True Woman Movement: A Call to the Counter-Revolution* (Chicago, IL: Moody, 2010), p. 135.

6. Thomas C. Oden, *Interpretation: A Bible Commentary for Teaching and Preaching. First and Second Timothy and Titus* (Louisville, KY: John Knox Press, 1989).

7. Spiros Zodhiates, *The Complete Word Study New Testament* (Chattanooga, TN: AMG Publishers, 1991), p. 884.

8. Albrecht Classen, *The Medieval Chastity Belt: A Myth-Making Process* (Nueva York: Palgrave Macmillan, 2007). Ver también "The Secret Histories of Chastity Belts: Myth and Reality", exposición en el museo Semmelweis, del 23 de julio al 24 de octubre 2010, Library and Archives of the History of Medicine, acceso 18 de noviembre 2013, http://www. semmelweis.museum.hu/muzeum/kiallitasok/erenyov/reszletes_en.html. Ver también Nancy Koerner, "Chastity Belts Reveal Fascinating Mindset both Inside and Outside the Iron Underpants", *Examiner*, 20 de julio 2010, http://www.examiner.com/article/chastity -belts-reveal-fascinating-mindset-both-inside-and-outside-the-iron-underpants.

9. Alison Harris, "Fact or Fiction – Chastity Belts?", acceso 4 de septiembre 2013, http:// blogs.law.harvard.edu/houghtonmodern/2013/05/10/factor-fiction-chastity-belts/.

10. Fuente desconocida. Tim Harrison contribuyó a Sermon Central con la ilustración de "The Refiner's Fire" [El fuego del refinador] y se cita en numerosas páginas web. Recuperado el 19 de noviembre 2013 de http://www.sermoncentral.com/illustrations /illustrations-about-silver.asp.

11. William Shakespeare, Bartleby.com, acceso 19 de noviembre 2013, http://www.bartleby. com/348/1441.html.

12. D. A. Case y D. W. Holdren, *1–2 Peter, 1–3 John, Jude: A Commentary for Bible Students* (Indianapolis, IN: Wesleyan), p. 158.

Elemento seis: Responsabilidad

1. Nancy DeMoss Wolgemuth, *Revive Our Hearts*, "The True Value of Your Home", programa radiofónico, https://www.reviveourhearts.com/radio/revive-ourhearts/the-true-value-of -your-home/.

2. Carolyn McCulley, *The Measure of Success: Uncovering the Biblical Perspective of Women, Work, and the Home* (Nashville: B&H, 2014), p. 36.

3. J. D. G. Dunn, *Romans 9–16*, vol. 38B, Word Biblical Commentary (Dallas: Word, 1998), p. 889.

4. W. Hendricksen y S. J. Kistemaker, *Exposition of the Acts of the Apostles*, vol. 17, New Testament Commentary (Grand Rapids, MI: Baker, 1953–2001), p. 614. Publicado en español por Libros Desafío con el título *Hechos*.

5. Tim Challies, "Work That Makes a Difference", *Challies.com*, 30 de enero 2014, http:// www.challies.com/christian-living/work-that-makes-adifference.

6. Leonardo da Vinci, sitio web de Goodreads, acceso 27 de noviembre 2013, https://www .goodreads.com/quotes/tag/work?page=5.

7. Mary A. Kassian y Nancy DeMoss Wolgemuth, *Mujer verdadera 101: Diseño divino* (Grand Rapids: Editorial Portavoz 2014), pp. 210-211.

8. *Ibíd.*, pp. 55-56.

9. T. D. Lea y H. P. Griffin, *1, 2 Timothy, Titus: An Exegetical and Theological Exposition of Holy Scripture*, vol. 34, New American Commentary (Nashville: Broadman, 1992), pp. 300–301.

10. Simone de Beauvoir, *The Second Sex: The Classic Manifesto of the Liberated Woman* (New York: Knopf, 1952), p. 510. Publicado en español por Ediciones Cátedra con el título *El segundo sexo*.

11. Como se cita en el sitio web de Goodreads, acceso 2 de diciembre 2013, http://www.goodreads.com/author/quotes/21798.Betty_Friedan.

12. Norton Juster, *The Phantom Tollbooth* (New York: Random House, 1961), p. 212.

13. Según se cita en *Dictionary.com*, "Quotes", acceso 2 de diciembre 2013, http://quotes.dictionary.com/Housework_is_work_directly_opposed_to_the_possibility.

14. Según se cita en el sitio web *CWLU Herstory*, acceso 2 de diciembre 2013, http://www.uic.edu/orgs/cwluherstory/CWLUArchive/polhousework.html.

Elemento siete: Benevolencia

1. Leslie Barker, "The Kindness Movement," sitio web de *Kindness*, acceso 5 de diciembre 2013, http://www.kindnessusa.org/kindnessmovement.htm.

2. http://www.kindnessusa.org/preparingtheproclamation.htm.

3. http://www.theindychannel.com/news/good-news/secret-santa-pays-off-walmart-layaway-bills.

4. "Caffeine Copycat? 500 Free Coffees Given Away in Ottawa, Calgary, Edmonton", sitio web de CTV News, acceso 5 de diciembre 2013, http://www.ctvnews.ca/canada/caffeine-copycat-500-free-coffees-given-away-in-ottawa-calgary-edmonton-1.1383473#ixzz2mW2rsnIb.

5. Philip D. Kenneson, *Life on the Vine: Cultivating the Fruit of the Spirit in Christian Community* (Downers Grove, IL: InterVaristy Press, 1999), p. 34.

6. Nancy DeMoss Wolgemuth, *Revive Our Hearts*, "A Lasting Kindness", programa radiofónico, https://www.reviveourhearts.com/radio/revive-our-hearts/alasting-kindness/.

7. J. Cathey, *Holman Illustrated Bible Dictionary* (Nashville, TN: Holman Bible Publishers, 2003), Kindness.

8. *Baker's Evangelical Dictionary of Biblical Theology*, ed. Walter A. Elwell (Grand Rapids, MI: Baker, 1996), s.v. "kindness".

9. Lisa Hughes, *God's Priorities for Today's Woman* (Eugene, OR: Harvest House, 2011), Kindle edition, loc. 3330.

10. K. S. Wuest, *Wuest's Word Studies from the Greek New Testament: for the English Reader* (Grand Rapids, MI: Eerdmans, 1997), Col 3:9-12.

11. B. B. Thurston, *Reading Colossians, Ephesians, and 2 Thessalonians: A Literary and Theological Commentary* (Macon, GA: Smith & Helwys Publishing, 2007), p. 50.

12. Se han cambiado los nombres. Ilustración de la página web *Sermon Illustrations,* acceso 9 de diciembre 2013, http://www.sermonillustrations.com/az/s/speech.htm.

13. El griego traducido "respetuosos" en Tito 3:2 (NVI) es *epieikés*. Según el *Exegetical Dictionary of the New Testament* (ed. H. R. Balz y G. Schneider [Grand Rapids, MI: Eerdmans, 1990]), *epieikés* puede traducirse "afable" o "amable", s.v. "epieikés".

14. Wolgemuth, "A Lasting Kindness".

15. C. H. Spurgeon, "Christ's People--Imitators of Him," sermón predicado el 29 de abril 1855; disponible en: http://www.spurgeon.org/sermons/0021.htm.

16. Abraham Lincoln, "Segundo discurso inaugural" (1865), sitio web de *Abraham Lincoln*

Online, acceso 10 de diciembre 2013, http://www.abrahamlincolnonline.org/lincoln/speeches/inaug2.htm.

17. Jerry Bridges, *The Practice of Godliness* (Colorado Springs, Co: NavPress, 1983), p. 232. Publicado en español por Editorial Mundo Hispano con el título *La devoción a Dios en acción*.

Elemento ocho: Disposición

1. Citado en *Atrévete a ser una mujer conforme al plan de Dios* (Grand Rapids, MI: Editorial Portavoz, 2009), pp. 25-26.

2. Si bien las Escrituras no identifican de forma específica a Salomé y María de Nazaret como hermanas, la tradición de la iglesia, así como muchos comentaristas y teólogos concuerdan con la posibilidad de que lo fueran y que Salomé era la hermana de María aludida en Juan 19:25. Ver Hall, D. R. (1996). *Salome*. En D. R. W. Wood, I. H. Marshall, A. R. Millard, J. I. Packer y D. J. Wiseman (eds.), *New Bible Dictionary* (3ª ed., p. 1046). Leicester, Inglaterra; Downers Grove, IL: InterVarsity Press. Easton, M. G. (1893). En *Easton's Bible Dictionary*. Nueva York: Harper & Brothers.

3. S. Zodhiates, *The Complete Word Study Dictionary: New Testament* (Chattanooga, TN: AMG), s.v. Ver también A. T. Robertson, *Word Pictures in the New Testament* (Nashville: Broadman, 1933), "Ef. 5:21".

4. Barbara Rainey, "What Should Be a Wife's 'Role' in Marriage?", http://www.familylife.com/articles/topics/marriage/staying-married/wives/whatshould-be-the-wifes-role-in-marriage - .VGO0OsmM-Ig.

5. Aly Weisman, "'Arya' Is the Fastest-Growing Baby Name Thanks to 'Game of Thrones'", *Business Insider*, 13 de mayo 2013, http://www.businessinsider.com/arya-is-the-fastest-growing-baby-name-thanks-to-game-of-thrones-2013-5. Ver también http://www.wetpaint.com/game-of-thrones/articles/2013-05-14-arya-is-fastest-growing-baby.

6. Mary A. Kassian, "A True Woman Chooses Wisdom", mensaje predicado en True Woman 2008, http://www.truewoman.com/?id=1339.

7. Esta carta y partes de esta sección están tomadas de Mary Kassian, *Girls Gone Wise in a World Gone Wild* (Chicago: Moody, 2010), pp. 60–62. Publicado en español por Editorial Portavoz con el título *Chicas sabias en un mundo salvaje*.

Elemento Nueve: Legado

1. Tradiciones de los cheroqui: Lottie Stamper. http://www.wcu.edu/library/DigitalCollections/CherokeeTraditions/People/Baskets_LottieStamper.html, acceso 14 de noviembre 2014.

2. Susan C. Power, Art of the Cherokee: Pre-History to the Present (Athens, GA: University of Georgia Press, 2007, p. 137-138). Acceso: 14 de noviembre 2014 en http://books.google.ca/books?id=ZPVEos7PKIgC&pg=PA137&lpg=PA137&dq=lottie+stamper&source=bl&ots=J5ElAuZOp5&sig=JisH5Wutk81f_bsra2qU2S9I6Bo&hl=en&sa=X&ei=KGxmVJDoAc7IsQTLg4KQCw&ved=0CCUQ6AEwADgK#v=onepage&q=lottie%20stamper&f=false.

3. Nancy DeMoss Wolgemuth, *Mentiras que las mujeres creen, y la verdad que las hace libres"* (Grand Rapids, MI: Editorial Portavoz, 2004), p. 158.

4. Sharon Kirkey, "Infertility on the Rise in Canada: Study", Nationalpost.com, 15 de febrero 2012, http://news.nationalpost.com/2012/02/15/infertility-on-the-rise-in-canada-study/.

5. "Your Age and Fertility", sitio web de BabyCentre Medical Advisory Board, julio del 2013, http://www.babycentre.co.uk/a6155/your-age-and-fertility.

6. Piers Morgan entrevista a Barbara Walters, transcripción, 17 de diciembre 2013, CNN.com, http://piersmorgan.blogs.cnn.com/2013/12/17/barbarawalters-reviews-her-career-and-life-i-regret-not-having-more-children-i-would-have-loved-to-have-had-a-bigger-family/?hpt=pm_t5.

7. Citado en *Voices of the True Woman Movement* (Chicago: Moody, 2010), p. 139.

8. D. C. Arichea y H. Hatton, *A Handbook on Paul's Letters to Timothy and to Titus*, UBS Handbook Series (Nueva York: United Bible Societies, 1995), p. 284.

9. H. G. Liddell, *A Lexicon: Abridged from Liddell and Scott's Greek-English Lexicon* (Oak Harbor, WA: Logos Research Systems).

10. "Mentorship", *Wikipedia*, acceso 19 de febrero 2014, http://en.wikipedia.org/wiki/Mentorship.

11. "About Life Coaching", sitio web de Life Coaching Institute, acceso 22 de febrero 2014, http://www.lcia.com.au/about-life-coaching.aspx.

12. "Life Coach Certification", sitio web de Expert Rating Certified Professional, acceso 22 de febrero 2014, http://www.expertrating.com/certifications/Life-Coach-Certification/Life-Coach-Certification.asp.

13. Spencer Morgan, "Should a Life Coach Have a Life First?", NYTimes.com, 27 de enero 2012, http://www.nytimes.com/2012/01/29/fashion/shoulda-life-coach-have-a-life-first.html?scp=1&sq=should%20a%20life%20coach%20have%20a%20life?&st=cse&_r=0#.

14. Donna Otto, *Finding a Mentor, Being a Mentor* (Harvest House, Eugene, OR, 2001), p. 13.

15. Susan Hunt y Barbara Thompson, *The Legacy of Biblical Womanhood* (Wheaton, IL: Crossway, 2003), p. 12.

Elemento diez: Belleza

1. "Fort Collins Artists Paint Transformer Boxes to Reduce Graffiti", CTVNews, 24 de abril 2013, acceso 25 de febrero 2014, http://www.youtube.com/watch?v=YCA2vDQ3WKg.

2. David Kinnaman, *unChristian: What a New Generation Really Thinks about Christianity... and Why It Matters* (Grand Rapids: Baker Books, 2007), pp. 15, 48. Publicado en español por Casa Creación con el título *Casi Cristiano: Lo que una nueva generación piensa de verdad sobre el cristianismo... y por qué es importante.*

3. Mary A. Kassian, "Exposed", blog de *True Woman*, acceso 25 de febrero 2014, http://www.truewoman.com/?id=672.

4. "New Model Restriction Law a Major Victory for Body Image", sitio web de *Skeptikai*, 3 de abril 2012, http://skeptikai.com/2012/04/03/new-modelrestriction-law-a-major-victory-for-body-image/.

5. W. A. Elwell y P. W. Comfort, eds., *Tyndale Bible Dictionary* (Wheaton, IL: Tyndale, 2001), s.v. "Cosmetics".

6. K. A. Kitchen, "Cosmetics and Perfumery," en *New Bible Dictionary*, eds. I. H. Marshall, A. R. Millard, J. I. Packer y D. J. Wiseman (Downers Grove, IL: InterVarsity, 1996).

7. D. R. Gautsch, "Cosmetics," en C. Brand, C. Draper, A. England, S. Bond, E. R. Clendenen y T.C. Butler (eds.), *Holman Illustrated Bible Dictionary* (Nashville, TN: Holman Bible Publishers, 2003), p. 350.

8. L. O. Richards, *The Bible Reader's Companion*, ed. electrónica (Wheaton, IL: Victor, 1991), p. 849.

9. A. T. Robertson, *Word Pictures in the New Testament* (Nashville: Holman Reference, 2000), "Tit. 2:3".

10. *Voices of the True Woman Movement* (Chicago: Moody, 2010), p. 40.

11. *Ibíd.*

12. J. M. Freeman y H. J. Chadwick, *Manners and Customs of the Bible* (North Brunswick, NJ: Bridge-Logos, 1998), pp. 326-27.

13. *Ibíd.*

14. Elisabeth Elliot, *Let Me Be a Woman* (Wheaton, IL: Tyndale, 1976, 2004), p. 43 Publicado en español por Editorial Clie con el título *Dejadme ser mujer.*

15. John Angell James, *Female Piety: The Young Woman's Friend and Guide through Life to Immortality* (Morgan, PA: Soli Deo Gloria, 1995), pp. 72-73.

Un sincero agradecimiento...

mbas somos muy bendecidas de estar rodeadas y respaldadas por muchos amigos y colegas que tienen nuestras mismas ideas y un corazón de siervos, sin cuya motivación, ayuda y oraciones nunca hubiéramos podido llevar a cabo este emprendimiento.

De las diferentes personas que formaron parte del nacimiento de *True Woman 201 (Mujer Verdadera 201)*, agradecemos especialmente a:

Paul Santhouse, Erik Peterson y *René Hanebutt,* y otros amigos de Moody Publishers. Solo la eternidad revelará todo el fruto generado de esta asociación de muchos años.

Numerosos miembros del equipo de *Revive Our Hearts,* cuyos esfuerzos provenientes de corazones de servicio fueron de gran valor, en particular:

Mike Neises, director de publicaciones y coordinador del proyecto
Paula Hendricks, asistente editorial
Dawn Wilson, asistente de investigación
Hannah Kurtz, el formato y las notas finales
Sandy Bixel y *Martin Jones,* apoyo administrativo
Lydia Brownback, aportación editorial

Dawn Wilson, Kim Wagner y *Lydia Brownback,* ayuda con preguntas de debate

El *Dr. Chris Cowan,* revisión del texto griego

Amigos que revisaron y aportaron información útil sobre la totalidad o parte del manuscrito: *Leslie Bennett* (que también llevó a cabo una prueba beta con un pequeño grupo de mujeres), *Tim Challies, Carrie Gaul, Paula Hendricks, Jennifer Lyell, Carolyn McCulley, Lindsay Swartz,* y *Dawn Wilson.*

Nuestras queridas *amigas de oración,* que fielmente nos elevan al trono de la gracia, y cuyo apoyo y aliento nos ayudó a perseverar durante el proceso prolongado de dar a luz este proyecto.

Por encima de todo, ¡que *Cristo* sea magnificado!

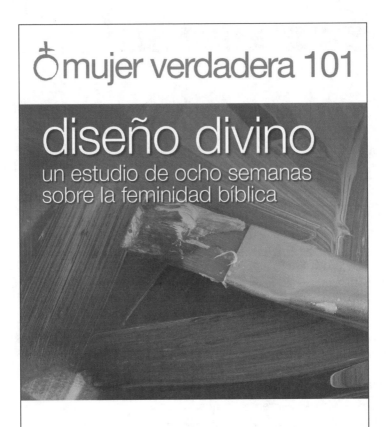

♀ mujer verdadera 101

diseño divino
un estudio de ocho semanas
sobre la feminidad bíblica

mary a. kassian
nancy demoss wolgemuth

Profundiza en el origen de la verdadera feminidad y masculinidad, y descubre la belleza, el gozo y la satisfacción de ser exactamente como Dios te creó. Si estás cansada de las imitaciones y las copias baratas del mundo —o si estás cansada de los consejos repetidos, opiniones superficiales y soluciones estereotipadas—, ¡este estudio bíblico de ocho semanas con enseñanzas y perspectivas fundamentadas en la Palabra de Dios es para ti!

Las ocho semanas de este estudio se dividen cada una en cinco lecciones y necesitarás aproximadamente veinte minutos para completar cada lección.

Esta Biblia ayudará a que las mujeres se conecten con la Palabra de Dios y la hagan parte integral de sus vidas, a través de las siguientes ayudas, entre otras:
- 66 introducciones a los libros de la Biblia escritas por el pastor Sugel Michelén
- Amplios márgenes que facilitan la toma de notas, pensamientos y oraciones, o dibujar los versículos favoritos.
- Artículos transformacionales enfocados en la feminidad bíblica.
- 365 lecturas devocionales escritas para la mujer de hoy
- Disponible en Reina Valera 1960 y Nueva Biblia de las Américas

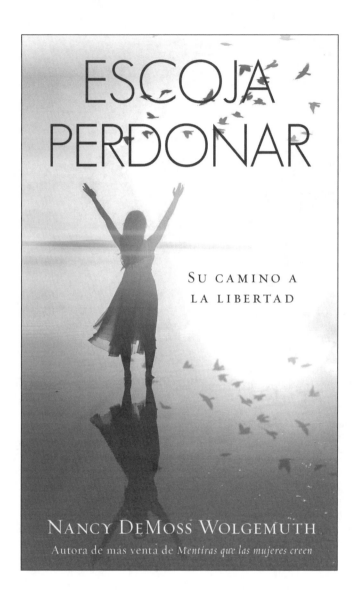

ESCOJA
PERDONAR

SU CAMINO A
LA LIBERTAD

NANCY DeMOSS WOLGEMUTH

Autora de más venta de *Mentiras que las mujeres creen*

Aprenda como liberarse de la amargura y el dolor: *Escoja perdonar*. No hay palabras mágicas o fórmulas secretas para el perdón. Sin embargo, hay principios bíblicos que pueden ayudar a los cristianos a librarse del dolor.

La distinguida maestra Nancy DeMoss Wolgemuth ahonda en la Palabra de Dios para descubrir las promesas y exponer los mitos acerca del perdón. Este libro aborda las estrategias para poner la gracia y misericordia de Dios en práctica, para que podamos perdonar a otros como Dios nos ha perdonado a nosotros.

Cómo cultivar un
corazón agradecido

LA GRATITUD

EL PERDÓN

Cómo liberarse de la
amargura y el dolor

NANCY DEMOSS WOLGEMUTH

¡Dos libros en uno!

En *La gratitud* Nancy DeMoss Wolgemuth nos explica cómo nuestro bienestar físico, emocional y espiritual, así como nuestras relaciones se ven afectados por el hecho de tener un corazón agradecido. Y en *El perdón*, Nancy DeMoss Wolgemuth profundiza en la Palabra de Dios para desmentir los mitos y descubrir las promesas sobre el perdón.